留学美国：我们的故事

LIUXUE MEIGUO:WOMEN DE GUSHI

戴铭康 主编

华东师范大学出版社

图书在版编目（CIP）数据

留学美国：我们的故事/（美）戴铭康主编. —上海：华东师范大学出版社，2013.1

ISBN 978 - 7 - 5675 - 0327 - 4

Ⅰ.①留… Ⅱ.①戴… Ⅲ.①留学教育-概况-北美洲 Ⅳ.①G649.71

中国版本图书馆 CIP 数据核字（2013）第 026824 号

留学美国： 我们的故事

主　　编　戴铭康
策划编辑　彭呈军
审读编辑　朱妙津
责任校对　林文君
版式设计　崔　楚
封面设计　陈军荣　王碧娴

出版发行　华东师范大学出版社
社　　址　上海市中山北路 3663 号　邮编 200062
网　　址　www. ecnupress. com. cn
电　　话　021 - 60821666　行政传真 021 - 62572105
客服电话　021 - 62865537　门市（邮购）电话 021 - 62869887
地　　址　上海市中山北路 3663 号华东师范大学校内先锋路口
网　　店　http://hdsdcbs. tmall. com/

印刷者　上海华大印务有限公司
开　　本　787×1092　16 开
印　　张　22.25
字　　数　309 千字
版　　次　2013 年 11 月第 1 版
印　　次　2013 年 11 月第 1 次
书　　号　ISBN 978 - 7 - 5675 - 0327 - 4 /G・6196
定　　价　46.00 元

出版人　朱杰人

（如发现本版图书有印订质量问题，请寄回本社客服中心调换或电话 021 - 62865537 联系）

谨献给——

所有留学和为留学作出奉献的家庭和人们

主编　戴铭康

　　上海人。1989 年留学美国。1991 年进入北美最大的中文媒体《世界日报》做记者，曾三年接连获 8 个新闻奖，至今无人破此纪录。热心公益，创办多个社团，举办过不少有影响的社会活动。现任美中上海友好协会、留美同学会、美国白领俱乐部创会会长，圣马特奥学院设立的国际白卡基金会主席等职务。在北美先后发起和主持"中国知青洋插队"和"留学北美的故事"征文活动。主编出版《北美寻梦》（中国青年出版社）、《孙中山和少年中国》（北京大学出版社）等书及一些刊物。

荣誉主编　王性初

　　中国作家协会会员。原福建省作家协会副秘书长。1989 年由中国文联出版诗集《独木舟》。随后移民定居美国旧金山。诗歌被镌刻在现旧金山华埠图书馆。出版诗集《月亮的青春期》、《王性初短诗选》（中英对照）、《孤之旅》、《心的版图》、《行星的自白》、《知秋一叶》，散文集《蝶殇》、《美国 250》，随笔散文集等。2003 年获第二届世界华文文学优秀散文盘房奖。论文《美国天使岛华文遗诗新考与研究前瞻》获第一届世界华文文学研究论文比赛"黄鸿美奖"佳作奖。现任美国《中外论坛》总主笔、中国冰心研究会副会长。

目　录

☆ 留学打工篇

☆ 留学二代篇

☆ 校园内外篇

✩ 校园心路篇

✩ 留学社会篇

前　言

戴铭康

　　这本书是"留学北美的故事"征文选集。这次征文从 2010 年 10 月起经过半年的酝酿,由我做义工的留美同学会、美国白领俱乐部、美中上海友好协会,于 2011 年 4 月至 9 月主办,其间要感谢全美发行量最大的华文报纸《世界日报》和中国央视网华人频道的支持。自征文举办以来,收到无数来自全美各地及加拿大的征文。

　　曾有一些朋友问:"为什么花这么多的时间和精力,很傻地去做这很艰难而赔本的工作?"带有一点理想主义的答案很简单:为留学提供一点参考,为中国留学史留下一些篇章。可是说来话长……

留学,中国出现不断高涨的"热潮"

　　记得 1986 年起,我在大学教书之余,兼任《演讲与社交》(后来改名为《青年社交》)杂志社的记者。这本新创办的杂志专门撰写社会上的新动态、新事物,算是在中国"文革"后较早出现的软性青年杂志,很畅销。在我撰写的文章中,以写"出国热"影响最大,影响大到我自己后来也留学美国,还在美国意外地接到过一个难忘的电话。

　　1994 年,我在美国的《世界日报》旧金山社任采访记者。一天接到一位"不速之客"的电话,一上来就问:"你是戴铭康吗?你知道我是谁?"

　　听着电话里传来的没头没脑的问题,我说:"我是。你是?"

　　"我是王道一。你还记得吗?"

　　"哦,记得,初中同学。"那时我们都在上海延安中学上学,下课后一起回家。他很优秀,和我同年级,却不同班。

"我在纽约的邮局工作,找到你的姓名,就知道一定是你。"没等我搭话,王道一又在电话中给我出难题,"你知道我是怎么到美国来的?"

"这?"

"我到美国和你有关。"

"是吗?"天啊,初中毕业后,应该有快三十年没有见面,怎么和我有关? 我感到奇怪。

"你还记得你在《青年社交》上写的那篇《出国热》吗? 我就是照你上面写的一步一步地做,才出国的。我打电话是要谢谢你!"

真没想到,我的文章居然有如此影响力,不,应该说,是"出国热"这个主题的魅力。这通电话让出国留学的主题在我的心中扎下了根。近年来,"出国热"一直在升温。2011 年 11 月 14 日,美国国务院教育及文化事务局(BECA)和国际教育协会(IIE)公布的报告指出,2010 至 2011 年度在美国各大专院校就读的国际学生,创下 773277 人的新纪录。其中排名第一的是中国大陆来的留学生,有 158000 名,比前一年增加了 22%。台湾地区的留学生人数排名第五。

"中国教育线上"在北京发表的"2011 出国留学趋势调查报告"指出,2008 年起,中国留学生人数连续四年以每年 20%以上的幅度增长。2010 年的留学生人数已比 2007 年倍增。2011 年出国留学人数近 33 万(约一半留学美国),由此带动的"留学经济"可望超过人民币 600 亿元(约 94 亿美元)。

相比前一波 2002 年前后的留学潮,这波留学潮呈现两大特点:一、留学生人数增幅惊人;二、18 岁以下的小留学生人数增加,出国读高中蔚然成风。——留学热潮逐渐成为一道越来越宽广的洪流。但可惜的是,留学文学却没有成比例地成长和繁荣!

留学,当代中国的一大情结

2011 年 9 月,又一个难忘的电话,也是从美东打来。一个素未谋面的朋友打电话给"留学北美的故事"征文办公室,问有没有收到他的征文,又问了一些征文的情况。当他得知,12 年前,我曾发起"中国知青洋插队"的征文活动,就问我还记不记得他。

虽然以前从未通过电话,虽然我只在照片上见过他,我却记得他——潘为湘——我第一次发起征文的获奖者之一,他的获奖作品是《通往成功的荆棘之路》。他曾就读哥伦比亚大学博士班,从事国际贸易,现在又兼做留学美国的服务。潘先生的电话令我走入回忆。

1998年,我担任美国中国知青联谊会的创会会长。这一年,我们举办了很多有影响的活动。至今有人说那阵子"真是轰轰烈烈"。像和世界自然基金会(WWF)合作举办的"虎年护虎国际研讨会",全球保护老虎的主要组织都来了;得到美国国家动物园协会的支持,在旧金山动物园举办有6千多人参加的保护濒危野生动物园游会;举办包括万人签名等等的多项保护濒危野生动物大赛;纪念上山下乡的"难忘春秋30年"连演三场,其中一场连站票都卖完;为中国华东地区特大水灾赈灾募捐两万多美元……一个接一个大型活动,足够写厚厚一本书。

发起"中国知青洋插队"征文比赛是其中的活动之一,由《世界周刊》支持。评委包括原香港《大公报》总编辑、作家罗孚,多次荣获文学大奖的著名作家严歌苓,台湾80年代写意派散文的代表作家喻丽清,曾任中国福建省作家协会副秘书长、本书的特邀主编、诗人王性初等等。

先是《世界周刊》登载了部分获奖作品,一时洛阳纸贵,造成轰动。接连几个星期天,我到一些售报点去"私行察访",看到夹送《世界周刊》的《世界日报》销售一空。甚至有家长对孩子耳提面命:"这写的是你老爸老妈的故事,写得好极了,回家我讲给你听。你好好学中文,以后可以自己读。"

同时,我收到来自美加各地,甚至是中国大陆知青的各种各样的来信。——《世界日报》为中国大陆读者提供了征文平台,大陆的读者大大增加。那时在北加州的调查惊人地发现,来自台湾地区的《世界日报》,中国大陆读者竟占了一半。

后来,我将征文选编成书的时候,曾征集书名,一时未找到可用的。无奈之际,自己拍脑袋想题目,还学贾岛"推敲",在"寻梦北美"、"北美寻梦"两个题目间反复考虑。突然"省悟",我们是排除万难主动到北美"寻梦"的,当然是"寻梦"在前,于是定题"寻梦北美",由中国青年出版社出版。之后参加在洛杉矶举办的国际书展,并举行"洋插队研讨会"。再后来,中国名校的教授要研究洋插队,就找到我,以这些纪实文学作为资料。

潘为湘先生在电话中说我先后发起的两次征文,挑起了中国人两个"热门"的时代情结:一个是"知青情结",另一个是"留学情结"。他还问我,接下来会挑起什么情结? 说得我诚惶诚恐。

我自 1989 年留学美国。那时,很多留学生是"文革"年代的知青。留学对于我们来说,既是知青情结,又是留学情结,这两种情结纠集在一起,其中的知青情结更强些。这一时期的留学有"文革"造成的两大后遗症:一是学生出国留学时年龄偏大,像"老三届"都奔 40 岁了。二是自费留学生的学费靠自己打工赚,即使有公费资助或有奖学金,往往也需要打工补贴,所以留学变成"洋插队"。

我们这一代成了当代中国留学的拓荒人。插队的地点不再是中国的某省某县,而是美国、加拿大、英国、法国、德国、日本、澳大利亚……同学间还相互访问做客,美国的跑到欧洲、欧洲的跑到日本……出现了中国留学生国际"大串连"。

感谢《世界日报》当年的赞助和支持,当时的我凭着一股热情发起了"中国知青洋插队"征文活动,获得广泛响应。那是 1998 年。可惜,当时参加征文的全是中国大陆赴美和加拿大"洋插队"的留学生,没有台湾地区留学生同胞参加。那时,台湾地区经济已经起飞,成为"亚洲四小龙"之一;中国大陆还处在"万元户"的低级致富阶段。经济上的差距、政治上的歧见,加上两岸多年的不往来,造成两岸留学生交流的障碍。台湾没有什么插队落户,一些台湾同胞对知青的概念还停留在"十万知青十万军"的抗日战争年代。那时,台湾赴美的留学生,很少懂"洋插队"是什么意思。

知青情结、留学情结,包含了高尚的情操、美好的信念、异国生活艰苦的磨炼、刻骨铭心的回忆和巨大的精神财富……正是这两种情结,使得很多留学生有了国际观,而且到了国外变得特别爱国,因为我们深感只有中国强大了,海外华人的腰杆才能硬起来。正是这两种情结,潘为湘先生主动要把本次征文结集成书的事包下来，即使亏本也在所不惜。他公开发邮件给大家，说即使不获奖他也同样会赞助出书，令我颇为感动。可是，他是有功的。他的作品被5位评审不约而同地看好，排在铜奖的最前列，和银奖仅一步之遥。

其间，我并不因为没有人愿意赞助而放弃正式出版。终于，我们的征文集得到华东师范大学出版社的青睐。感谢华东师范大学俞立中校长的推介，感谢出版社王焰社长的支持！华东师大出版社教心分社彭呈军社长的肺腑之言令人感动——他说："现在有些书编辑后，很快就忘了。可是出版这本书，虽不会赚什么钱，五年后我还会记得。"

留学，中国改革开放史的重要章节

改革开放以来，留学对中国的教育、科技、经济、文化、政治等各方面产生重要的影响。可是，中国的留学史料是零星的、中断的。1847年，布朗牧师带领容闳、黄宽、黄胜三人赴美留学，至今已经165年。其间，从1872年起的"中国幼童留美运动"到现在的留学高潮；从清朝末年的洋务运动到民国年间兴起的实业救国；从1949年后归国留学生在历次政治运动中的遭遇到现在大规模招聘留学生回国创业；从建造铁路的著名工程师詹天佑到诗人闻一多；从留学日本的鲁迅到留学美国的孙中山；从台湾地区的连战、宋楚瑜、陈履安、钱复、马英九到中国大陆当今的海归派……多少留学的重大事件，多少留学的历史人物，而至今没有系统的中国留学史研究。研究的基础是真实的史料，可惜的是留下的留学史料不多，特别是普通留学生的资料保存更少。如果过去的已经难以弥补，那么现在不能再坐失良机。

而今，我留学美国已经二十多年过去了，"洋插队"留学时代已成为历史。随着中国大陆经济的起飞，富人和中产阶级涌现了，真正的留学时代开始，单纯留学的情结加重了。留学生的学费和生活费，基本上由家庭提供。这种"留学热"一波接一波，不断高涨。留学征文的历史条件成熟了。于是，我在"'留学北美的故事'征文启事"开头写下："让我们一起用热情来照亮这段难忘的留学史。"

参加这次征文活动不再全是中国大陆的留学生，约三分之一是台湾地区留学生的投稿，其中有几位七八十岁的老留学生，十分感人。两岸的新老留学生走到一起，以征文会友。荣获本次征文金奖的谭吴保仁、写了两篇《我的留学生涯》的程阳灿、常在《世界日报》"家园版"发表文章的方醒、和我通了多次电话和电邮的蔡老师、《忆南卡》的作者陈碧玉、把征文改了抄得十分工整寄来的李树人、主动表示愿意为本书做美编的卢惠娟……还有多位和我在电话中商讨过征文修改的朋友，他们都来自台湾地区。

可喜的是还有不少年轻留学生来参加征文活动。来自中国上海的蔡杰琰 (Jimmy Cai) 20岁还不到，是这次征文比赛中最年轻的参加者，目前在纽约的一所大学读本科，他用英文写了征文寄来。他表示，他参加征文希望能获奖，用奖金来补贴学费。对于这位非富有家庭的孩子，我们特别筹了一点奖学金给他，算是征文活动的"外一章"。而来自台湾地区的黄美惠在纽约的一所大学读硕士才一年，她在征文中写了她留学的感受。我们通电话谈征文修改时，她告诉我，她是高雄附近乡下的穷孩子，为出国留学不折不挠，虽然不像范进中举那般熬到老眼昏花，却也在两年中参加了8次和出国有关的考试，考得头昏脑涨，终于向台湾教育行政主管部门申请到留学贷款。这或许可以入选吉尼斯纪录了。

现在，留学文学的数量和质量还处于起步阶段。也没有系统的资料显示，有多少人在专门研究当代中国的留学史，尤其是包括两岸四地（中国大陆、台湾、香港、澳门）的留学史。目前所能看到的仅仅是少而零碎的文献。留学史要系统地成为中国史学研究中的专题，还有一段路要走。这当然要涉及中国的留学政策及相关的研究。

当代中国的留学政策，总体上是随着经济的发展越来越开放。从公派到开放自费留学，从自费留学生出国只能在中国人民银行兑换数十美元到而今留学生有足够的外汇用来留学，其间走过了艰辛之路。而且留学生也对中国的科技进步和经济发展起到了相当积极的作用。近年来，招聘人才、网罗新技术的中国各地代表团多不胜数，一批又一批。这对中国的留学潮的高涨更是起到了积极的促进作用。中国各地的高科技园区，有很多海归的留学生。也有很多留学生回国后，承担重要的政府工作。这些都将对中国乃至世界产生很大的影响。

研究中国的留学史，也要涉及美国的相关政策。美国对中国留学生往往采取比较功利的态度，早年更带有歧视的成分。这次获奖征文中的《走过苦难圆美梦》，描写早年台湾地区的留学生，在美国不准"陪读"政策的限制下，新婚夫妻一别十年，受尽不人道的相思之苦。——这是美国排华法的余波。我出国留学时，美国领事在签证上把关过严，很多留学生过不了这一关。而现在为了用留学生的学费弥补美国教育经费的不足，签证通过率变得空前之高。发展高科技需要大量的外国科技人才时，美国政府又推出 H1B 签证，一再扩大引进。一位北京大学校友会的负责人表示，保守估计，目前在硅谷，来自清华的留学生至少有 4000 多，有的几乎一个班级的同学都来了，来自北京大学的留学生至少有 3000 多。在硅谷的高科技公司，中国留学生成为工程师的主力之一。在美国硅谷发起"留学北美的故事"征文，有天时、地利、人和之便。

这次"留学北美的故事"征文是一次纪实文学的丰收、留学文学的丰收。《我的留学生涯》、《留学美国散记》、《忆南卡》、《食宿困难和警车伺候》等，都是写艰辛的留学生活。《墓地小工"博士后"》、《一条红绳子的故事》、《一个吃货的留学生涯》、《我的那辆车》和《我的那只船》、《堕入美国学校的"粉色陷阱"》则从不同的角度撰写留学生活中的一个方面或一件事。《走过苦难圆美梦》、《美国，我不想打官司》、《边境八日博命游》、《我的创业情结》、《屋影人踪》、《闯荡千里学推销》等，都写的是在美国的创业历程。《忆猴哥》则写了一位留学生不幸遇难的悲剧。《"小不点"的旋律》、《航行，驰向更远、更远……》、《难解之题》是写第二代的留学生（"留二代"）。还有一些征文以丰富的内容，多方位展示了中国留学生的故事。这些故事都在令人感动之际，使人有所深思，有所收获，为中国留学史留下可贵的实例。

感人的是，很多参加征文活动的留学生或家属，对征文改了又改，颇有"语不惊人死不休"的态度。《走过苦难圆美梦》的作者谭吴保仁女士改的次数最多，在征文定稿前，至少改了五稿。《"小不点"的旋律》的作者单基荣也三易其稿。《食宿困难和警车伺候》的作者杨继良，也对文章作了很多补充，两次投稿。《我的世界——我们母女的美国魂》的作者韦薇，在截稿前两次寄来补充文稿。很多征文和奖状其实都是作者心血的结晶。

更感人的是,征文评奖后,哪怕没有拿到获金,甚至没有获奖,为了把留学北美的故事结集出版,作者们对征文的修改又掀起新一波的高潮。徐秋月先后两次寄来她修改的《何乐而不为》。苏东波、蔡老师、李树人、徐晓图、黄美惠都把他们的征文作了大量的改动,态度之认真,不亚于修史书。韦薇更把修改完稿的时间拖至2012年2月底。郑泓"越挫越勇",不但修改原稿,还把标题改为《美国,我不想打官司》,更是道出作为新移民的留学生之人生和苦痛。是他们提升自我,也提升了这本书的品质。还有很多幕后的故事尚未被发掘,还有很多为征文和出书的故事难以一一枚举。

留学,中国还处于"起始"的阶段

目前,在中国大陆,很多人尚缺乏留学的常识,需要形形色色的留学中介机构提供服务,这种"盛况"远远不是日本、中国台湾等地所能相比的,更是欧美等发达国家感到不可思议的。应该公平地说,很多出国留学的中介机构,提供了很好的出国留学服务,为推动中国的留学发展功不可没。但也有些留学中介,混水摸鱼,借机牟利。2011年10月20日美国华文《世界日报》头版头条的报道,醒目的大标题是"美校勾结经纪,骗招中国学生"。一些中国学生被骗到偏远的教学品质欠佳的私立学校,大学、中学都有,甚至荒唐到了一个班级中的大多数是中国学生。这种在中国学生堆中的"留学",不但英语难以进步,对美国文化更是难以了解和学习。

有些出国留学中介公司通过过分的"包妆"(包装 + 化妆),为留学生"画皮"的做法,已经被越来越多的美国名校识穿,出现了美国高校"两难"的局面。《世界日报》2011年11月4日的A4版头条,以"中国留学生涌至,美国大学两难"为题的报道,副标题是:"中产阶级学费无虞,留学生三年增加两倍,财源滚滚但造假频频"。报道中的小标题更能突出问题的重点:"论文捉刀,托福枪手代考","英语有限,很难跟上课程","中介舞弊,提供配套服务"。一批"山寨版"的留学生就这样出现了,花了很大的代价量身打造,素质却没有提高,结果是花钱到美国"留级"、"流学",而不是"留学"。

2011 年 11 月 3 日的美国《高等教育纪事报》（*The Chronicle of Higher Education*）上发表了中国北京大学附中校长助理的文章，指出，许多 SAT 考分很高的留学生，到美国后，就龟缩在图书馆或教室后排，只交中国朋友，不参加体育运动或派对，成天想念中国，对美国毫无兴趣，留学只是为了得到美国学位，而美国大学也想要他们的钱。结果双方都受伤。文章呼吁，美国大学招收中国学生时，不能只用硬数据（标准化考试分数）来衡量而在"软技能"（Soft Skills）上打折扣。硬数据或许可以判断他们在中国是否是好学生，而"软技能"却将决定他们能否在美国校园获得成功。

不知这份美国报纸是为了凸显中国学生"软技能"欠缺的问题，还是暗讽这位校长助理的无知。因为，美国名牌大学招生，像常春藤盟校从早年起就必看"软技能"，很看重领导和活动能力及团队精神，很重视学生的课外活动、特长、社会活动、工作经历、做义工等资历和表现。一位征文作者的儿子在证券公司工作几年，业务表现出色，又去名牌商学院深造。他还未毕业，著名证券公司已来"挖角"，中国农业银行在美国上市的大案子都交给他来做。公司发给他的年终奖金数以百万计。问题是：目前的中国很难弄清有多少学生有"软技能"可看。一些中介公司让留学生演"软技能"的"真假猴王"，美国名校又怎么能知道有多少中国留学生被"包妆"？

因此，本次征文也是顺应中国留学潮高涨的需求，为越来越多的留学新人，提供一点实实在在的借鉴。这种经验分两个方面：一种是纪实的留学故事；另一种是留学指南式的描述和举例。《留学可以改变人生——献给准备留学的中国青年》、《准备、创新、回馈——我的留学感悟》、《我在留学美国期间所得到的启示》等等获奖征文，叙述留学美国的方法和重要性。《进入美国名校的"直通车"》和《"富二代"留学美国》等更是热腾腾现炒现卖的新鲜资讯，是我采访了二十多位留学生及家长和相关人士后撰写的。这可以让本书从更新、更多角度反映当今留学北美的状况，增加参考价值和可读性。如果这本书对中国留学生有所启示，有一些良好的借鉴作用，那样的功德无量，正是本书的目的之一！

留学，经历"脱胎换骨"的成长

我留学的那个年代流行一句话："如果你爱他，送他到美国去留学；如果你恨他，也送他到美国去留学。"因为留学是在异国文化、陌生环境中，独立奋斗和挣扎的"水深火热"的考验。早年的留学，全靠自己，如同不管水深水浅就跳下去。

现在，后半句不见了，至少绝大部分留学生的留学费用有了保障。出国留学都是为了寻找更好的前程，如唐三藏西天取经般，把经历了语言、学业、文化、生活上的种种磨难，看作成长的过程，多多少少带有"吃得苦中苦，方为人上人"的意味。征文中这样的描述不少。这成长中的"共性"是：身在异乡他国的中国游子，望着比中国圆的美国月亮，产生的思乡之苦及对中国的种种深情。可能来自台湾地区的留学生的那份乡情更重。那是双重的乡情，不但对台湾，还有对祖国大陆祖籍地的思念。

征文铜奖获得者谢明诚先生在给征文办公室的电邮中写道："我们的父母在1949年从大陆迁徙到台湾。我们在台湾出生，成为在台湾的内地人。然后我们再由台湾迁徙到北美洲落户、繁衍。我们只知道在大陆定有亲戚，但因为父母早逝而无从着手。我们的孩子们就是我们的亲戚，但我们的孩子们与我们只是同种而不同文。异乡已成家乡，故乡在水一方；儿孙融入北美，乡情日久天长。"道出台湾"内地"留学生在颠簸人生中的乡情，那决非"一枚小小的邮票"能传递。

谢先生电邮中还写道："谢谢（征文活动）提供平台，记录下个人从未告诉过子女们（都是华裔美人）的关于我自己的故事。待退休后，将会再把用中文写下的故事翻译成英文，传给后人。旅美数十年，是身为中国人的孩子，美国人的父母和祖父母及外祖父母，但又往往不知该从何向孩子们说起我们自己的故事。留学时期，只是大时代里的一小部分，但是最有希望的一部分。"像谢先生这样，怀着浓浓的深情，憋了一肚子留学故事的人不少。而这次征文只是抛砖引玉，只是开头，就像中国的留学大潮，还只是刚开始涌现高潮。

这些征文中还有意无意提出了一个留学心理建设的问题，须在留学前培养,要在留学中加强。这是目前非常需要的。可是,很多留学生都缺乏这方面的准备,因此留学的适应过程比较长,留学中的磨难增加。这些,我将在专门的文章中加以阐述。

两个情结,两次征文。谢谢所有为征文和这本书的出版作出奉献的人。特别感谢在全美和加拿大发行的《世界周刊》再次接连刊出"征文启事",并于2012年1月1日起,在"岁月忆往"栏目连续刊登部分获奖作品,引起了很大的反响。事隔十多年,这次我在邀请评审委员的时候,很遗憾的是罗孚老已离我们而去,严歌苓的作品被张艺谋拍成《金陵十三钗》,她在中国也无法拨冗为我们助阵。

感谢中国大陆旅美诗人王性初、台湾地区旅美作家喻丽清,依然从百忙之中抽出时间参加评审。感谢王性初依然担任本书的特邀主编。感谢香港旅美作家吴瑞卿,虽然她受美国一家由国务院赞助的基金会委托,必须在评审时期两次前往中国做翻译,却硬是挤时间为征文一一写了评语,令人感动。感谢华东师范大学中文系的李振潼教授(现退休旅居美国)和长城电视的CEO林志强,他们为本次评审带来了新的气象。除了由衷的感谢,我对评委们专业、认真、公正而没有受到"污染"的"史家风范"深表敬佩!这本征文集不仅是文学作品,也是中国留学史的一部分。

在此,我把电邮留给读者:cashfa. dai@gmail. com。希望得到大家的指教和支持,一起来推动留学文学的发展。我和我的伙伴还有一个"目标",希望以此为起点,引起有识之士的共鸣,拍一批关于海外留学生的纪录片和电视剧,更多、更广地记录中国当代的留学史。

2012 年元旦初稿

2012 年春节修改于美国硅谷

留学经验篇

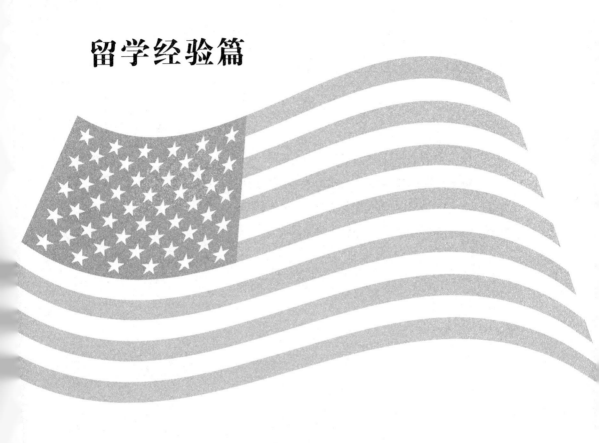

进入美国名校的"直通车"

戴铭康

如果成绩不够好,如果留学费用有点紧,
还是想留学美国,甚至要进入美国名校。
怎么办?

这里采访了二十多位留美学生和家长。
他们,或者成绩不顶尖,或者学费不足,
可是他们已踩出一条通向美国大学之路,
甚至进入哈佛、斯坦福、柏克莱等名校。
他们实践和见证了这留学美国的捷径。
他们说这是进入美国名校的"直通车"。

这是什么学校? 是"野鸡"大学吗?
不,这是美国政府办的公立两年制大学。
其好处之多,令人难以置信,
甚至让你高二"直升"美国大学……

你知道吗?
美国四年制大学近一半学生来自公立的社区大学。
美国现任总统奥巴马曾就读加州两年制公立的西方学院,
加州前任州长施瓦辛格曾就读加州的圣莫妮卡社区学院。
你呢?

这里有一些真实的故事。

一

社区大学有"三低"

是面临人生选择的时候了！Paul Li（文中所有学生姓名都是化名）和
Mark Xu 是同班同学，都是新移民的孩子，成绩都在中上、上下之间游走，高中
毕业后都被加州州立大学的一所分校录取。他俩站在同一起跑点，却有两条不
同的升学之路：Paul 认为州立大学并不是他的理想，决定先读社区大学，再转
学术性的加州大学系统，那全是全美排名前 100 的名校，其中柏克莱加州大学
排名约第 20，洛杉矶加州大学排名约第 25，戴维斯加州大学排名约第 35……
Paul 的父母很开明，尊重孩子的决定。Paul 又劝说 Mark 也和他一起进入社区
大学。可是，Mark 的家长认为社区大学两年制，不如直接进四年制大学好听。
于是，Mark 进入四年制的州立大学。

美国大学，前两年大多是基础课程。结果，Paul 在社区大学的成绩是全 A。
两年后顺利转入著名的柏克莱加州大学。加大毕业后，又考入名牌商学院，毕
业后成功进入华尔街的证券公司。而 Mark 在州立大学成绩平平，毕业后，没有
继续深造，一直在旅行社当导游，工作不稳定，淡季的时候收入很低。Mark 和
他的父母省悟，当初真不该小看社区大学，错过了一条直升名校的捷径，结果相
差很大。

Paul 透露，能让学生后来居上的社区大学，是进入名校的"直通车"。因为
社区大学有"三低"。

第一，社区大学学费低，几乎是州大的四分之一，比起一年学费 5 万、6 万美
元的私立学校更是低得多。省钱就是省时省事，Paul 不必为了学杂费而打工。
他可以把时间用在学习和做喜欢的事上，发展特长。他喜欢股票，常上网看股
票，还常跑证券公司，这为他以后进入加州大学和商学院打下了基础。

这低学费，为中国中、高产阶级家庭的子女留学美国降低了门坎。

第二，入学门坎低，学生很容易申请入学。对国际学生来说只需要提供高

中成绩单和语言学校的合格证书。这里特别要提一下英语,因为英语对很多包括中国的非英语国家留学生来说,都是一大难关。以圣马特奥大学为例,入学要求的英语成绩为:托福480,雅思5.5,iTEP3.5。这个成绩的要求在未来会逐渐提高。如果没有英语托福或雅思的成绩,可进入社区大学指定的语言学校学习,一般通过一年的英语学习,就可以进入社区大学,不需要美国高中生必考的 SAT 成绩。

这低门坎,为中等成绩的国际学生留学美国敞开了大门。

第三,竞争低。目前,成绩好的学生进入社区大学的不多,Paul 的成绩自然鹤立鸡群,脱颖而出。当然,不是进了社区大学就一定可以进名校,可是像 Paul 这样的学生,不通过社区大学就一定进不了名校。

这低竞争,创造了让中上成绩的留学生直升名校的良机。

保障学生直升四年制大学

Paul 可以进名校的重要原因是:美国四年制大学,包括名校,对社区大学的学生有"保障"名额。

2010 年秋季,先是加州通过 SB1440 法案(加州参议院 1440 法案)和 AB2302 法案(加州众议院 2302 法案),再是加州州长阿诺德·施瓦辛格签署"大学生校际转学改革法案",从法律上保障合格的社区大学学生转入四年制大学。该法案设立转学学位,明确并简化转学程序,规定成绩合格的社区大学学生,可以直接转入加大或州大系统。接着,美国总统奥巴马在白宫首次召开全美社区大学高峰会议,把社区大学培养人才放到美国全球发展的战略高度,鼓励社区大学为培养更多人才而作出新的规划。这不但鼓励美国的本国学生,也让国际学生沾光受益。——有头脑的人看到了美国国家政策带来的优势和好处,搭上直升美国名校的顺风车。

William Chen 的父母是硅谷的工程师,留学生新移民。父母收入高,他拿不到美国政府的教育资助。作为"留二代"的 William 很懂事,虽然他的成绩不错,可是看到父母工作十分辛苦,为了省学费,就先进两年制社区大学。当时父母非常反对,但是在美国必须尊重孩子的选择。两年的社区大学学习,对他来说是"玩",他可以做自己喜欢做的事,自学自己喜欢的课程。正是这种闯劲和自信,两年后,他很轻易就直升著名的柏克莱加大。毕业后,被一家美国的电视台网罗。

后来 William 的家长对朋友说:"中国移民家长的想法,有时不如孩子。因为孩子已经进入美国主流社会,家长往往还停留在中国的旧观念。很多人被自以为是的观念束缚,吃了亏、耽误了孩子的前程还不知道。"

从辍学到进斯坦福大学,社区学院是捷径

还有一位"留二代"Larry Fei 很"绝"。高中毕业时,Larry 对父母说,他还没有准备好上大学。当时父母感到难以接受,却拿他没有办法。Larry 搬出去住,自己养活自己。他告诉母亲:50 美元时薪,对他来说不是难事。他和高中的老师合伙开公司,把坏旧的计算机修复出售,并捐出去一些做慈善。他也学会开救护车,参加急救队,甚至赶到深山救人。还想当特种兵,因为体检没通过而作罢。他做过很多工作,每一项都做得不错,却做不久。父母认为他做什么事都没有长性,不看好他,只能随他去,在亲友中从不谈到这个儿子。

Larry 知道自己是在向生活学习,在寻找机会。在外工作三年,他深深感到名校学历的重要。便回家和母亲商量,可不可以支持他上大学。做家长的见孩子回头学习,求之不得。于是,Larry 搬回家里,开始准备上大学。因为社区大学入学门坎低、学费低、竞争低,Larry 首选社区大学。父母认为孩子能上大学已经谢天谢地,还管上什么大学,对 Larry 的学业并不抱什么希望。

令很多人跌破眼镜的是,经过社会历练,Larry 学习能力大增,为人处世的经验也丰富了,他的成绩一路全 A,教师同学都非常喜欢他。毕业前,他申请了哥伦比亚大学、斯坦福大学等名校。哥伦比亚大学有个招生计划,专门面向有工作经历的人,提前录取他。他已经准备到纽约去了,斯坦福大学的录取通知也来了。Larry 打算拒绝。斯坦福大学为了挽留这个好学生,组织同样是社区大学的转学生和 Larry 共进早餐,陪他参观学校。那几位陪他参观的同学的说

法打动了他，校园的学习氛围感动了他，Larry最终选择了斯坦福。

Larry明白，如果不读社区大学，他不可能直接进入斯坦福大学。从辍学到进名校，而且敢向全美排名第五的斯坦福大学说"不"，以往不被很多人看好的社区大学，而今成为令人刮目相看的进名校的"秘密小道"。这"意外"的成功在亲友中造成轰动，成为美谈，Larry成为走社区大学直升名校"捷径"的典范。

他在斯坦福大学攻读政治经济学，雄心勃勃，有意进军华尔街。问他学习跟得上吗？他说，学习没有问题，却要花很多时间在人与人的社交上。他懂得"做人"的实际经验和能力，在未来的工作中比书本上的内容更重要。学校有重要活动，有重要比赛，他都积极参加，还回家向父母借了箱型车，组织同学一起去助阵，显示组织才能。

中国留学生开始爱上社区大学

像Larry这样的表现，提升了社区大学转学生的价值，为名校从社区大学录取更多转学生打下基础。这些成功的经验传播开去，也逐渐令一些来自中国大陆的留学生脑子开窍，纷纷进入美国优质的社区大学。

和在美国出生或自幼随父母到美国的"留二代"相比，来自中国两岸三地的留学生，都要过美国文化和语言关。异国他乡，坐公交车、租住房、上银行……都是新鲜事；新的环境、新的生活，在美国的一切都要重新学。如果英语听说读写不行，生活有困难，学业更难完成。四年制大学，要求学生入学时英语就达到较高的程度。社区大学原本就有丰富的教移民英语的经验，双语教学的师资优良，学生的英语相对容易过关。

英语欠佳，甚至在国内英语还可以的留学生，到美国后在语言上都会遇到这样那样的困难。而在社区大学有学英语的几大优势：

1. 有专门的ESL英语课程，或者有挂钩的英语学校，有良好的英语学习条件。

2. 学业竞争不大，学生有更多时间来攻读英语，适应课业。

3. 没有学生宿舍，有相当一部分国际学生住到美国家庭中，有更多生活自理和熟悉美国的锻炼，是很好的过渡。

4. 中国留学生一般除了英语，其他成绩都比美国同学好，有升入名校的竞争力和更大机会。

而美国的四年制大学，特别是名校，要求留学生考这考那，不但各项要求高，而且英语关难以通过。有些自信能学好的学生，很想走"快捷方式"，跳过"浪费时间"的考试关。

来自山东济南的宋恬，原本参加了中国和加拿大合作的留学生计划，高中到加拿大读，然后再到美国留学。可是签证时学校把她的姓名弄错了，把到加拿大读高中的事给耽误了。所以高中毕业后直接到美国读大学。亚利桑那州大（UA）和大学指定的语言学校同时录取她，先读语言学校，英语过关再进 UA。可是，她并没有马上进入 UA，因为她在美国看到社区大学的好处，所以自作主张，先进入社区大学学习两年。她母亲知道后大吃一惊，非常反对。母亲认为女儿这是在自毁前程，放着好学校不进，去读两年制的社区大学，将来还有什么前途！

宋恬举了很多例子来说服母亲，先去社区大学学习对留学生有利。学费低不说，还不用考 SAT，并且进入美国大学学习的开始阶段很重要。俗语说：良好的开始是成功的一半。社区大学学习压力相对没有那么大，她可以有时间来提高英语能力，熟悉美国大学的学习方式，适应美国的大学生活，站稳脚跟，然后跑步超前，而不会第一步没有走好，从此步步落后。事实证明，宋恬的选择是对的。如今她已经是 UA 商科的三年级学生，正准备进研究生院学习。母亲不但心服口服，而且把美国社区大学的好处介绍给亲朋好友。

来自上海白领家庭的赵颖，也是在美国的语言学校拿到证书后，自作主张，舍弃加州公立的州立大学不去，而选择社区大学。她因为没有考取中国一流的名校，选择直接留学美国。她是同时被语言学校和加州圣地亚哥州立大学录取的，原本打算学商科。到美国后，和亲戚一起重新评估，决定改学护理。她发现州立大学并不是全美百强的学校，也没有护理方面的专业。她感到，与其浪费时间，还不如进社区大学。这样不用花时间考托福、考 SAT，可以选修一些护理的课程，再进入有护理专业的四年制好大学，然后再攻读相关的硕士。

两年的社区大学，可以让她在学习大学基础课的同时，提高英语水平。赵颖很自信在社区大学的学习中有一定的竞争力,成绩名列前茅应该不成问题,进好学校的可能性很大。社区大学的学费便宜,比她在语言学校一学期的 5000 多美元便宜 40％。她希望留一些学费用于未来的深造。而且她认为,社区大学还让她不会一开始就被学习压得喘不过气来,可以有时间参加校内外的一些活动。课堂学习并非留学的全部,留学生需要有一些时间来参加社会活动,以增强见识和能力。——这是名校录取学生时要考虑的条件。

社区大学是很好的"桥梁"

"进入社区大学是留学生适应美国学习生活很好的'暖身'。"周皓说。今年 18 岁的他,曾是中国浙江一所重点中学重点班的学生,因为没有被中国的名牌大学录取,舍弃中国的大学不读,选择直接进入美国大学。他首选北加州的一所社区大学,未来的目标是著名的柏克莱加州大学。他说,社区大学的学费是他这样的中国中产阶级家庭所能承担的,和在中国名牌大学的学习费用差不多。

来美国 4 个月,他先到社区大学指定的语言学校学习 3 个月,第 4 个月就转入社区大学正式学习。他感到进入社区大学的优点是:语言进步快。刚到美国,交流有困难,难以开口。通过直接和美国同学、朋友、老师交谈,学到不少,提高很快。

学习方面。他先选对英语要求不高的两门体育课——健身和网球,很实用,既可锻炼身体,未来还可以指导别人,又可以拿学分。同时这也是适应美国大学学习渐进式的良好开始。学校告诉他,只要每一门的成绩在 3.3 分(满分是 4 分)以上,进入加州大学学习是有保障的。他认为自己拿 3.3 分应该是有把握的。

课外活动方面。社区大学有很多课外活动,他就参加学校专门做义工的团体,交了很多美国朋友,一起工作一起玩,英语进步快,了解美国文化快,学到了奉献精神和团队精神,并且增强了社会活动的能力。这对未来进入名校及今后就业都很有帮助。

生活方面,有时间来逐渐熟悉美国的各个方面,学习自理。作为独生子女的周皓,在家里什么都不用做,到美国开始学习自己煮饭给自己吃。如果直接上四年制大学,他一开始就面对功课的压力,多半没有时间"补习"生活自理。

费用方面,学费和生活费都比较低。社区大学学费一学期 3 千多美元。生活方面,刚到美国时,周皓租每月 1000 美元的汽车旅馆;和人合住,不带厨房,要到带厨房的同学那里去合伙煮饭。后来在网上找到离学校步行不到 10 分钟的住家:环境优雅,一个人一间睡房,水电垃圾费等全包,还包上网,包周一至周五的早餐和晚餐,每月 770 美元。懂事的他,其他都很省,一个月 850 美元也就够了。父母看到这样的优势和懂事的孩子,自然不反对了。

社区大学适合留学生的不同需求

社区大学的灵活性和多功能,成为留学生达成不同目标的"中转站"。不但从中国来的留学生首选社区大学,还有从其他国家转到美国的留学生,也先到社区大学学习。李圆圆从福建留学日本,在早稻田大学毕业后,赴美国深造。她原来计划在美国学法律,可是考试没有考好。于是她改学生物,也是先到社区大学。从日本名校到美国的社区大学,冲着"三低"而来,将其作为进入美国名校的"直通车"。

另有高学历的中国留学生,为了保持身份和找工作而进入社区大学的。刘佳,一开始考取美国东部有名却规模不大的私立学校,又在哥伦比亚大学学习,五年拿了两个学士学位。在普林斯顿大学读过心理学博士班,后来又在伊利诺大学取得金融硕士学位。一直拿奖学金,学费和生活费都不用担心。毕业后,要找工作,找来找去,想进入加州硅谷的 IT 行业,目标是用高科技来为人文服务,来做艺术的真善美。于是她在朋友建议下,进入社区大学。

她说:"社区大学的课程完全和工作挂钩。一边学习和工作技能有关的课程,一边找工作。"她把所选的三门课排在同一天,其余的时间就用来完成作业,用来找工作。社区大学的学习有利于她转换跑道,找到理想中的新工作。

社区大学容量大,功能多元,不论学位高低,不论专业不同,适合留学生不同的学习需求。虽然社区大学成为中国留学生的新热点，可是，进入社区大学走快捷途径的中国留学生的比例还不多，社区大学作为进入美国名校的快捷途径，还是"新生事物"。——原因有两方面：

其一，过去，美国的社区大学很少招收外国留学生。美国政府花钱，主要是培养美国的学生。过去，社区大学有政府拨款，不必开拓留学生市场。近年来，美国经济不景气，政府闹穷，教育经费削减，社区大学为了增加收入，开始增加招收各国留学生。

其二，过去社区大学一直被留学生家庭忽视和误解。因此，走这条快捷途径的人少，长时间被荒芜了。目前，是走社区大学快捷途径的黄金时刻！因为美国公立大学的名额是有限的，如果大批留学生涌入社区大学，这一快捷方式将逐渐褪色。

社区大学为国际学生敞开了一扇更大的留学美国之门，使留学美国多了一个很好的选择。

社区大学有排名先后，选择有讲究

很重要的是：选择社区大学也是有讲究的。一般要选有好评、转入名校率高的社区大学。而这样的大学一般都位于收入高人士居住的"好区"。位于收入较高地区的社区大学，教育质量都比较高，教育公债的发行也相对容易，校舍比较新，校园比较美，安全性好，口碑也佳。

在北加州专门提供留学服务的李先生表示，北加州几所好的社区大学，转入名校的比例相当高，有的社区大学的中国留学生，转入柏克莱加州大学、洛杉矶加州大学等名校的比例高达40％。而且各个社区大学都和某些名牌大学挂钩，例如：有的和柏克莱加州大学，有的和戴维斯加州大学，有的和洛杉矶加州大学，有的和私立名校挂钩，有的和多所名校挂钩。挂钩意味着优先录取，分数略低也可以录取。因为长期合作，名校对这些挂钩学校送来的学生素质有信心。

李先生指出，现在不但在美国的中国留学生主动转入社区大学；家长尝到甜头，也口口相传；还带动一些中国的公立和民办的高中、中专和外语学校的校长,纷纷赴美国社区大学考察,希望和社区大学签约,建立合作关系,保送学生赴美国社区大学留学。因为他们感到这是留学美国进名校的快捷方式,尤其适合中国留学生。

上海一所国际学校的校长一口气访问了四所社区大学,他这一年一直在研究美国的社区大学。他强调,美国的社区大学很适合成绩中等偏上的一大批学生留学。种种优势证明,美国的社区大学是进入名校很好的途径。

现在,北加州招收中国留学生比较早的几所社区大学,1万多名注册在校的学生,国际学生约700至1000人;其中,中国留学生约占60%至70%,比例不低。所以,提供留学服务的人,纷纷开发新的"名牌"社区大学,那是教学质量好、评价高,而中国留学生比例还不高的社区大学。

二

社区大学的典型之一——圣马特奥大学学区

说了半天,美国的社区大学究竟是怎样的?还要从一个电话说起。

2012年2月9日,时任中国国家副主席的习近平访美前夕,圣马特奥大学总校副校长栾晶博士接到美国驻北京总领事馆的一个电话,告诉他,加州布朗州长和习近平先生见面时,圣马特奥大学和中国河北省一所国际学校合作将作为中美教育合作的一个范例来介绍。这个项目是美国领馆推荐的。——由此可见圣马特奥大学学区作为加州公立社区大学的重要性。奥巴马总统抵硅谷开会筹款,乘坐的直升机就选择在该校草坪降落。

位于旧金山和硅谷之间的圣马特奥大学学区(San Mateo County Community Colleges District),有肯尼亚达(Canada College)、圣马特奥(College of San Mateo)、斯凯兰(Skyline College)三所分校,近三万名学生;位于小山上,居高临下,风景优美。近几年,圣马特奥大学总校通过公债方式筹款10亿美元,校舍修建一新。一些中国代表团前往参观,不敢相信这是社区大学。这样的筹款和建造,还在不断进行,学校也在不断发展。

圣马特奥大学学区有"升转世界一流大学的桥梁"之美誉,有"天时、地利、人和"的优势所创造的成绩。

天时:美国对社区大学的政策优惠。圣马特奥县近些年来,推出很多教育公债,为社区大学筹集大量经费。因为美国经济不景气,各大学经费短缺,需要招收国际学生来增加收入,所以美国高校的大门前所未有地向留学生敞开,签证通过率大增,出现了留学美国的最佳时机。圣马特奥大学学区特别加强招收包括中国学生的国际学生的服务,特别为国际学生设立奖学金,奖励好学生。在美国和中国都有他们指定的语言学校,只要拿到指定语言学校的证书,有高中成绩单,圣马特奥大学学区的三所分校就会录取。

地利:坐落在有"全球第一旅游城市"美誉的旧金山和"世界高科技中心"硅谷之间的圣马特奥县。这是美国十大最富有的地区之一,治安良好,教育经费多。美国的一部分教育经费取自当地的房地产税。2011年,圣马特奥大学向加州教育厅上交5000万美元,是加州唯一上交费用的社区大学。该校环境幽雅,居高临下,风景优美,气候宜人,四季如春。交通发达,临近机场,购物方便,云集世界各地文化、商品和美食;人文环境优良,苹果、惠普、谷歌、雅虎、脸书、Oracle……世界一流的高科技公司将总部设在圣马特奥大学学区附近;距离著名的斯坦福大学、柏克莱加大、圣母大学……仅几至几十分钟的车程。

人和:教学宗旨明确,重在培养学生的独立思考能力。拥有高学历、高学术水平、敬业的教师队伍,其中一半左右的教师都来自全美百强大学,全美大学中达到这种比例的不多。富裕地区的学生素质比较高。设有100多门学科。具有私立名校式的优良教学环境:美丽的校园,新建的教学楼,奥林匹克标准的体育馆、游泳池、健身房等体育设施……有便利和帮助留学生学习、工作、生活的多样化服务:课程咨询、就业咨询、校友辅导、校内工作、入学向导、校园参观、法律事宜服务、各种社团和文化活动及旅行……人文环境好,机会多。

成就:在加州的两年制公校中,各方面表现优异,是极少数被美国著名的评鉴公司"标普"(Standard & Poor)评为AA+级、被"穆迪"(Moody)评为AAA级的大学;是新校舍最多的学院之一;和加大、州大系统,加州理工大学、太平洋大学、圣母大学、圣玛丽大学等有良好的转学关系，每年有学生成功转入麻省理工学院，哈佛、斯坦福、耶鲁、康奈尔、哥伦比亚、塔夫斯、密歇根、芝加哥、南加州大学等等名校，留学生转入名校率高达80％。90年来，培养了包括人类基因组科学家文特等在内的社会精英，以及一些体育、电影、政治名流。

直升名校，申请柏克莱加州大学的留学生 100% 被录取

柏克莱加州大学是全美排名前20的大学，也是美国最棒的公立大学，并被英国权威的教育刊物评为世界第二的大学。

圣马特奥大学学区国际学生部的职员 Maggie 表示："自1997年以来，我一直在（圣马特奥大学）国际学生部工作。在此期间，所有的国际学生申请柏克莱加大的没有被拒绝。我相信这是由于学生优秀的学术成果、参与学生活动和在圣马特奥学院内和外社区做志愿者的服务。我也相信，这是因为圣马特奥学院的国际学生计划的良好的声誉。"

她的英文原文是：

I have been a part of the International Student Program since 1997. During this time all of our International Students who applied to University of Berkeley none have been denied. I believe this is due to the students high excellent academic achievement，participation and volunteering in student activities within the College of San Mateo and volunteering in services outside community. I also believe it is due the excellent reputation of College of San Mateo College and their International Student Program.

—— Maggie

2009年，来自中国大陆的毛同学直升哈佛大学。2011年，圣马特奥大学有4位学生直升斯坦福大学。这些成就令人刮目相看。

录取高二学生，同时发出名校录取通知

这里要强调的是：圣马特奥大学学区，是全美第一也是目前唯一由加州大学(UC系统)6所分校和多所全美百强大学同时颁发"有条件录取通知"的大学。留学生收到圣马特奥大学学区的录取通知书的同时，会收到加州大学不同分校或其他名校的"有条件录取通知书"。这就是说，圣马特奥大学学区的国际学生，只要获得规定的学分，达到所要求的成绩，就保证可以直升这些名校。对用功的中国留学生而言，获得学分和取得这样的成绩并非难事。因为圣马特奥是一所非常重视教学质量、学风良好的大学。

圣马特奥挂钩的这6所加州大学的分校，都名列全美高校百强，而且排名都在前75，有的更在前50强之列。预先有条件录取，实际上是为留学生"保底"，只要达到规定或更好的成绩，起码可以进这些加州大学，还可能进更好的名校。全看学生自己的争取，前途光明。

考虑到中国高三的学生已学完全部高中的课程，高三这一年，主要是准备高考，很少学习新的内容；为了让留学生能有充分时间攻读英语和适应美国的留学生活，圣马特奥高校还招收相当中国高中二年级结业的学生，给年轻的留学生多一年的"预科"，增加进入名校的几率。读完的高二学生凭成绩单和英语过关的考试成绩就可以申请。

院长的女儿经过"直通车"进名校

圣马特奥大学学区三所学院中有一位院长克莱尔，他的女儿就读一所很好的私立高中。女儿很想进洛杉矶加州大学，可是洛杉矶加大不录取她。因为她就读的高中，只有2%的优秀学生才有机会进入洛杉矶加大。她非常失望。在美国，父亲不可能为她走后门。

可是，克莱尔院长给女儿一个建议：到圣马特奥大学学习两年。凭她的成绩应该可以轻松直升洛杉矶加大。果然两年后，克莱尔的女儿经过努力学习，和比她成绩差的同学都进了洛杉矶加大，实现了进入名校的梦想。女儿高兴地

抱着父亲,感谢父亲指点她搭上直升名校的"直通车"。

死马当活马医的何同学

何同学,来自中国中产阶级家庭的孩子。她没有考取中国的名牌大学,更无法直接考取美国一流的名校。她的家长请美国的亲戚想办法,要送她到美国留学。开始,别人介绍她选择在全美综合性大学中排名第 100 位左右的私立大学。一问,要 5 万美元一年的学费,太贵;再一问,即使付得起学费,成绩也还差一点,难以录取。后来,她的亲戚通过朋友找到圣马特奥学院,顺利申请入学。

进了圣马特奥学院后,有一次,她已经走到教室门口,出来关门的老师看到她,却因为上课铃已响过,而把门关上,不让她进入。严格的管理令她印象极深。何同学十分珍惜这来之不易的留学机会,以后再也不敢迟到,哪怕只迟 10 秒钟。她学习努力,每一门课都抓得很紧,有问题就问。她的勤学好问,令老师印象深刻。她还参加一些课外活动,培养和展示自己的团队精神和领导能力。两年后,她顺利进入全美排名第 25 位的名校——洛杉矶加州大学。她在名校学习刻苦用功,对未来充满信心。

何同学的亲戚逢人就说:"我们真的没有想到她能被洛杉矶加大录取!更没有想到圣马特奥学院真的是留学生进入美国一流名校的'直通车'。——说实在,当时朋友介绍时还不敢相信,抱着死马当活马医的态度。现在事实胜于雄辩,而且像这样的例子不是少数。圣马特奥大学为中国各阶层的留学生打开了留学美国进入名校的大门。"

放弃同济大学的张同学

来自上海的张同学,是中国重点大学——同济大学的新生。他父亲是和江苏省某高校挂钩的科学园区总经理,多次出差欧美国家;母亲是曾经留学美国的高校教师。张同学的父亲曾偶然遇见正在中国访问的圣马特奥大学总校副校长栾博士,谈起该大学的情况。栾副校长没想到过了几个月就在圣马特奥的校园里见到张同学。是什么使一位上海四大名校之一的优秀学生,只上了3个月的课,就跑到美国两年制的社区大学来留学呢?

张同学的回答很简单也很肯定:"这是机遇!"他和父母认真讨论过几次。他认为,像他这种情况,如果通过圣马特奥大学的两年学习,进柏克莱加州大学的可能性极大,最不济的也可以进入圣地亚哥加州大学。这两所大学在全球大学的排名中,远远超过同济大学。而且同济让他进入的专业,并不是他的首选。如果他要直接进美国名校留学,把握不大。除了他已经考过的托福,还要考SAT,很费时间,而且不一定一次就能考好。所以张同学选择在社区大学读两年就可以稳进名校。他的父母毕竟在国外见过世面,思想开明,支持张同学的决定。

他也留了一条后路,用休学的方式,万一在美国不习惯,还可以回去。可是,他到美国一个月熟悉情况后信心满满。他说,学校资源充足,设施非常好,学风也不错;他评估自己拿3.5分的成绩不会有问题。学校的国际学生服务也很好,帮他找到一个寄宿家庭,825美元一月包吃住,虽然说合同上写着仅包周一至周五的早晚餐,可是那个美国家庭非常和善,全部的早晚餐和午餐,都可以享用。20分钟的公交车就可以到学校。他决定在圣马特奥完成学业,并积极参加课外活动,增加自己的"软实力"。

据说还有一个考取中国顶尖的清华大学的女生,放弃清华,直接到圣马特奥大学留学。可惜笔者一直没能联络上她,无法写她的故事。

"绝地重生"的郑同学

郑同学,生长在比较富裕的家庭。父亲是房地产公司副总裁,母亲开文化公司,和中央电视台合作拍纪录片。她从小的目标就是留学。可是在南京一所外语小学毕业时,因一分之差,与外国语中学擦肩而过。初中毕业后进了专门培训出国留学的民办高中。她感到那所高中的教学水平并不高,于是退学。在中国,没有高中文凭难以进大学,更不用说名牌大学。出国留学要进名校也极难。怎么办?

在这走投无路之际,她妈妈的朋友向她推荐圣马特奥大学。可是她的家长对这所两年制社区大学并不了解,很排斥。她想起,几年前有外籍教师告诉她,社区大学并不是中国人想的那样。可惜当时没有好好听。她和母亲上网查,这才了解社区大学。于是,她到圣马特奥大学留学,主修社会学,未来考虑攻读法律。两年后争取进入柏克莱加州大学或者洛杉矶加州大学。一个学期下来,英语没有问题,平均成绩 3.84 分,全 A。

她懂得,美国的名校很看重学生的能力和服务精神。她发起国际文化俱乐部,当选主席;举办"国际电影之夜"等活动,介绍亚洲的文化。2012 年春节,她和同学一起在校园张贴海报,举办由她主讲的中国农历新年习俗讲座;还写了企划书,计划在宣传 2014 年南京举办青年奥运会的同时,把更多的中国文化介绍给同学们。在课外活动和领导才能方面,她表现突出,被认为是佼佼者。她说,圣马特奥的课外活动十分丰富,让她学到了不少。学校的一些学生社团,会组织欢迎新生的聚会和餐会、观看电影,还有演出,并提供做志愿工作者的活动和机会。

郑同学的表现更令人刮目相看,证实亚裔留学生中确实有领导能力强的高手。这不但对她个人进名校大有裨益,对改变美国人对亚裔学生的刻板印象也是一帖良药。

郑同学计划三个学期修完四个学期的课,然后用一个学期回国协助妈妈拍有关中国佛教的纪录片。她说,在柏克莱和洛杉矶加大之间,她可能更倾向于洛杉矶加大,因为那里除了有很好的社会学系,电影、电视课也不错。

她从一分之差在中国落榜到轻松进入美国的社区大学,从沮丧地在中国的高中辍学到满怀信心向美国名校进军,是圣马特奥大学给了她机会,让一个有才华的学生不被埋没。从这里也可以看出中美教育的差异和差距。目前,中国还没有让郑同学这样有潜力、有实力而没有考好试、中途退学的学生有机会进入名校的教育机制。——由此可见美国两年制社区大学在美国教育中的培养人才的重要作用。从这一点上来说,中国的高等教育也值得向美国的两年制社区大学借鉴。

学风良好,进名校没有很大压力

圣马特奥大学的很多中国留学生,把未来的目标都瞄准了在全美公立大学中排名第一的柏克莱加州大学。

蓝同学，父母从事重型机械贸易，家境富裕。她从江苏省徐州市一所重点中学毕业，就马上到圣马特奥大学留学。开始，老师向同学推荐这所美国的社区大学时，家长很不放心，后来经过调查，逐渐改变看法。她在美国留学一学期，学得轻松愉快，成绩全 A。未来打算进柏克莱加大学金融。她说，中国留学生的口语能力比较弱，尤其是发表学术性的讲话，比较困难。在圣马特奥大学学习后，有明显进步。这里的学风好，中国留学生没有大手大脚花钱的，没有买车，也没有摆阔为自己买名牌的；如果买一点名牌，都是为了送家人。学校会为国际学生提供校内打工的机会，像到书店、实验室兼职。她在新学期会去打工，可以补贴生活费，更可以增长工作经验。

景同学，父亲从事舞美设计，母亲做服装设计。他北外附中高中毕业后直接留学美国。他考过托福，成绩一般，进名校不够格。在圣马特奥大学上课，英语基本上没有什么困难。他这学期选了 4 门课，16 学分，比规定的 3 门课 12 学分多。他感到学习上没有很大的压力。未来打算进入柏克莱加大读计算机科学。

他说，圣马特奥大学设施先进，环境很好，教授和同学都很好，并且像美国私立名校一样，小班上课，不同的课从 25 位同学至 40 位同学不等，同学间容易相互认识和交流，向教授请教也方便。不像有的美国大学，上大课有几百学生，学生和教授根本说不上话。美国课堂的学习方式和解决问题的思考和中国有差异。美国人更重视从实际的角度考虑，从中他学到不少。这样的学习环境，才能在很大程度上发挥学生的潜力。如果压力过大，一个身在异国他乡的年轻学子很容易崩溃。

和美中上海友好协会合作，加强招收合格的国际学生

现在，像圣马特奥大学这样的社区大学，有选择地和中国的高中或者相当于高中的国际学校、外语学校、民办高中、中专等合作，设立国际部，开办挂钩的留学培训班，学制从一年到三年，有普通班，也有特别班，有白天班，也有晚上和周末的短训班，非常灵活，完全根据学生的情况、程度和学习能力来教育。只要达到规定要求的，可以直接被圣马特奥大学学区录取，省时、省力、省钱，乘上留学

美国进名校的"直通车"。

圣马特奥大学总校的栾副校长表示,欢迎有意合作的学校(相当于高中)和该校授权委托的代理单位联系。美国是讲代理制的,就像著名的保险公司一样。圣马特奥大学有近三万名学生,工作很多、很忙。委托经过审核、有能力、有信誉的美国单位和团体来代理,是一种好方法。代理单位在美国,便于学院管理和沟通。该校和正式在美国政府登记、持有 501(c)(3)抵税号的美中上海友好协会(CA Shanghai Friendship Association)合作就是一个例子。

圣马特奥大学学区和美中上海友好协会的合作项目有三方面:

一、为吸引和激励更多优秀的国际学生,合作为圣马特奥大学设立国际白卡基金会,英文是 The Global Beca Foundation for SMC(San Mateo Colleges 之缩写)。这个名字也国际化,其中的 BECA 是西班牙文,意为奖学金,"白卡"是译音。

二、委托招生,不仅在中国,而且在世界各地。提供留学咨询和一条龙服务,包括在美国的接送、租房等。目前,圣马特奥大学学区的国际招生网站上有英、中、法、日、韩、越、葡萄牙、西班牙、阿拉伯等国文字。

三、协助设立国际部。目前先从高中开始。这些高中教的英语,采用圣马特奥大学指定的课本。

通过美中上海友好协会和圣马特奥大学学区建立合作的,未必一定要是明星高中;而合作会更多地从发展和服务有潜力的学生角度考虑。中国正在开启一个留学的新时代,我们可以为其作不同的命名,内容的核心是精英留学正转向中高收入的家庭和成绩中等偏上学生的留学;而美国社区大学是留学美国的"桥梁",也是进入美国名校的"直通车"!让留学跳出精英教育和富家子弟教育的圈子,走向宽广的人才培养之路,让越来越多的中国留学生进入美国社区大学深造。这是一条美国总统奥巴马和加州州长施瓦辛格都走过的路。

【附】

"圣马特奥大学学区国际白卡基金会"简介

1. 中文:为圣马特奥大学学区设立的国际白卡基金会(GBF - SMC)

英文：The Global Beca Foundation for SMC(San Mateo Colleges)

Beca：西班牙文，意为奖学金，译音"白卡"

2. 主办：由圣马特奥大学学区（San Mateo Colleges）和美中上海友好协会（CASHFA）合作主办。

基金会名誉董事长：方李邦女士（Florence Lee Fang），海外最有影响力的侨领之一。实业家、报业家、社会活动家、慈善家，方氏基金会董事会主席。曾拥有十多家美国报纸，包括著名的《旧金山观察家报》；在美国各界，特别是民选官员中有较强大的人脉。北京大学名誉校董，武汉大学名誉教授，中华全国台联理事会等名誉顾问……

基金会主席：戴铭康（Ming Dai），美中上海友好协会、留美同学会、美国白领俱乐部会长。

基金会副主席：栾晶（Jing Luan）博士，圣马特奥总院的副校长。

3. 宗旨：帮助和奖励成绩合格的学生出国留学，在实质上加强国际教育交流。极少数大学有专为入学的国际学生提供奖学金的，圣马特奥大学学区国际白卡奖学金，最终目的是为了吸引和激励有才华的国际学生赴美留学。

4. 美国加州公立的圣马特奥大学学区简介

圣马特奥大学学区（San Mateo County Community Colleges District，简称 San Mateo Colleges）位于旧金山和硅谷之间。有肯尼亚达（Canada College）、圣马特奥（College of San Mateo）、斯凯兰（Skyline College）等圣马特奥三校区，属全美前十的富有地区。这三所分校，4 万名学生，约 50％的教师来自全美百强大学。许多教授在其科学领域的成绩得到政府和民间著名机构的奖励，其中包括美国总统颁发的杰出尽职大奖。多年来，三校培养出许多卓有成就的科学家、受尊重的政府官员，以及受人爱戴的电影和体育明星。其三校所有项目的排名都在加州公立学院的前十。特别具有优势的是：三校独一无二和排名全美名校 75 强的 6 所加州大学分校同时发出录取通知书，保证合格的留学生直升名校。直升名校率高达 80％，堪称美国社区大学中的"名校"，是直升美国名校的"直通车"。

5. "2+2+2 直升名校"优势

两年在中国读高中，两年在圣马特奥大学留学，两年直升转入包括名校的美国四年制大学。社区大学的毕业生有直升名校的保障名额。圣马特奥大学是进入美国名校的"直通车"。学生先在圣马特奥大学三校之一学习两年。学分和成绩达到规定的留学生,"保证"直升美国百强的四年制名校再学两年,拿美国名校毕业文凭。三所分校的国际学生转入著名加州大学的学生中,80%转入柏克莱、圣地亚哥、洛杉矶等等加州大学。1997年以来,圣马特奥大学申请柏克莱加州大学的国际留学生,100%被录取直升。

6. 申请办法

(1) 必须是申请圣马特奥大学学区三所分校的国际学生。

(2) 必须递交进入圣马特奥大学学区前的学校提供的成绩单副本(必须和申请时提供给圣马特奥大学学区的一样),以及一封不是由你亲戚写的推荐信。

(3) 请回答如下问题,并在答案纸的上方写你的姓名和你来自哪一个国家。

＊为了未来的成功,你在学术方面做了什么准备?

＊为什么你认为,课外活动对你未来的成功也很重要?

(4) 请填写奖学金申请表。奖学金取决于国际学生学前成绩和参加学校学生领导职务的潜力。

7. 联络方式:Tel:510-717-9458,E-mail:cashfa. dai@gmail. com。

留学可以改变人生

——献给准备留学的中国青年

潘为湘

潘为湘　福建福州市人。原福建师大教育科学研究所研究员。1987年就读美国哥伦比亚大学教育学院教育管理博士研究生班。1993年毕业后一直致力发展中美州省友好合作以及国际教育合作。由于长期不懈的努力，他获得宾州印第安纳荣誉公民称号，并两次获得国际教育大使奖。

留学是一种幸运，因为不是每一个人都有幸能到先进国家学习深造，攻读学位。留学是一种机遇，因为你会因此认识许多人脉，包括你的梦中情人、你未来的终身事业伙伴，甚至可遇不可求的贵人。留学是一种挑战，因为你会遇到种种意想不到的状况，需要你付出勇气和代价。留学是一所最好的社会大学，你在其中可以阅尽人生百态，世态炎凉。留学更是人生旅途上的一座里程碑，它标志着你可能从此改变人生，走上一条放眼四海、云游天下的不归路……正是怀着这样的思绪，我在中国的一所大学里任教、做研究时就孕育了留学美国常春藤名校的梦想。

人的一生无非是在青少年时确立一个远大的目标，然后用毕生的努力去实现这一目标。这个目标是由许多的梦想组成的，远大的目标正是通过各个阶段的圆梦来逐步实现的。我的常春藤之梦终于实现了。1987年，我以国家公派留学生的身份飞往纽约，进入哥伦比亚大学教育学院博士班，攻读教育管理专业。

那么我是如何被哥伦比亚大学录取的呢？

首先是专业选择。要选择最适合自己的专业和大学。选择专业的过程是一个发现自我、定位自我、最大限度提升自我的过程。选专业最关键的是要按自己的天分、自己的长处、自己的兴趣去考虑。现在中国教育中最大的弊病之一就是不知道也不想去了解和尊重学生的个性和天分所在。须知每一个学生都具有天分，只是自己不知或不被老师、家长所知。多少天才，就这样夭折于萌芽之中。一个天才之所以成为天才，要么是自己发现自我，要么是被别人发现。选择专业前要全面地对自己的学术基础、个性、特长、兴趣、未来发展作深刻分析。

我确定了要选边缘交叉学科、文理交叉学科。因为我的本科专业是物理，文学、英语是我的兴趣特长。教育和心理学是我们师范大学的必修课，也是我最感兴趣的科目。我的工作单位是师大教育科学研究所，将来我要从事教育管理专业的教学、研究和实践，所以选择教育管理这样一门综合性强、跨学科的专业是经过深思熟虑的结果。

我研究了许多美国大学，发现哥伦比亚大学教育学院在教育、心理专业方面处于世界领先地位。哥大的图书馆在美国首屈一指。哥大教育学院曾经拥有像杜威、桑代克这样的一代大师。我心中的偶像——中国近代最伟大的教育家陶行知，还有胡适、梁实秋、徐志摩、谢冰心、李政道、吴健雄……这些灿若明星的中国教育、文化名人均来自哥大。我一定可以从哥大两百年丰富的历史传承和精神财富中学有所得。我心仪、向往哥大已久。

反观现在的一些留学生，他们在选择自己的专业上存在一些认识误区。例如有人跟风留学。他们看到同学，或者邻居出国留学了，想想只要能留学就好，随便报个专业。或者以家长意见为准则，自己毫无主见。有人想着留学镀金，随便混个文凭，学习好坏无所谓。有的则留而不学，他们以留学为名，实际上主要是打工挣钱。更多的人是想好好留学，但在选校和选专业上缺乏自我分析，不够深思熟虑。

问题是哥大要不要我呢？我明白，为了进入哥大，我需要在专业上做出成绩，有所建树，也需要好的托福、GRE 成绩。在英语方面，我夜以继日地学习英语，练习各种考试题。我又找机会与校内来自美国的访问学者交朋友，学习地道的美国口语。在专业方面，我不断挑战自我，给自己定目标——两年内，在国家一级权威学术刊物上发表 3 篇文章，省一级学术刊物上发表 3 篇文章，翻译 3

篇英文学术文章,与知名教授李秉德、檀仁梅等合作,出版一本专著《教育科学研究方法》。

一个人的能量被激发时真是惊人!我居然完成了看似不可能的这些目标。我知道只有送上这种成绩单,我才有可能被哥大录取。当我收到哥大的入学通知书,真是漫卷诗书喜欲狂。此时我才深刻体会到"成功是在准备着的心里"的含义。

几年来,由于工作关系,我接触了许多报考美国大学的准留学生。其中很多人和他们的家长口必称非常春藤名校不可。可是当我审阅他们的材料时,我真是不敢苟同他们的观点。他们没有预先准备好,没有做足自身的功夫,而希望通过留学中介机构的包装,帮助他们进入常春藤名校。另外他们常常专注于各种成绩单,而忽视了其他的因素。他们有所不知,美国名校固然要看成绩,但他们还特别青睐那些呈现出卓越的领导才干和社会责任感的青年才俊。

耶鲁大学的一位招生人员对我讲过这样一个故事:有一次他到中国招生,只收几个人。但报名的有几百名,从个人简历上和学习成绩上看都很优秀。他真不知在剩下的 20 个候选人中如何取舍。于是他决定面试他们。当时小礼堂里有几张椅子倒在地上。几个面试者结束后,不屑一顾,扬长而去。但其中有一位,离去时小心翼翼地把椅子一张张扶起来。"就是他!"耶鲁大学招生人员脱口说出他的决定。看来,哈佛大学在中国拒绝了一百多名高考状元的故事一点也不危言耸听。

那么,我从留学中有哪些获益呢?

1. 求异思维。在中国的课堂上,教师用千篇一律的教材去教非千篇一律的学生。教师与学生之间较少对话,故教师基本上不了解学生。在这样的教育制度下,产生大量人云亦云、崇尚标准答案的书呆子。而在美国,则以学生为中心。课堂上教师与学生积极互动,打成一片,分不清谁是老师,谁是学生。没有千篇一律的答案,只有标新立异的想法。人人以语不惊人死不休为荣。中国学生应该向美国学生学习能言善辩的能力。但这种能力要从娃娃培养起。

2. 现代管理精华。如果说管理水平体现一个国家的综合实力,那么可以理解上世纪 80 年代中国总体管理水平的相对落后导致了国家综合实力的落后。

我们学习的重点就是如何在各级教育机构中应用现代管理方法提高教育的质量和经济效益。在哥大,我们通过案例分析,掌握了当代最新的管理理论——组织理论、行为科学、过程管理、目标管理、项目管理、ISO 900 认证……

3. 教育与心理学精髓。专业方面的书籍汗牛充栋。通读与精读应有机结合,但以精读为上。教育学方面我们精读了卡尔·威特的全能教育法、赛德兹的天才教育法、蒙特梭利的特殊教育法、多湖辉的实践教育法、斯特娜的自然教育法,心理学方面则重点学习创造性心理学。我自己则特别研究了陶行知的"生活即教育"的教育思想。

4. 独立实习。我选择了一所中学和一所大学作为我的实习对象。在中国,实习学校是老师安排的。而在这里我们要自己选实习学校,自己联系,自己做计划、做调查,然后写报告。未出校门我们就已经能够独当一面了。独立性是我学到的最有价值的东西。美国公司特别注重工作申请者的实习单位和实习鉴定以及推荐信。

5. 人脉关系。人脉资源是事业成功的决定性因素之一。在地产界,人们讲的是 location, location, location;而在教育界,人们讲的则是 connection, connection, connection。你上什么大学?你学什么专业?你的同学是谁?这些答案基本上能勾勒出你未来的人脉轮廓。在大学里就要有意识地建立和发展你的人脉关系。我现在从事中美教育合作,所能利用的人脉资源很多都是来自我的中国大学和美国大学的同学关系。他们中有的人担任了教育行政部门的领导职位,更多的是校长、教导主任之类的职位。为了使美国院校与中国院校开展合作办学,我在纽约市教育局的同学和在中国省教育厅的同学给了我不少建议和帮助。在实习时和我一道工作的美国人约翰则成了我多年来亲密无间的事业伙伴。我在康奈尔大学担任图书馆馆长的同学、在麻省理工学院担任财务总监的同学、在耶鲁大学担任校长助理的同学……他们都为我的工作提供了许多方便和支持。没有这些人脉关系真是寸步难行。哥大毕业后,许多同学应聘前往各单位任职。我和约翰却选择了一条自主创业的道路——一条充满荆棘的成功之路。我和约翰确立了我们将终身为之奋斗的目标——中美教育合作。2001 年 4 月,我和约翰共同发起、组织了由 22 人组成的宾州、奥克拉荷马州访华友好代表团。团长是宾州的参议员约翰·沃兹涅克。团里有几位大学校长、学区教育总监、中学校长。在中国我们访问了几所大学、中学。代表团所到之处均受到热烈欢迎并签订了一系列合作协议书。就在访问期间，我们成立了美中经贸文教委员会。我们希望通过这个委员会进一步加强中美民间在各个领域的交流与合作。

在教育方面，该委员会建立了"常春藤国际教育"品牌。在中国部分院校设立了"常春藤留学中心"、"常春藤英语培训中心"、"常春藤国际培训中心"、"常春藤国际教育部"、"常春藤2＋1专升本项目"等。多年来，我们一方面为美国各类大学、社区学院、中学输送了大量的合格留学生；另一方面，我们为中国各类院校、中学派出高质量的专业教师。我们还为美国高校本科和硕士毕业生安排中国教育实习基地。我们为中美合作办学双方提供了高效率、高质量的教育管理服务、咨询、软件。为此，委员会获得2004年美国NYSTROM国际教育奖的殊荣。

当深刻地考察、比较中美两国的教育之后，我们觉得总体上来讲美国的教育优于中国。当今中国教育问题重重，有行政体制问题，有学术造假问题，有考试至上问题，有师德沦丧问题，有文凭泛滥问题，有不学无术问题……不解决这些问题，世界一流的中国大学、中学难以圆梦。美国即使经过了三次教育改革，当前也仍需要新的教育改革。中国教育也有成功的范例，特别是在基础教育方面。中国学生在数学方面表现优秀，在奥林匹克数学竞赛中屡屡获奖。因此，中美教育在合作中应当取长补短。一个留学生也应当在学习美国教育时，懂得取长补短，学贯中西。

正如前面提到的，远大目标是通过阶段的圆梦来实现的。

留学美国仅仅是一个阶段的圆梦，是通往美国梦的开始。下一个梦呢，是中产阶级的梦——有一份好工作、好房子、好汽车。再往下呢，是自由之梦——工作自由和财政自由。然后呢，是自我实现之梦……如果我没有留学美国，我就没有这么多梦。而一个人如果没有梦就好像无翅的飞鸟、无舵的帆船，我的人生就会是另外一种样子。试想，如果我没有留学，像我的其他大学同事一样留在中国，也可能成为教授，升为一校之长。但是我现在从事的国与国之间的交流、合作是一件多么有意义、多么有影响力的美好事业啊。留学让我成了地球公民,具有了世界眼光、国际视野。留学是个人一生中最好不过的机遇。没有改变人生的留学是不完美、有遗憾的。一定要珍惜这一大好机会。

莫等闲,白了少年头,空悲切!

留学可以改变人生。

我在留学美国期间所得到的启示

谢明诚

谢明诚　生于台北市。父亲来自江西省安福县，母亲来自上海市。1977 年到美国德州理工大学电机工程系读书，1980 年博士毕业。现任教于柏克莱加州大学的继续教育学院，教授智能电网。

准备赴美留学（1977 年 7 月 1 日—1977 年 8 月 19 日）

1977 年 7 月 1 日傍晚，下班回到家时，妈妈交给我一封从美国寄来的信，我当时有些惊奇。看完信后才知道，是美国德州理工大学（Texas Tech University at Lubbock，Texas，USA）电机系通知我，将提供每月 450 美金的奖学金，邀我参加就读博士班，并要求我在两周内回复，以邮戳为凭。

对我和家人而言，这是一个天大的惊奇。当时美金对台币的汇率是 1 美元折合 40 元新台币。这使得每月奖学金的数量，看起来远超过了我的月薪。父亲、母亲与姊姊，大家都愣在那里，没有说话。而我也才回想到，这个德州州立大学不向外国学生收取申请费，所以我曾经申请去读博士班。不过我当时并没抱希望会收到回复，所以早就忘掉这事了。

我在预备军官服役期间，经济相当拮据。每个月只有 740 元新台币的技术军官收入留下自用，与上大学时担任家教的收入相当。报考 GRE 与 TOEFL，所费可观；另外又曾向美国三家不向外国学生收取申请费的大学申请读博士班，越洋邮递费也很不便宜。所以在能力有限的情况下，从未对出国留学的事抱持任何希望。万没想到，这回居然会拿到奖学金，一时间反而手足无措。

两周的时间，很快将过，父母亲看我一直没有行动，就要求开一次家庭会议。会中我表明，打算放弃这次机会，留在国内，先帮忙改善家境，然后再作计议。没想到，当场遭到父亲、母亲与姊姊的强烈反对。

姊姊认为，脱贫之计，旷日费时，只宜按步就班地执行，不应变成一个绊脚石。父母亲认为，我有拼命三郎的个性，勇悍有余，权谋欠缺；另外，浑身上下，还有着掩盖不住的基层老粗气息。他们深信，我若留在国内的政治环境里，迟早会因言语耿直、冲撞他人而招祸。届时，将会成为前功尽弃、亲痛仇快的局面。与其见我走向如此下场，他们情愿看我出国，或许自己能在外面闯出一条活路。

父母亲并向我表明，如果我仍不能作决定，他们将向我下跪，求我出国。当夜，我反复不能成眠。第二天傍晚，在全家的"鼓励"下，我向德州理工大学电机系回报，将在8月中及时报到入学。

时光不待，转眼已到8月中。没几天后，在8月19日那天，我将飞离，又不知何时再返。在新竹住校时，铁路局会按时发给返乡学生七折优待票。去到美国后，真不知何时才能负担得起返乡探亲的飞机票。走到家门口，那个路灯仍然牢靠地矗立着，回想起1969年为了考大学，我站在它下面猛啃国文、英文、及三民主义。那时候，我只担心能不能考进大学，怎么都不曾想象到，有一天，我居然也将负笈远洋，真是世事难料。

8月18日晚间，父亲再次召集全家聚会。他向我直言，所受教育不多，无财无产，只有一件事，希望我知道。语毕，他拿出了退伍战士授田证给我看，并说明要姊姊与我记住此事，在他身后，仍应回江西老家请领授田。他另外又拿了一份手写的文件给我看，告诉我那是他所记得的家族名字序列，排到我已是第25代。他要我随身带着，以替代那不可得到的家谱。他要求我，将来若在美国闯出一条活路，立业成家，生根落户，务必要将家族名字序列中的一个字，放在孩子们的名字里。这些就是他所要交待的一切。

父母亲受过的教育有限，文化不高，不会做作。根据我的理解，从经济价值上来衡量，那退伍战士授田证，实在像是永远不会上柜的股票。但是我也见识过，在1975年4月里，元戎新丧时，父母亲与村中的众邻居们，都曾呼天抢地地去排长龙队，恭谒灵柩。他们是作了完全奉献的一代。从父亲的讲话里，我得到了下面的几点认知。

1. 教忠,教孝:父亲以一纸退伍战士授田证来阐明他毕生的信念。凭他记忆所及,以手书的家族名字序列,替代不可获得的家谱,借以寄托那香火传代、落叶归根的期盼。

2. 明耻,教战:父亲向我坦承,毕生无成无就,无所传承,望我记取教训,自谋活路。

3. 父子诀别:父亲认为他已将一切交待清楚,俯仰无愧,望我此去,能有釜破舟沉、背水一战的决心,勇往直前。

8月19日,我将在下午三点钟,从松山机场起飞赴美。打点好行囊,发现妈妈在擀饺子皮。妈妈是上海人,在我临上飞机前,却要包饺子给我吃,实在难得。看她满头滴汗地忙着,我要求由我接手擀饺子皮。妈妈拒绝了,她只让我帮着包饺子。我理解到,妈妈是要找件事忙着,来冲淡难言的割舍。我坐在桌旁帮着包饺子,有一搭没一搭的陪妈妈聊一些不打紧的事。妈妈擀完饺子皮后,又把我包好的饺子,照着我的指印,再全部重捏一遍,好像生怕饺子皮会在沸水中崩开,让馅受到煎熬。我看在眼里,禁不住默念:慈母手中线,游子身上衣;临行密密缝,意恐迟迟归;谁言寸草心,报得三春晖。

妈妈在33岁时才生我。那时候为了帮助家计,妈妈曾做过许多零碎杂活。我还记得小时候,曾跟着去过鲜大王酱油厂、老松盛酱油厂及台糖包装厂等等。后来因为我太皮了,妈妈带着我不方便去工厂做事,只好换成帮忙挟猪毛、包粽子、织毛衣、做年糕、做豆浆、做豆花、做豆腐、卖菜等等。而我长大一些后却变得更皮。念台北空小时,又常在鸡笼车上打架,从挨打直到长大打人。

记得在六年级第一学期时,台北市南机场克难街上开了一家杂货铺,背靠着空南二村,隔街面向虎风新村。在1963年年初时,为了迎接春节,小铺里新进了一批大号的玩具左轮枪,很漂亮。于是小男孩们放学后,从鸡笼车上下来,就会群聚到小铺去。家境宽裕的就会买玩具,然后玩给大家看现宝。家境不宽裕的就站在一旁吞咽口水,动脑筋。当时我旁观好些日子后,因为经不住诱惑,最后决定施展五指搬运法,征收物资为己用,配合路遁以脱身。没想到,当执行计划时,被人告发,在众多街坊邻居面前,遭店主当场抓住,使父母亲丢人现眼,难过异常。

在六年级第二学期时,姊姊与我奉派代表台北空小参加台北市小学组的作文比赛,结果姊姊与我分别得到第一名与第二名。事后妈妈为了奖励我,买了一支小号的玩具手枪给我玩。可惜的是,那个玩具,在空南二村的火灾中,也一并烧毁,与我无缘。

搬到空军民权新村后,妈妈开了个小店卖早点。烧饼及油条从外面批来,可是要自己磨黄豆,做豆浆,及蒸糯米饭,做饭团。那时每天早晨应该由我来推石磨,磨黄豆,偏偏我又常睡过头,而妈妈又舍不得叫我,结果常是妈妈做了大部分,而我只做了小部分。

上大学后,我到新竹去住校。不管我怎么说学生大伙食团的饭菜不比家里的差,妈妈还是坚持要在我回家前先做些菜,留到我回家给我吃。想想出国后,不知何时才能再回家探亲,妈妈一定又会引颈盼望,终日等待。看着妈妈的背影与斑白的头发,我只能希望此去美国,不会让妈妈失望。襁褓护持盼茁壮,倚闾望归白发娘;山重水远美洲去,慈恩永记比天长。

第一次进入台北国际航空站的候机大厦,却了无任何新鲜或兴奋的感觉。临进海关时,姊姊对我说:"明诚,尽管走,家里有我。"然后转身离开。

望着姊姊坚强的背影,我只能默祷大家平安。飞机拉起机头后,马上就看到了空军民权新村眷舍的屋顶,紧接着是家门口的那盏路灯,然后是那个水塔。随着飞机的加速,这一切熟悉的景物,也在急速地后退、缩小,淹没在雨云下。就这样,带着家人的祝福,挥别了台湾岛。我在台湾岛上出生,成长了26年,我不知何时能再回去探亲,只能紧握双拳,反复地告诉自己:出门不回头,回头不空手。

美国德州理工大学电机系博士班(1977年8月中—1980年8月中)

飞机在1977年8月20日(星期六)清晨抵达美国德州拉巴克市(City of Lubbock, Texas)上空。该市位于德州西部高原,海拔约3000英尺。从机窗望出,只见一片黄土,加上有许多白点点缀的片片棉花田,还有一些抽原油的油井。飞机不知何时已从三万英尺的高空下降到云层下,在辽阔的土地上空飞行,感觉与地面非常接近。绵长的公路,直伸到天边,偶然才见到一辆车出现在路上。新升的朝阳,洒遍大地,似乎比台湾8月里的烈日更刺眼。空旷的视野,令人心胸开阔,直欲振臂高呼。这是我对美国德州西部高原的第一印象。

落地后,很快遇到接机的中国同学会会长蒋明兄。他载送我们到大学路,帮我们安置在一个七层楼的宿舍里暂宿。那时室外温度已升过华氏90度,宿舍内温度只有华氏70度,冷气机仍像在跑马般地运转。宿舍满铺地毯,厚得让人以为是走在棉被上。穿过大厅里暗红色的地毯,手将接触金属的柜台边缘时,马上有一条近半寸长的电火花跳出指尖,直达金属,又痛又麻,电得人一跳一愣的。这时才领教到,年平均湿度8%的真实意义,同时也体会到美国德州的雄厚财力与富饶物资。

把行李搬进暂栖的寝室后,才开始真正感到空调系统的强劲。外国学生新生训练将从星期一开始,我还有一天半的时间来认知美国与德州。独坐床上,阵阵凉意袭人,加上对前程的莫测之感,使我想起宋朝杨万里的诗:雾外江山看不真,只凭鸡犬认前村;渡船满板霜如雪,印我青鞋第一痕。

外国学生新生训练,英文鉴定考试,研究生报到及面谈,正式注册,缴费,搬进宿舍,选课,买书,等等,在四天内完成。学期开始,再度成为学生。这里全校学生总共约2万6千人,校园里有大巴士代步。我在新竹交大时,全校学生总共约740人,在百步之内,可从校园的前门走到后门。两相比较,差距实在很远,真是规模可大小,术业有专攻。

转瞬间,秋临高原,凉意渐浓,中国同学会举办中秋聚餐。异国逢佳节,月圆山外山。漫步会场,嗅着同学们自制的中国食物,很有他乡遇故知的感受。这时突然有位年轻的女同学,很兴奋地跑来与我打招呼,问我怎么穿着兵工厂的工作服,还问我是否认得某些人。我当场愣在那里,我怎么也没料到,在远离台湾已超过1万公里的德州西部高原,竟然有人能认出我所穿的长裤与夹克是台湾兵工厂里的工作服。

我们相互自我介绍后得知,她也是刚到的新生,就读大学部的商学系。她的父亲毕生服务于兵工厂，因此一眼认出我穿的衣服，感到如见家人般的温馨，所以马上过来与我讲话。这是另一个"人不亲，土亲；亲不亲，故乡人"的例子。可惜的是，我虽然长她好几岁，也多读过几年书，但是我学的专业，实在没法帮她什么，只能相互鼓舞，彼此勉励，作精神上的后援。

德州民性淳朴强悍，忠诚好客，是标准的牛仔脾气。这些特性，很快就从我的 Host Family 伉俪身上看到，同时也在宿舍里的同学身上觉出。住在同一层楼里的一位电机系大二学生，年纪较大，沉稳成熟。他在系里发现我后，就主动在宿舍的餐厅里与我交谈。相互自我介绍后得知，他在陆军服务时，曾出入过越南战场，退伍后，利用美军的大兵福利，申请进入德州理工大学电机系就读。服役时，他是一名无线电收发机的操作员，曾受过基本的电子学训练。他在餐桌上与我讨论如何分析电子通讯机的电路时，我将他提到的电路，用他大二电子学程度的内容向他解释一遍，结果一顿晚餐吃了近两小时。他一直都全神贯注，并一再表示说，我所解释的，已将他在军中当士官时学到的大部分知识贯通起来了。我的收获，是全程用英语讲解，帮我建立起英语对话的信心。他又在系里向另几个退伍士官宣传说，他找到了一个电子学专家。结果，我就变成他们几个人的幕后老师。

随着大二电子学课程的进展，那几个退伍士官都读得非常好，来找我问电子学的大二学生也越来越多。我对他们也很欢迎，因为他们给了我练习英语会话的机会。快两个月后，有一天下午，我在研究生的大办公室工作，突然间，一位系里出名严格的教授，来到研究生大办公室，冲着我问我的名字。我回答后，教授就直接问我是否常帮大二学生解答电子学问题，我只好实话实说。没想到，那位教授当场就开始问我问题，我每回答一题后，教授就再问一题，从电子学开始，再到电磁学，又到电磁波，再回到数学，连续问了一个小时多，是一次完全无备的口试。还好我全部答出，并无错误。最后，教授微笑着对我说，早知道，应该要我去教课的，然后就离开了。

教授走后，好几个美国人同学都向我恭喜，告诉我说，我已通过了副系主任的口试。我那时才感到真险，还好没出差错。两天之后，那几个退伍士官跑来跟我讲，副系主任已公开表示，我虽不担任助教，却可以随时帮助回答学生在电子学或其他科目上的问题。一年多后，在博士资格考试的口试时，副系主任宣称已经考过我，他不用再来参加考我了，这对我是个极重要的信任投票，真是一件意外的收获。而我也在副系主任那次"临时无备口试"中，建立起自信心。

从那以后，很多大学部的学生都来找我问各科问题。名声起来后，有些研究生同学也不时来找我讨论。我是有求必应，来者不拒。一方面从别人身上学习，另一方面加强英语会话，以及实时用英语思考的实战经验，从此无惧于英语会话，又交到很多"牛仔"朋友。

刚到德州时住的宿舍，可算是我这辈子住过的最豪华的寓所，可是每个月要付出 149 美金的食宿费，这是一笔可观的负担。我在 1978 年时，投资 150 美金，买了一辆旧汽车，作为搬出宿舍后的代步工具。拿到车后，写信回家，告诉家人，我已开始走出美国梦的第一步，升格成有车阶级。没想到，他们以为我买了一辆摩托车，还要我千万小心驾驶，不要在路上钻来钻去，被看成台湾来的公路之鼠。

搬出宿舍后，迁入一栋约有 120 年历史的大宅，里面分隔成十个居室，分租给 11 个学生。两套卫生设备，由十家合用。厨房里备有两个冰箱、两个火炉，也是十家合用。我的房租是每个月 40 美金，另外加收 10 美金的厨房使用权。结算下来，每个月的食宿费用，就降到 100 美金。好处是，可以将省下的 50 美金寄回家；坏处是，得自己开伙，料理三餐。考试期间或做研究忙的时候，煮饭就成了一个很大的负担。

为了变通适应，解决实际问题，就经由大学部学生介绍，到宿舍的餐厅打工。虽然待遇是每小时 2.4 美金的德州标准最低工资，可是工作时能在餐厅里以每餐 1 美金的特惠价格享受美式营养餐；不工作时，也可享受一些员工优惠价的福利，不用天天或常常自炊。额外的收入，刚好抵付餐费。那时，从周一到周五，每天清晨 6 点半打卡上工，做到 9 点半，脱下餐厅的工作服，打卡下工。再加上周末时替人代班，就能每周做满 20 小时。这些体力活，就成为固定的运动，配上美式营养餐，共同维持身体的健康，不重蹈读硕士时几乎弄垮身体的覆辙。

1978 年春，通过博士班预科笔试后，接到系里的信，告知我应去外文系选课,满足博士班学习第二语言的要求。我到外文系查询,那里的研究生顾问教授告诉我,可从德语、法语、西班牙语或拉丁语中任选一项,修6个学期课(18学分),通过鉴定考试后,就大功告成。我听完后,差点昏倒。马上跑回系里,向系主任陈情说,我的副修专业是应用数学,只要求15学分。另外,英语已经是我的第二语言,我随时随地都在用,为什么要我去学第三语言?

系主任说,我是第一个外国学生作出这样的陈情,但言之有理,他建议我去找研究院院长(Dean of Graduate School)陈报。我于是又去见研究院院长,作同样的陈述。研究院院长说,我是第一个外国博士学生,作出这样的陈情,他觉得很奇怪;同时,他也认为我不是无理取闹,强词夺理。他说,兹事体大,这需要与各系主任商讨,研讨博士学生的第二语言政策。他认为我在学期中反正不能加选外语,应该回去等系里的通知。

1978年秋,系里要求我开始去教高等工程数学,并给我一个助教(一名硕士班学生)。高等工程数学是电机系学生的必修课,也是系里负责刷掉人的课程之一。我进教室后才发现,共有75名学生,其中很多是住在我打工的宿舍里。此后,我在早晨服侍很多我的学生用早餐;任务完成后,我就脱下餐厅的工作服,走进教室去教他们高等工程数学,并在学期结束时负责刷掉三分之一到一半的人,让被刷掉的去重修一次或另谋高就。

这种关系,只能以十分微妙来形容。我后来才知道,有不少学生曾向系主任及副系主任陈情。没想到,教授们告诉那些牛仔,应该专注于我的授课和他们自己的学习成效,而不是伤神于谁在服侍他们用早餐。我对教授们的开明十分感激。

1979年,春季班快结束时,我接到研究院院长的信,告知我已通过第二语言的鉴定。我大惊,因为这之前,研究院院长一直说,他们还在研讨博士学生的第二语言政策,叫我暂时先别去选读外文,所以我也没再去外文系查询。拿着研究院院长的信,跑到他的办公室,站在门口求见。进门后,我向研究院院长道谢,没想到,他说我应该谢谢自己,他只是代表学校出具证明,我已满足博士班第二语言的要求。

我问他鉴定的过程是什么,他才告诉我,是根据我教课的学生所作的评鉴,加上其他教授们的评鉴,综合得出的结论,所以花了近一年的时间。他又补充说明,我已为亚裔的工学院博士研究生开了一个先例。从此之后,只要亚裔的工学院博士研究生主动陈情,研究院都愿意参考我的例子以后,酌情处理。他不认为每一个亚裔的工学院博士研究生都会主动陈情,也不认为每个案子都能照我的模式办理,但是研究院愿意对每个案子作个案处理。这使我对学校的开明与弹性,感激万分。

研究院院长说完后,又起身走来与我握手,并庄严地对我说:"欢迎来到新世界。这里是自由之地,勇者之家。(Welcome to the New World. This is the land of the free and the home of the brave.)"面对这位绅士,我精神振奋,感受到为什么美国会成为世界级的超强国。满足博士班第二语言的要求后,我贾勇叩关,在几个月后,冲过博士资格考试,只剩下博士论文口试的最后一关,还待克服。

在初教高等工程数学课时,发现班上有几位现役的空军士官,是第二次读这门课。他们中,三位是白人,一位是拉丁裔。四人都是德州人,很努力。年资最浅的,也已在空军服务 13 年了。他们都在市外的空军基地服务,通勤读大学。从他们身上,我见到美军在人才储训上的投资。我对他们特别照顾,不吝给予额外时间,他们也很努力地配合跟进。从许多方面来看,他们的上进,也给年轻的牛仔们树立了一个榜样。除了高等工程数学课以外,我也不吝在其他课程上帮助他们,由此,我们建立了一些特别的感情。

1980 年 5 月初的一天上午,我还在为准备博士论文口试努力,副系主任突然来找我,告知我一定要参加当天晚上系里的年度毕业会餐。我愣在那里,回说我没有交钱订票,而且时间已过,不能再参加。副系主任告知我,只管准时盛装赴宴就好。当晚在餐会上,我才发现我得到 1980 年度电机系的最优秀研究生奖。

上台领奖前,同组一位刚通过博士论文口试的白人同学,特地跑来紧握我的手向我道贺。领奖时,台下被我服侍过早餐的学生,以及被我服侍过早餐又被我教过的学生,都在热烈鼓掌,同时发出牛仔们兴奋时特有的呼啸。这是我第一次参加系里的年度毕业会餐,完全无法预料会见到这样的场面。下台时,系主任开玩笑说，他从未看到过一个亚裔学生会在牛仔群中如此走红。

一周后的星期六上午，工学院举行毕业典礼，我因还没毕业，没去参加，在研究生大办公室里为博士论文口试努力。大约中午时分，那四位现役的空军士官，全副军装来到办公室。他们找到我后就一字排开，由最资深的那位发口令，全体立正向我行举手礼。我慌忙起身回礼，然后问何故。原来他们四位已顺利毕业，取得电机工程学士学位。他们刚从毕业典礼出来，特地来向我道别。

他们告诉我，四周后，其中两位将去接受导航系统训练，另两位将去接受电子作战及反制系统训练。结训后，他们都将正式接受任官，成为美国空军少尉。他们认为，我曾在美国的联盟军（Allied Forces）中担任过军官，所以用军礼向我道谢及道别。我谢谢他们的友谊，为他们感到高兴与骄傲，更祝福他们鹏程万里。六周后，我自己也通过博士论文口试，取得博士学位。

我从 1980 年年初开始，就希望能在学校办的毕业生求职处参加求职面谈。刚开始时，学校因我没有绿卡，一直将我拒之门外，这使我十分懊恼，也使我回想起小时候，被拒在门外时，站在一旁吞咽口水动脑筋的日子。为了突破困境，我就从求职处抄到即将来校面谈的人的电话号码，然后直接打电话过去，推荐自己。电话考工后，当对方表示希望在学校与我再见面时，我就请求他电告学校的毕业生求职处，要求准许我参加面谈。

我利用这个办法，很快就得到四个支援电话，使得毕业生求职处特准我无限制参加在校的求职面谈。利用这些机会，我在 1980 年 4 月底前，就拿到六家公司的工作机会，只等我完成学位，去参加他们的半导体芯片设计的团队。为此，毕业生求职处的主管特别与我握手，向我道贺。好多同期的华人同学，也都引用我的方法，得到了工作机会。最后，毕业生求职处决定，不再拒非美国籍毕业生于门外，大快人心。

通过博士论文口试，完成写作后，我马上向英特尔公司（Intel Corporation）在亚利桑那州凤凰城（Phoenix, Arizona）的分公司报备毕业，安排毕业及迁居事宜。一切就绪后，就准备启程，自己开车去就业。从德州的拉巴克市出发，必须穿过德州的西部高原，经过新墨西哥州（New Mexico），进入亚利桑那，再南下进入沙漠区，直奔凤凰城。由于一路经过的都是半干燥区或沙漠区，而我那投资 800 美金,用以汰换第一辆旧汽车的车上仍然没有冷气,不适合在日间的高温下长途行驶。为了人与车的安全,只好决定在夜间开车,以避开白天的酷热。

这时化学系的查兄与我联络,他将去加州大学戴维斯分校(University of California at Davis, California)续攻生化博士,我们决定结伴上路,到亚里桑那州旗杆市(Flagstaff, Arizona)后分道。我们两车在 8 月 23 日近傍晚时离开拉巴克市,迎着夕照开拔,挥别住了三年的德州西部高原。连夜赶路,直到凌晨打尖。8 月 24 日上午,查兄与我在亚里桑那州旗杆市分手。他继续西进,我取道南行。在公路的分岔点上,我们都摇下车窗,隔着公路相对高喊:"保重,保持联络,祝顺利成功。"然后,两个漂萍,再各自奔向人生的下一站。查兄于攻得生化博士后迁居旧金山湾区,我在 1987 年 1 月底时也迁居旧金山湾区,而后与查兄重聚。

1980 年 8 月 24 日下午时分,车子越过了沙漠,进入亚里桑那州大凤凰城区。沿途酷热难耐,一直用湿毛巾裹头,以保持清醒。傍晚时到达公司预订好的旅馆。进入旅馆,真被它的设备惊到。旅馆的底楼有游泳池,旁边是人造的假山水,餐厅被假山水围绕,还有柔和的背景音乐。当时室外温度已降回到大约是华氏 110 度左右,而室内温度只有华氏 80 度。旅馆柜台人员告知我,公司的安排是可以住 30 天。每天早晨从 6 点半开始,在游泳池旁的餐厅供应免费早餐;每天下午,柜台边供应免费水果。在 30 天后我搬出时,将由公司直接结账,完全不须我操心。

这样妥善的安排,使我受宠若惊。8 月 25 日清晨早起,梳洗后下楼用早餐。餐厅的工作人员,一直忙里忙外服侍我们用早餐。我一面庆幸自己即将加入高科技工业,进入新的阶段;另一面也默祷,希望往后不再需要重做服侍人用早餐这类的工作。同样的火腿、煎蛋、牛奶、橙汁,尝来却是别有滋味在心头。早餐后回到房间,打点证件,离开旅馆,徒步走向英特尔公司去报到,去投入微电脑控制器的半导体芯片设计的行列。沙漠里的朝阳,把热力与金光洒遍大地,像是在告诉我,该挥别 29 年的成长学习期,步向成熟。胼手胝足志强硬,锲而不舍事竟成;回首前尘金不换,江湖夜语十年灯。

准备、创新、回馈

——我的留学感悟

王自勉

王自勉　上海人。1990年到美国哥伦比亚大学学习,1997年在荷兰取得人类营养学博士学位。现在哥伦比亚大学医学院研究人体组成学,任 Research Scientist。

"我永远也忘不了那一天,我乘坐的飞机腾空而起,那熟悉的城市和乡村急速远去,机翼下的海水由黄变绿,再由绿变蓝。我凝视着你的最后一抹海岸线在天际消失,泪水止不住夺眶而出。再见了,亲爱的中国!离开了这生我养我的土地,飞往那遥远的陌生国度,今后的一切会是怎样的呢?"

这是我写于十多年前的文章中的一段,文中所指的那一天是1990年9月15日。我,一个44岁的大龄留学生告别了家人,手持花光了全部积蓄购买的机票,口袋里装着按规定兑换的仅有的40美元,行李中塞满了四季服装和锅碗瓢盆,怀着既憧憬又忐忑的心情,踏上了留学美国的旅程。

来到美国,我同许多留学生一样,要过语言、生活、工作这三大关,还要克服年届半百攻读博士学位、在激烈竞争中争取研究基金等许许多多的困难。其中的酸甜苦辣,足可以写一本书。然而回顾二十多年的留学生涯,我最重要的感悟可以归结为三点,那就是:机会源于准备,学习贵在创新,奋进常思回馈。

机会源于准备

说起来可能难以置信,我的留学生涯竟然是因尿而起。没错,就是每个人都要排泄的小便。我是"文革"后招收的第一届研究生，从中国科学院上海生理研究所获得硕士学位后，到上海体育科学研究所工作。我注意到，虽然大多数运动项目都与骨骼肌密切相关，然而在 1980 年代，却没有方法能准确测定骨骼肌的含量。唯有一种尿肌酐方法，还比较有希望。这种基于生物化学的方法，原理并不复杂：骨骼肌中含有的肌酸，每天以较恒定的比例脱水生成肌酐，而肌酐全部由尿排出。因此，通过尿液内肌酐的测定，就可以估测受试者的骨骼肌含量。

当时的中国运动生化学者，采用的方法是测定晨尿肌酐浓度，即收集运动员早晨的第一次尿液，分析其肌酐浓度。晨尿肌酐浓度高者，被认为骨骼肌含量多，有利于在力量型运动项目（如举重、投掷等）中取得较好的成绩。

我对这个方法产生了怀疑：同一个受试者，如果前后两天的晨尿量相差一倍，难道其晨尿肌酐浓度还会相同吗？我查阅了国外文献，发现多数学者主张一昼夜 24 小时内排出的尿肌酐总量才是比较恒定的。特别是美国的 Heymsfield 教授，对于尿肌酐法测定骨骼肌的原理，作了详尽的综述。

我认识到，要开展这方面的研究，首先就必须以实验数据，来破除对晨尿肌酐浓度的迷思。我的实验说起来简单，然而实施起来却是料想不到的困难，首先是受试者必须连续 10 天不吃肉类食品，以避免肉类所含肌酸的干扰。这还比较容易做到，困难的是受试者必须连续 7 天，每天收集 24 小时内排出的全部尿液，就连在解大便时带出的少量尿液都不能遗漏，否则就会产生误差。

我花了半个月时间竟然连一个志愿者都找不到，因为毕竟没有什么人愿意随身带着个尿瓶满世界跑的。于是我不得不以自己及两个十多岁的女儿作为受试者，我们三个人"闭关"在家里一个星期不曾出门，生活的中心就是收集尿液。每隔四个小时闹钟一响，我们就各把小便解到烧杯里，然后我用量筒测定尿量，再取出少量尿液为样品。那些天，我家冰箱里放满了一百多个装尿液的小瓶子。妻子虽然感到恶心，但也无可奈何；她还要忙着为我们准备无肉膳食。时至今日，我不知道还有多少孩子愿意参加这样的实验，还有几个妻子能容忍丈夫在家中的冰箱里放尿液的。

功夫不负有心人。我的实验证实了尿肌酐日排出量是相对恒定的，变异系数小于 8%；相反，晨尿肌酐浓度的变异系数高达 35%。我发表了一篇论文，题为《晨尿肌酐浓度是一项严密的生物化学指标吗？》，以无可辩驳的数据终结了这方面的争论。之后，我连续发表了多篇有关尿肌酐的论文，获得了国家体育运动委员会颁发的科学技术进步奖。

随着研究的深入，我认识到尿肌酐方法的局限性。1 克尿肌酐相当于 18.9 千克骨骼肌，不过对不同受试者，这个比值会有波动。因此，简单测定尿肌酐日排出量并不能准确计算骨骼肌含量。我意识到自己的研究遇到了瓶颈，自然而然就产生了留学深造、开拓视野的想法。

当时留学欧美之风已经兴起。不少人为了留学，写了几十封甚至一百多封信给国外院校，广种薄收，只求一逞。我也写了信，不过只有几封，都是写给同领域的学者，并附上了自己论文的英文摘要。很快我就收到 Heymsfield 教授发自美国哥伦比亚大学的回信。当时他刚申请到美国国立卫生研究院（NIH）长达五年的研究基金，以探讨骨骼肌含量的测定方法。他在信中写道："我欣赏你在肌酐领域里的工作。如果你愿意，我想邀请你到我的实验室来继续这方面的研究。"

由于有了在中国的基础，我在美国的科学研究很快就走上了轨道。我们研究组以当时最新发展的电脑断层摄影为基准来测定骨骼肌含量，从而把尿肌酐方法提高到一个新的水平。经过 20 年的努力，现在我们不但能以尿肌酐方法，而且能以更准确的方法来测定骨骼肌含量，如电脑断层摄影、核磁共振，以及双能量 X 射线吸收法等等。

我认为对于科学工作者来说，在中国的研究应当是留学的起点和基础，而留学则是研究的延续和深化。有些年轻学者抱怨找不到出国深造的机会，其实机会对每个人都是公平的，关键在于要有充分的准备。伟大的微生物学家和化学家巴斯德说过一句名言：机会只青睐有准备的人。(Chance favors only the prepared mind.)如果缺乏准备，那就只能置自己的专业于不顾，以海量发信来求得广种薄收。而对于在学术上有了充分准备的学者，留学深造则是万事俱备，只欠东风。

学习贵在创新

来到哥伦比亚大学,我立刻被中美之间在科学研究方面的巨大差距所震撼。在这里可以看到最新出版的科学期刊,而当时在中国,连在中科院图书馆里也只能看到半年前的期刊。这里拥有最新的科学仪器,而当时在中国,我只能在图片上见到它们。在这里,我能直接接触到最新的科学进展,亲身感受到美国科学家的高效率工作和良性竞争。

最重要的是,美国科学家旺盛的创造力(creativity)和原创力(originality),给我留下了深刻的印象,并且深受其益。我刚到美国,Heymsfield 教授就每周两次同我讨论学术问题。他见了我,第一句话往往不是通常的问候语,而是"Any new ideas?"只要我有了一点新想法,不管是多么不成熟,也不管我的英文表达如何词不达意,他都怀着极大兴趣同我讨论,给出他的建议,并鼓励我深入下去。

由测定骨骼肌含量开始,我自然而然跨入了人体组成学领域。这是一门研究身体内各种组分的含量及其数量关系的学科。从人体组成学的观点来看,骨骼肌不过是体内四十多种组分中的一种而已。进入这样一个更为广阔的领域,既为我的研究提供了新的可能性,也带来了许多困难。记得那时候,Heymsfield 教授几乎每天都要给我三五篇文献阅读,我经常看到深更半夜都看不完。英文方面的困难还在其次,最困难的是被不同观点搞得晕头转向。

1990 年代,人体组成学同许多学科一样,正处于知识的快速积累阶段。体内四十多种组分相互间究竟存在什么样的数量关系?许多学者都提出了自己的观点和模型,"公说公有理,婆说婆有理"。我发觉这些观点和模型往往相互矛盾,又各自存在缺陷。在相当长一段时间里,我陷入了无所适从、研究无法深入的困境。

就在一筹莫展的困难时刻,一个 new idea 如电光般在我的脑海闪过:既然现有的观点都不完善,现有的模型都不理想,为什么我就不能提出一个全新的观点,构建一个正确的模型呢?我的想法得到 Heymsfield 教授的全力支持。在接下来的三四个月里,我们几乎每个工作日都要讨论,以构建新的人体组成模型。这个新模型被命名为身体组成的五层次模型（Five-level composition）。我们把论文修改了五十多遍，寄给了本门学科最权威的《美国临床营养学杂志》。

该期刊的稿件录用率只有20%左右，即使录用，也要按照同行审稿者的意见，经过两到三次修改；从投寄到发表，整个过程通常要耗时一年。我们没有料到，五层次模型论文寄出不到两个月，就收到了录用通知；同行审稿者们认为这是开创性研究，不需要作任何改动。这样，文章在寄出后的第三个月就刊出了。Heymsfield教授高兴地说，这一切都是打破了常规的，是他二十多年的科研生涯中从未经历过的。

五层次模型的发表引起了很大反响。当年电子邮件和互联网还没有诞生，学者们（特别是发展中国家的学者们）获得最新科学信息的主要方法，就是写信向论文作者索要单行本。五层次模型论文发表后，索要单行本的信件纷至沓来，我收到了不下100封。在本门学科和相邻学科的学术会议和专著中，这个模型一再被提及。在各国学者发表的论文中，五层次模型至今已被引用250多次。就人体组成学这样一门小学科而言，这是相当高的引用率。

时至今日，五层次模型已经成为人体组成学的理论基石之一。每当我看到它在学术会议和科学刊物上被引用，每当我被告知它又译成了某一国文字出版，每当我得知它在许多国家里向学生们传授着，我就感到这是为华人科学家争了光。事实再一次证明，我们华人科学家是有能力在科学前沿占有一席之地的。

由此我想到，留学海外应当如何从事研究工作？千百年来，《礼记》的《中庸》篇被历代中国学者奉为圭臬："博学之，审问之，慎思之，明辨之，笃行之"，或简化为"学、问、思、辨、行"五个字。我对此曾深信不疑，我研究尿肌酐与骨骼肌的关系，就是遵照了《中庸》篇所说，在学习文献的基础上，提出对晨尿肌酐浓度方法的疑问，经过审慎的思考，认识到测定24小时尿肌酐含量才是正确的方法，从而在研究中坚持了这一方法。

在美国留学，特别是构建五层次模型的过程，使我认识到，《礼记·中庸》存在着重大缺失，就是只对现有的学说及理论"学、问、思、辨、行"，而没有把创新包括在内。迷信经典、崇拜权威、创新意识不强、创新能力不足，这是近代以来中国科学技术落后的重要原因。科学家固然必须学习已知的知识，但更重要的是创新。

一位学者如果只学习已有的知识但缺乏创新能力，他也许可以成为好教师，但不可能成为优秀科学家。科学家必须以创造新知识为己任。在我看来，《礼记·中庸》的这一段应当扩展成"博学之，审问之，慎思之，明辨之，创新之，笃行之"，或简化为"学、问、思、辨、创、行"六个字。

到美国的二十多年，我一直在哥伦比亚大学的同一个研究组，坚持不懈地研究人体组成，耕耘着这块小小的科学园地，发表了超过百篇的学术论文。在美国，我同我的家人过着虽不富有但却充实的生活。我曾有许多次被问道："这年头搞科研挣不到多少钱，许多留学生都到公司去了。明摆着得不到诺贝尔奖，为什么还不换个工作呢？"我想，社会永远需要科学研究，而探索人体奥秘是我的兴趣所在。

虽然未能作出像居里夫人和爱因斯坦那样的不朽贡献，但是包括我在内的多数科学家仍在努力不懈。"淡泊明志，宁静致远"，实现理想是一种美好的诱惑，即使在别人看来是犯傻，它毕竟能给我们带来追求和行动的快乐，让我们感受到生活的充实，体会到为人类造福的满足，和为科学殿堂添砖加瓦的成就感。作为一名科学工作者，看到科学殿堂上有自己添上去的几块砖瓦，还有什么能比这更高兴的呢？

奋进常思回馈

留学美国的这些年里，我经常想起巴斯德对年轻科学家说过的一段话："当生活于实验室和图书馆的宁静之中，你们首先要问问自己：我为自己的学习做了些什么？而当你们前进的时候，再问问自己：我为自己的祖国做了些什么？直到有一天，你们可以因自己已经用某种方式对人类的进步和幸福作出了贡献而感到巨大的幸福。"每次重温巴斯德的教诲，我就会想起，当1960年代自己身处南京大学的实验室和图书馆时，中国大陆每一百个同龄青年中，有幸能接受高等教育的，仅只一人。作为一名幸运者，从那时以来，我仿佛感受到那九十九位同龄者的无言嘱托，承担着对这些兄弟姐妹的无形责任。

随着年岁的增长，我越来越频繁、越来越强烈地问自己："我有幸受到高等教育，又有幸来到美国留学，现在我能够为自己的同胞做些什么？"作为一名科学工作者，我自然想到了要以自己的所学，来为我的同胞所用。就人体组成学这门学科而言，我是第一个由中国大陆来美留学的学者。进入 21 世纪，我到美国已有十多年，在学术上渐趋成熟。反观中国的人体组成学研究，还处于起步阶段，只有零星的不成系统的研究。

为了促进中国在此领域的研究，我组织了二十多位留学海外的华人学者，以及大陆和台湾学者，齐心协力撰写了《人体组成学》一书。这部专著由北京高等教育出版社与台湾的易利图书有限公司，分别以简、繁体汉字于 2008 年同步出版。全书共有 31 章 538 页，内容涵盖了人体组成学的理论、方法及应用。这是第一部，也是迄今为止唯一的一部以中文撰写的人体组成学专著。我在这部书的扉页上写道："谨以此书献给我挚爱的华夏大地，因为那里埋葬着我的先辈；因为那里有我的兄弟姐妹；因为那里延承着我的后代；因为那里有我生长的根脉。"这部以中文写成的《人体组成学》的出版，使得为之倾注了极多心力的我，实实在在地感受到了巴斯德所说的巨大的幸福。

在我的研究领域，最顶级的学术会议是国际人体组成学研讨会（International Symposium on In Vivo Body Composition Studies，简称 IBC）。这个研讨会聚集了本领域里的优秀学者，每三年举办一届。从 1986 年第一届以来，IBC 一直在北美和欧洲国家举办，而以美国举办的次数最多，反映了欧美在这一研究领域的实力。

进入 21 世纪，中国的人体组成学研究开始增多。我想，IBC 为什么就不能在欧美以外的国家举办呢？中国既然能够举办奥林匹克运动会，为什么就不能举办 IBC 研讨会呢？于是我联络了浙江大学的朱善宽教授，申请 2011 年在中国举办第九届 IBC 研讨会，并且成功地取得了举办权。从 2008 年起，我们这个团队进行了长达三年的准备工作。研讨会的学术部分主要由我负责，为此我花费了许多心血，付出了极大努力。

2011 年 5 月，第九届 IBC 研讨会在杭州举行，全世界五大洲的学者都来参加。很多外国学者是第一次到中国,在短短的几天里,他们既看到了上海的繁华,也领略到了杭州的秀美,赞叹不已。最让我感到欣慰的是,许多外国学者盛赞研讨会的成功,说这是人体组成学领域的奥林匹克。近百位中国学者参加了研讨会,从近距离了解到这个领域里最高水平的研究和最新进展;我相信这将极大地促进中国的人体组成学研究。研讨会期间,我还特地用中文,为中国学者举办了一场题为《中国的人体组成学研究:回顾与展望》的讲座。望着台下济济一堂的来自海峡两岸的学者,我不禁想起自己第一次参加 IBC 研讨会的情景。那是我初到美国,1992 年在休斯敦参加的第三届 IBC 研讨会,与会的华人学者只有寥寥三人。今昔相比,怎能不让我感慨系之?

在这些年里,我曾不止一次被问道:既然你已身居美国,为什么还要以中文来撰写专著?为什么还要争取到中国举办国际会议?我想,答案就在下面这首被广为传唱的歌里:

> 不要问我到哪里去,我的心依着你
> 不要问我到哪里去,我的情牵着你
> 我是你的一片绿叶,我的根在你的土地
> 无论我停在哪片云彩,我的眼总是向着你
> 如果我在风中歌唱,那歌声也是为着你
> 不要问我到哪里去,我的路上充满回忆
> 请你祝福我,我也祝福你
> 这是绿叶对根的情意。

以中文撰写学术专著,推动在中国举办学术会议,所表达的正是我们这片片绿叶,对根的眷眷深情。

有位作家说过,人生道路虽然漫长,但是紧要关口却只有几处。对我来说,留学美国无疑是人生道路上决定性的一步。不仅我自己,而且家人的生活道路也由此产生了根本转折。就自然生命而言,迄今为止我有三分之二的岁月是在中国度过的。对于生我养我的中国,我怀着深深的眷恋之情,我将永远为她壮

丽的河山、悠久的历史和灿烂的文化而骄傲。

就学术生命而言,迄今为止我有三分之二的时间是在美国度过的。对于给了我更多发展机遇的美国,我满怀感激之情;正是由于美国的博大与包容,我才能在这里远离浮躁,潜心于科学研究,才能在科学海洋的岸边拾得几片美丽的贝壳,才能为科学殿堂增添几片砖瓦。

我衷心地希望中国和美国这两个伟大的国家,永远和平友好;也衷心地希望中国人民同美国人民都能生活得自由、富裕和有尊严。身为老一代留学生,我希望自己的"准备、创新、回馈"的留学感悟,能给年轻科学工作者以启迪。希望在不远的将来,中国科学家能够与美国科学家并驾齐驱,共同为人类的美好未来作出更多的贡献。

留学爱情篇

走过苦难圆美梦

谭吴保仁

　　谭吴保仁　原名吴保仁。祖籍安徽泾县,福州出生,8岁随父去台湾。曾就读台北淡江大学。申请赴美时冠夫姓,1968年和留学美国的夫君谭德森团聚,一起打拼创业,如今是拥有相当房地产的企业家。最大的成功是抚育的8个子女,不是博士就是硕士。

　　我没有想到我会有美国梦,这走过苦难的美国梦。

　　在古代的传说中,我最同情的是孟姜女,最喜欢的是牛郎和织女。孟姜女新婚之夜,丈夫就被拉去修长城。而我新婚几个月,丈夫谭德森便远渡重洋,赴美留学,一去就是十年。应该是人生中最美好的十年,应该是如花似玉、充满幻想的十年。牛郎和织女,每年由喜鹊搭桥,尚能相见一次,而我和夫君却十年未见。相爱、相思、相恨、相怨……多少暗暗流泪的日子,多少辗转难眠的夜晚,一言难尽。

　　恋爱是难忘的。那时,我还在台南读高中。因才貌俱佳,洁身自好,被同学称作"冰美人"。好多男生明的暗的追求,我都没有搭理。在台湾创办英文版《当代文献》的谭德森,和家父在工作上有来往。《当代文献》的影响力日增,已跻身于当年台湾的十大报刊。在《当代文献》的一次酒会上,我遇到他。据他自己说,看到我时,从来没有为女人动过心的他动了真情。他开始稳健而持续地追求我。他的真情、才情逐渐打动了我。

　　1958年,坚持业余学习的谭德森获得了东吴大学法学学士学位。他说,这是他献给我的求婚礼物。我感动得热泪盈眶。我们在台北的善导寺,以佛教仪式结婚,由著名的演培法师证婚。当时,佛教婚礼在台湾是首次,很轰动。我们的蜜月是在他考自费留学中度过的。很快他考上了,就要动身赴美。他把我送到台北一所女子中学继续求学。可是，我怀孕了，不得不回家。他看着依依不舍、眼泪汪汪的我，说："相信我，两年便可获得硕士学位。你生完孩子再上学，也可以高中毕业了。"

那时，台湾的平民收入和美国的平民收入相差数十倍；美国，是绝对的金元帝国。那时，赴美留学是天大的喜讯，宛如考上状元。那时，能留学的大多是高官富豪人家子弟。羡慕的眼光、道贺的言词，雪片似的飞来，包围了我和德森，也包围了我的父母，甚至弟弟妹妹。可我的心中却充满离愁。太多太多的事要彼此交代，太多太多的话要叮咛。可是我只有匆匆准备行装，尽可能把可以带的东西和新婚别离的愁之恋，全塞入他的行囊。

在很多人看来，他是太幸运了。他还得到我们的师父——演培法师的资助，搭飞机去美国。在机场，望着远去的彼此，我们把手挥了又挥。泪水直流，直到不见他的人影，我的手依然在挥，我知道他的手也在挥。"孤'机'远影碧空尽"，飞机腾空远去，我的手还在挥，在我的心中他的手也依然在挥。

女儿出生了，老公却不在身边，什么事都孤身一人。没有家庭的生活是不幸的，尤其是新婚夫妻。有一个晚上，幼小的女儿发热，我急得不知如何是好。乡镇的医院路远，又是冬天。我把女儿用大棉被裹得严严实实，放在自行车后的一个大竹筐中，打着手电筒，在崎岖的山路上颠簸前行。越急越出事，不留神连车带人跌倒在地。我不顾自己跌得头破血流，急忙打开竹筐看孩子。老天！幸亏棉被厚，女儿没有受伤。我抱起她，眼泪夺眶而出，真想在旷野中大哭一场。但是想到女儿还在病中，咬咬牙，抹了一把眼泪，扶起自行车，推一段，骑一段，把女儿送到急症室。

德森说好，在美国两年学成就回来，但却一直没有回来。勤工俭学，打餐馆工，做各种杂活；他从俄亥俄大学毕业后，又考入华盛顿大学，并在驻美大使馆兼差。1960 年，他转入斯坦福大学，看到很多中国留学生需要帮助，于是发起成立了旧金山湾区中国同学联谊会，被选为会长。他热心地为新的留学生接机，找住房；他团结侨胞，服务社区。他看到很多留学生因为没有获得博士学位而不回台湾，怕被人看不起，找不到好工作；他看到一些留学生因美国不准中国留学生的太太陪读，长期分居造成离婚……同病相怜之余，他默默地给留学生们更多的关心和服务。

命苦啊，比牛郎织女更苦！德森很想接我们母女去美国，可是一次又一次不成。"教育部长"是德森的恩师，他见我们夫妻分居太久，加上德森日夜操劳，为留学生和侨胞做了大量的工作，打算给他一个外交官员的护照。公文将要下来时，"教育部长"去世了，我和女儿到美国又成泡影。

后来，在旧金山亚洲艺术学院，德森以《佛教对中国文化之影响》的论文获得硕士学位。他想用佛教的途径接我们母女赴美团聚。在台湾，他曾是佛教讲习会教师，在旧金山中国城，他也讲过佛学。可是最后还是被美国移民局挡了回来。

再后来，我对去美国已经麻木了，仿佛那已经变得十分遥远，远得回到孟姜女的年代。

遥远的他在遥远的美国，孤身一人的日子，辛苦的勤工俭学，操劳的社会服务，省吃俭用的生活，造成他严重的眼疾。苦难的留学生涯令德森突然双目失明 24 小时。医生说他要休息，很长时间内都不能看书。他不得不从斯坦福大学退学。

消息传来，连亲友都纷纷嘲笑我："这下完了，一朵鲜花插在牛粪上。"有的还说："一定是借口抛弃你了，谭德森在美国有了小老婆了。"邻里也传出风言风语。还有更残酷的事发生，女儿哭着回来："我为什么没有爸爸？人家骂我没有爸爸，爸爸不要我们了……"

落井下石！我感到乱石如雨点般砸来，不但打在我身上，而且打到了我女儿。小孩子有什么错？我有什么错？我心如刀割，而且是被钝刀子在割；撕心裂肺的剧痛，我真想放声大哭，却哭诉无门。白天，我要装坚强，不能哭；面对女儿，不能哭；夜静人深，我悄悄地以泪洗面。叹人海茫茫，我何去何从？这样的苦日子什么时候是尽头？

我太能体会孟姜女的悲哀和哭泣了，我羡慕孟姜女可以哭倒长城！我更羡慕织女和牛郎能在七夕相会，虽然一年只有一次。我心痛，痛到我不能不胡思乱想。我担心谭德森在美国的生活，我忧心他会不会花天酒地，我甚至恨空谈人道和人权的美国。那时，霸道无情的美国分离了多少留学生夫妻，造成了多少留学生的悲苦。

可是,我一次又一次告诉自己:"我不可以沉沦! 不可以的!!"我不忍心抛下年幼的女儿,每天从乡下骑车 30 分钟到路竹乡,再转车到台南建业补习学校高中部求学。早起晚归,路途奔波,又要苦读,又是牵挂女儿,一天来回两次;十分辛苦,只是作为一位母亲对女儿的爱,作为一个留学生留守家乡的妻子的自强不息,我无怨无悔。

一度,德森很久没有来信。为了生活,我到冈山,在冈山中学工作。度日如年,天天盼,盼了半年,终于(又是终于)德森又寄了一点钱来,要我到台北上学。我咬咬牙,考取淡江文理学院晚间部五年制的大学本科。那些日子,不论到哪里,不论做什么,每天晚上对着空了一边的床,思念如潮,心在煎熬;无数次对月许愿,无数次向佛礼拜,但求谭德森早日把我们母女接到美国。

那时,台湾男多女少,台北更是花花世界。作为年轻漂亮的女人,在男多女少的校园里,周围有的是英俊而才气横溢的大学生,我要面对的另一个苦恼的煎熬是异性的苦苦追求。他们都不知道我已婚,并有一个可爱的女儿。

为了拒绝追求,不得已的时候,我会告诉追求者:"你找错人了。我已经结婚,又有孩子。"可是他们都以为我是开玩笑,编谎故事作挡箭牌。他们又如何懂得作为一个妻子的分离之苦、一位母亲对女儿的爱? ——只要能挤出一两天空闲,我都会连夜乘车赶回去和女儿团聚。

1967 年,经过比八年抗战更长的岁月,美国总统甘乃迪先生良心发现,大笔一挥签下新的移民法:留学生的妻子可以伴读了。1968 年,谭德森用马拉松赛跑最后冲刺的速度为我和女儿办好移民手续,来信要我马上办护照,并寄来一大笔钱,要我和女儿到美国去!

我却悲痛起来。分别十年,连最好的亲友都对他心生芥蒂。他们一再告诫我:"你一定要打听清楚! 如果他已经有了别的女人,你到美国会叫天天不灵、喊地地不应。"还有的说:"如果他真心对你,早就该接你去美国了。你还年轻,怕什么?"

我心乱如麻,忍了十年的泪水如决堤之水,终于在一霎间公开怒涌出来。十年,人生有几个十年? 我已失去最宝贵的青春年华。眼见我的同学,教书的教书,出国的出国,我却一事无成。好不容易读了两年大学,只学了一点皮毛,到美国能做什么? 值得吗? 痛哭之余,我把谭德森的来信搁置一边,想先去台北的大学办一年休学,再考虑下一步怎么办。

命运造化弄人。没有想到,我居然在台北的街头巧遇青梅竹马的老同学。"仁姐,"他还是和从前一样称呼我,"我刚从国外学成回来,正打听你的消息,想去看你。没想到居然在街上碰到你,真是缘分。"

"你认错人了吧!"我边走边说。

"认错人?"他跟着我,激动地说,"我朝思暮想,多少次发誓,为你终身不娶! 我怎么会认不出你?"

我当然知道他没有识错人,我当然完全记得那些青春的往事。读小学的时候,我们常常一起读书、游玩。因为战乱,我入学迟,比他大两岁,他尊称我"仁姐"。小学毕业后,我们一起考取设在路竹乡的冈山中学分校,那里只有初中部,我们同校不同班。他功课好,人又长得英俊。而同学都说我聪明、漂亮,是校花。不知从什么时候开始,他每天"包路"陪我骑车回家,甚至常盯着我看,让我很不好意思。

不料有一天,他对我说:"长大了,我一定要娶你!"说得非常肯定。

"鬼才嫁给你。"我说。

"你不嫁给我,我就终身不娶。"他说,"你忍心吗?"

于是,他天天给我写情书。父亲发现了,大骂我一顿,并下令:"不许你和台湾人来往。"

我顶嘴:"我们只是同学。"

"同学? 有这样天天写情书,还要为你终身不娶的?"父亲很生气,"不能嫁给台湾人!"

这时,我们已读初三。毕业后,他考取冈山高中。父亲不但扣留他写给我的信,而且借口没有钱,不让我上高中,以免我再和他同学。可是,我一直力争要上学,不全为了爱情,而是感到人一定要学习要上进。父亲被我磨得没有办法,加上亲戚也说话了,就同意我第二年考高中。

那位同学得知我要报考冈山高中,一早在学校门口等我,一整天陪我考试。

　　　　　　　走过苦难圆美梦

我考取了,虽然比他低一个年级,可是我们同在一个学校上学,见面的时间多了。这青梅竹马的一年,有多少令人难忘的两小无猜式的地下恋情,可是也不知被父亲骂了多少回。

到我上高二那年,父亲又推说没有钱,逼我休学。那英俊的男同学见我好久没有去学校,上门来找我,被我父亲骂走。父亲赶走了他,又回头来骂我。后来学校的老师、训导长都到我家来求情,愿意免除我的学费。父亲拒绝了。后来,我和谭德森的婚姻是父亲暗中安排的。……

看着不说话的我,那男同学接着说:"十年不见,你依然美丽动人。听说你嫁给一个大你十多岁的丈夫,把你扔在台湾,一扔就是十年。你幸福吗?"

"我即将去美国定居,移民都申请好了。"我不愿被人可怜。

"别去美国了!"他用几近哀求的眼光看着我,语气中充满期待,"带上你的女儿,和我一起到法国去定居。我们一起在一个没有人认识我们的地方,共度幸福时光。"

我摇摇头。

"我会等你,一直等下去。相信一定会等到你。"他吐出埋在心中多年的话,"如果五十年后的今天,我们再在这里见面。那将是我们非常美好的共同回忆。"

我避开他,加快脚步。他在我的背后再一次抛来他爱的誓言:"我会一直等你的,一直!"

他的话像烧红的烙铁猛按在木板上,在我的脑中留下深深的烙印。天下有多少这样的真情?天下有多少这样的浪漫?我依然年轻,我依然怀春,可是女儿……爱情,为什么爱情如此折磨人?虽然我拒绝过很多追求,虽然我也拒绝过他,可是这一次,拒绝有用吗?我真的不知道该怎么办。

腾云驾雾般,晕头晕脑回到家中,急于想见女儿,父亲已在等我。"德森出事了!"父亲告诉我,"他天天等你的回信,等你带女儿去美国,却等不到。夜夜失眠,工作也没有心思,结果撞车送医院。"

"现在怎么样?"我很着急。

"幸无大碍。"父亲挥了挥捏在手中的信,"德森在信中问,你一直没有给他回信,是不是已经另有男朋友了?即使有,他也不计前嫌;只要你带女儿去美国和他过日子,他就心满意足。"

"他不计前嫌?他十年不来接我们!谁知道他在美国的花花世界怎样?"我一肚子委屈,不由自主又哭起来。

"德森也不容易,孤身在外,留学生的苦,又有谁知晓?他想接你们去美国,试了多次都没有成功。这是美国的法律,他有什么办法?"父亲摇摇头,说,"十年了,他在美国苦读,他做工;他回家见不到妻儿,没有热茶热饭,没有一点家庭的幸福。唉,他积劳成疾,他曾眼睛失明而不得不退学……"

我想,是呀,这是人过的日子吗?这和卖猪仔有什么区别?我该怎么办?

这时候,在台北巧遇的男同学也赶到我家。"老伯,您好。您还记得我吗?"

父亲颇为吃惊:"你怎么又来了?"

"老伯,请您不要再赶我走,好吗?"那男同学恳切地说,"老伯,我十多年前就追求保仁,现在又在台北的人海中遇到她,这是缘分。请您成全我们。我会宝贝您的外孙女就像我自己亲生的一样,我会请律师为保仁办离婚,带她们到法国定居。"

父亲皱着眉头,一言不发。

我含着泪对他下逐客令:"你走!"可是,父亲看得出,我对他存有好感。

他走了以后,父亲劝我:"你可以选择你要走的路。我还是希望你带女儿去美国,一家人团聚。如果你去法国,德森不会让你把女儿带走。"

晚上,我问女儿:"这么多年没见到父亲了,你怎么想的?要不要去美国见父亲?"

女儿听去美国找父亲,高兴地雀跃,拉着我说:"我要到美国去见父亲,去美国见父亲!"

"好,去美国。"可怜天下父母心,我答应女儿。

割断情丝,结束了那闪电般的再度相恋。后来我再也没有见过这位青梅竹马的恋人。听说,他至今未婚。——我并不亏欠他,但我感到亏欠他。他为什么不找一个比我更适合的女生?——留学,爱情;外省人,台湾人;多少情仇爱恨,多少悲欢离合!

终于，结束了比牛郎织女更苦的日子；终于，成了比孟姜女幸运的女人。但是，我还会时常想到他们，牛郎织女、孟姜女，虽然那只是神话故事。

我还要添一句，我把十年的离别之苦写得很短，我把初恋之情写得很淡，因为那太苦了；人生已经够苦的了，我希望"挥一挥衣袖"，不带走那年代北美留学生分离之妻内心比黄连更浓的苦涩。谁知道，那苦难的美国梦又在等着我。

在美国的日子里，我最敬佩的是王永庆。他是台湾白手起家的企业家典范。每当在一筹莫展的困境中，我不由经常想到他的创业精神。

我们一家三口在美国团聚了。高兴的是女儿，她再也不用被人指着脊梁骂她没有爸爸。可是日子过得比在台湾苦。

德森拿出他从牙缝里省下来的辛苦钱，我们在黑人聚居的三街开了一家小杂货店。因为那里租金便宜，而且治安很差，很少有人敢在那里开店，生意上的竞争少。

开张第二天，隔壁小店的老板娘王太太过来串门。她开店比我们早几个月。提起生意，她唉声叹气："这里治安太差，警察也管不了。出了事，只要不是人命关天，警察半天都不来。"

"真的?"我很吃惊。

"那些小偷、强盗很猖狂，警察拿他们没有办法。"王太太直摇头。

"警察没有办法?"我很担心，"美国怎么是这样的?"

"美国讲人权，对惯犯处罚往往太轻，对普通老百姓处罚常常太重。"王太太告诉我，她是从香港来美国留学的，学教育，她说，"我们邻居打了几下小孩，有人报警。警察马上就来，说是虐待儿童，把母亲抓去，小孩由专门的机构代管。"

"那怎么办?"

"好在她没钱，政府还得为她请律师，为她支付所有的费用。如果是小康人家，律师费至少几万美元。受罪啊!"看我说不出话来，王太太接着说，"所以家长很难管孩子，老师很难教孩子。如果周围环境差，孩子很容易学坏。美国犯罪率想不高也难。"

管教孩子，这不难。虽然孩子一个又一个出生，生活清贫，我从来也不把气出在孩子身上，从来也不打孩子。可是这环境……果然，我和德森开始了在枪口下讨生活的日子。虽然店里装上和警察局相连的报警器，可是不时会有游手好闲、身强力壮的男男女女到店里，满口脏话，顺手拿了货物就走。

"不要拿。我们是穷人，家里还有孩子，一家人就靠这吃饭。"我求他们。他们理也不理。

一天上午，我一个人管店，突然莫名其妙被棍子打昏。在医院里醒来时，大女儿放声大哭。

我说："美筠不哭。"

女儿泪流满面地说："妈妈，你还痛吗？那坏人为什么这样可恶？"

我轻轻抹去她的眼泪，说："因为他们不好好读书。好的工作不会做，差的工作不肯做，就去做坏事！"

"妈，我一定好好读书。将来找一份好工作，赚钱养你和爸爸。你们再也不要在坏人区开店了。"

我的眼泪流出来了。

女儿帮我擦眼泪："妈妈，不要难过。"

"妈妈不是难过，"我露出微笑，"你这样孝顺，这样上进。妈妈高兴。"

从此，美筠发奋读书。刚从台湾到美国的时候，女儿英文不行，10岁的她从三年级留级到一年级。她努力补英文，暑假也上暑期英文班，很快追上去，成绩优秀，一路跳级。后来，她17岁从柏克莱加州大学毕业，又进了全美著名的大公司 Northrop Grmman，不断被提升，进入公司最高的管理阶层，担任总裁。这是后话。

我被打昏的时候，店里的钱被抢了，货物也被拿走。所幸没有留下后遗症。最危险的一次，几个年轻人进店，有一个上来就卡住德森的脖子，用枪对着他的头。我被吓得魂飞魄散，慌忙中按下报警器。也是德森命大，匪徒听到有警车的响声，放开德森逃跑了。老天，这过的什么日子？生存为什么这样难？

有一天，天色暗了，我们把店门关上在店里清点货物。没想到，有几个强盗破门而入，拿着手枪对着我和德森，明目张胆来抢钱。他们拉开收银箱，仿佛是他们自己的钱箱。我急得眼泪都流出来，哭着说："不要拿钱。家里的孩子还等着吃饭。"

　　　　　　　　　　　　　走过苦难圆美梦

德森还来不及阻止我,他们已用枪指着我恶狠狠地说:"闭上你的嘴!"手法熟练地掏光了钱,大摇大摆走人。等警察来,他们早就逃得不见踪影。我和德森还在那里吓得直抖,暗暗庆幸我们再一次大难不死。

迟到的警察唯一的任务是记录我们讲述事件的经过。警察每次都不忘一再叮嘱我们,钱和货物任强盗拿,免得被开枪打伤打死。——这是警察保护我们的主要方法,他们是一片好心。可是他们说得轻巧,并不关心穷人赖以活命的钱被白白掠夺了,也不管我们除了自认倒霉,得不到任何补偿。王太太曾告诉我:"只要不死人,警察的压力就没有那么大。"

在随时有生命危险的日子里,我常常想,这是美国吗? 我很想大声说:"警察先生,你们是干什么的? 店里发生的偷抢没有一件破案。"——可是破了案又怎样? 他们是穷人,要钱没有,要命一条;进出监狱是家常便饭,警察局挂了号的。唉,乱世用重典,这在美国行不通。

不久,刺耳的警车、消防车、救护车的警号声,呜啦呜啦,尖叫着由远而近。出事了,对面酒店的老板被枪打死了。血淋淋的场面,我不敢走近,远远的只见老板蒙着白布,从店里被抬走。

那天晚上,我和德森久久不能入睡,被酒店老板死于非命吓坏了,一直在讨论我们的小杂货店怎么办。开下去吧,不知道哪天把命送了;不开吧,生活靠什么? 在没有结论的迷迷糊糊中,我们睡着了,不久又醒来。几个晚上都睡不好。德森的压力更大,从此落下了高血压的病。

店是不能再开下去了,可是也不能马上关门断了生计。提心吊胆,骑马找马,到处找人卖店。终于赔本把店卖掉了。天无绝人之路,我们找到一家待售的咖啡店小生意,把杂货店卖掉,买下咖啡店。为了安全,也为了女儿上学方便,我们在旧金山中国城租了一个很小的睡房,只放得下两张床,一张是窄的双人床,一张是女儿的小床。

再也不用担心随时可能有人闯入店里,用枪指着我们的脑袋。想想王永庆卖米起家的故事,我和德森力求店里的咖啡和食品价廉味美,招呼客人热情周到。嘿,上门的客多了,生意在我和德森的用心经营下,有了起色。咖啡店生意虽然很累,却本小利大。渐渐地,我们赚的钱多了,就再开咖啡店。后来学习美国的连锁店，一连开了十多家。

可是做咖啡店太累了。站得太久的德森，落下膝盖的毛病，有一天急性发作，肿得不能行走，送医院急症，店里一时找不到人手。那时，不满 10 岁的二女儿谭美玉，就主动搬了张小椅子站在上面帮着收钱，有模有样，账一点都不会算错，十分可爱。那咖啡店开在公司大楼里，各公司的员工很喜欢她。有人放了一个小玻璃瓶，让大家放小费来奖励她。后来，那个玻璃瓶就一直放在那里，成为鼓励我们全家创业的纪念物。

咖啡店多了，不但自己太累，而且需要人手，雇人不易，管理也难。我们开始寻找其他的投资渠道。听很多人都说房地产是很好的投资，华人投资房地产的不少。来咖啡店的客人中，时常有谈房地产投资的。东听西问，我和德森就开始接洽房地产经纪人，四处看房子。我们把几家不太赚钱的咖啡店卖掉，加上咖啡店赚的钱，先是买了两幢住家的独立屋。那时，旧金山日落区的住宅不用 10 万元就可以买一幢。

那些日子里，我时常会想起王永庆发家致富的故事，穷怕了的我，为了这个家和孩子以后能过上好日子，赚钱的念头一直在我的脑中打转。旧金山的房地产上涨了，我们把这两幢房子卖掉，把赚到的部分用作头款，换了两幢各有四个单位的公寓。时机到了，又卖掉，换成两幢 15 个单位的公寓。

这一连串的房地产买卖，增加了我们的投资经验。我们发现，房地产投资，重要的是：在房地产增值时就要以小换大，否则就不能更快增加资产，赚更多的钱。那时，房地产又涨了，我们把 15 个单位的公寓卖掉，换进了 36 个单位以上的大型公寓。

投资做得顺了，变得雄心勃勃，我们把咖啡店赚来的钱全部投入，又接连买了三幢公寓大楼。因此手头变得紧巴巴。当时的算盘打得很好，反正有租金收入，外加我们过日子很省，财务上应该扛得住。可是，大房东不好当。1989 年，遇到旧金山大地震，经济萧条，房价开始下跌，租金也随着跌，空房多。房客收入少了，就找房东麻烦。一时没人投资房地产，特别是大型公寓。

糟糕的事接二连三。我们有一幢 48 个单位的大型公寓，因为贪多，用了第二贷款，利息很高。我们退休时卖掉最后一家咖啡店约 12 万元，是留着第二贷款用的。当时有位朋友,因为他拥有大楼的水电费付不出,向惯于助人为乐的我们借 10 万元周转,言明一个月内还清,并开出银行的期票,而且银行说这个朋友信用不坏。没有想到这位朋友不但不还钱,还宣布破产,他的公寓被银行没收,变得一无所有。我们的 12 万白白扔了。

48 个单位的公寓的第二贷款期限到了,受了朋友拖累,没有钱还第二贷款。我们陷入困境。第二贷款债主是白人律师,他们控告我们,要我们赔偿 12 万,并把利息提高到 18%,简直比抢劫还凶。另一方面,公寓里很多单位空出来租不出去;孩子大学的学费、杂费……如此负担加重,收入减少,老天,怎么办? 为了省钱,空出的单位需要油漆时,孩子都来帮忙,一个个弄得像小花猫。

我们发现不能再这样了,如果再拖下去,将影响我们的其他物业,甚至会导致破产。我们当机立断,决定丢卒保车,忍痛把这 48 个单位的公寓卖掉,剜肉补疮。由于不景气,房地产市场十分低迷,最后低价出售,血本无归,还要用房子抵押,并向亲友东借西凑,用一些小钱拼起来,还给银行。没有想到,卖掉不到一年,却眼睁睁看着房地产又涨起来。唉,钱是身外之物,只要人平安就好。

可是,麻烦的事没有完。旧金山的租赁法对住客很有利,另一幢位于山上漂亮风景区的 38 个单位的高级公寓,租客大部分是老美的白领阶级,公寓里有"Tenants Union"(租客联盟)。不知是歧视中国人,还是地震后的经济困难引起的,有的房客经常无理取闹,每次至少联络六七个单位到"Rent Board"去乱投诉,要我们做房东的赔钱。

唉——这些"老美"见面时向你问好,很客气,一转身就去告你。1998 年,谭德森病逝,家庭的担子一下子全压在我一个人身上。他们见我是个丈夫去世的弱女子,更是变本加利,联合 23 个单位的租客,用他们的"知识"控告我 20 多项莫须有的罪名,什么"屋顶有石棉"、"房东乱用水"……每户要求赔偿 20 万、30 万,弄得我夜夜失眠,比一个人在台湾的时候更惨。异国他乡的官司和生活的重负压得我喘不气来。午夜梦回时,常常泪流满面。一夜间突然长出白发。

失夫之痛犹在,贷款公司又来火上浇油。他们知道我丈夫过世,马上通知我,必须在一年内还清第二贷款,否则拍卖。怎么办? 怎么办?! 天天夜间以泪洗面也不是办法。我想,王永庆一生的创业中一定也经过很多困难曲折。虽然我不能和他比,可是创业的道理是一样的。王永庆也是解决了一个又一个困难才把事业越做越大。我想通了,我要坚强起来,坦然面对。是我的,跑不了;不是我的,再痛苦也没有用。

于是在苦熬中,拆东墙补西墙。不到一年,1999 年,时来运转,房价、房租开始大涨,终于让我可以勉强应付。房价、房租不停地涨,我的担子也越来越轻,乌云过后的艳阳天出现了。太多偶然的因素,无法解释,这就是命吗?

拖了很长时间的房客告房东的官司也有了转机。2003 年,我请专家到大楼检查,结果发现石棉的含量极微少,仅仅是规定限量标准的百分一,根本不足以危害人体健康。于是结束了这场打了五年的官司,花了一笔庞大的律师费。美国是一个爱打官司,也是让律师发大财的国家。政客很多都是律师出身。我不想我的孩子去赚这样的钱,我的八个孩子中没有一个当律师的。

2005 年,我最小的儿子毕业,获得医学博士学位,进了 UC Irvine Medical Center 当实习医生。这时,我松了一口气,也感到老了,力不从心,于是我把所有的房地产交给两家大型的管理公司代管,开始从烦忙的事务中脱出身来。我开始做社会公益,多次捐钱支持德森家乡的学校;还当选湖南同乡会的会长,服务乡亲和社区。我相信善有善报。我的美国梦终于走过了苦难。

美国著名的民权运动领袖金恩博士,有一句鼓舞了千千万万来自世界各地移民的名言:我有一个美国梦。我时常会想,我的美国梦是什么? 创业是为了什么?

1999 年母亲节,我被驻美中华总会馆和中华慧妍总会评为模范母亲。旧金山布朗市长和谭家公所先后颁发奖状和奖品。这荣誉不但是我的,也是我们全家的。可惜德森没能看到。

时常有人对我说:"现在,你的几幢大型公寓已经总值数千万了吧。你真的是成功人士了!"可是,产业只是我的美国梦基础。我的六个女儿和两个儿子,他们个个大学毕业,大多是硕士、博士,成为对社会有用的纳税人。作为家长,我和谭德森为社会交出了一张合格的成绩单:

大女儿:谭美筠,是有 10 万员工、加州最大公司 Northrop Grumman 的总裁。

二女儿:医学博士,妇科兼外科手术医生。

三女儿：会计师，曾任 Cushman & Wakesield Financial 经理。

四女儿：核数师，加州大型的 Northrop Grumman 物业管理主管经理。

五女儿：医学博士，OBGYN 及外科开刀医生。

大儿子：MBA 硕士，纽约大证券所 Deusch Bank 副总经理、董事。

六女儿：MA 硕士，研究工作。

小儿子：医学博士，内科医生。

再想起，近十年来，我多次捐助德森老家的学校兴建科技大楼，送成批电脑，增添多种教育设施……孩子们见到我就亲热地喊："吴奶奶，您好！"那声音时常会出现在我耳边。我似乎看到这些孩子和我的孩子一样，在良好的教育中成长起来。我真正感到这才是美国梦，我走过的苦难的美国梦。

忆 猴 哥

陈小红

 陈小红　上海人。1991年到美国宾州爱丁堡大学商业管理系读书,1995年获得学士学位。
现就职于首都华盛顿。

十年之后的今天,想起猴哥,心还是会疼,泪也还是会无法控制地滑落!

猴哥姓孙,有一个响当当的名字,叫继业,"猴哥"是我们这些1991年初秋来美留学的同学们对他的昵称。猴哥杭州人氏,来自上海音乐学院,在我们学校音乐系学习打击乐。

秋日的宾夕法尼亚州是美丽的,高速公路两旁的参天大树枝繁叶茂,新割过的绿地透着芳香,大学校园的小湖边落着无数将要南飞的大雁。初到美国,一切都是那么的陌生,又是那么的美好。

开学第一天,两名中国同学接到楼下住宿管理员（Residential Assistant)的电话,说有位东方新生需要帮助,他俩二话没说冲下楼去。只见一位中等身量,梳着分头的家伙正和RA比手划脚地鸡同鸭讲呢。因吃不准这两位同学的国籍,那分头和南京来的Ken同学握手时,浅浅地哈了一下腰。日本鬼子吧? Ken心里估摸着,就差和他"密西、密西"地"干活"了,那分头却忽然问:"Are you Chinese? 中国人吧?"

他就是我们的猴哥,有一份谦虚,有一份友好,还有着一点滑头的小聪明!

猴哥在音乐学院读书时,有个感情甚笃的女友丽(化名)。丽来到宾州的费城读书,一心想进纽约的茱丽亚音乐学院,每每催猴哥来美与之团聚。无奈之中,猴哥申请到我们学校的半额奖学金,来到这虽也是宾州,但和费城一西一东,离着约七八个小时车程的小镇。和丽的见面是三个半月后放寒假时的事了。

我常常会突发奇想,若猴哥当年不出国,现在也应该打下一番天地了吧!

学校位于美洲五大湖之一的美丽的依利湖(Lake Erie)以南二十英里处一个叫爱丁堡(Edinboro)的小镇上,我们来之前,中国学生,甚至留学生都很少,我们那一批二三十个中国大陆、香港、台湾的学生第一次让小镇人见到了那么多的中国面孔。

对于上世纪 90 年代国内来的学生,汽车是奢侈品,我们偶尔进城都是乘公共汽车,不是很方便,所以大家主要的活动范围还是在校内。

单调的生活中,大伙都盼着星期五的到来,每到周五我们就可以上猴哥的宿舍蹭电视看,猴哥那"有钱人的孩子"(猴哥给起的)美国室友凯文周末回家去了,他们的房间、凯文的电视就被我们"共产"了。我们凑钱买点零嘴,猴哥泡上国内带来的上好茶叶,我们就有说有笑地开一个又一个"穷"聊的 party。

猴哥比大家年长几岁,大伙也就"猴哥、猴哥"的叫开了,猴哥却很谦卑,不以自己的阅历而欺人。他总觉得自己没读什么书,大小事,都会和我们商量。

读本科的第一年,学校规定是要住宿的,大家读的又是不同科系,平时见面就约在学校的大食堂里。有说有笑,聊上一个多小时。

最逗的是猴哥常和我那民进党的台湾室友雪儿开玩笑:"听说,你们台湾人民都生活在水深火热之中!"

"哪有?我们的教育是你们大陆人民都在吃香蕉皮!"雪儿说。

"你看看你,再看看我,咱们谁像是吃香蕉皮长大的呢?"(雪儿的确长得又小又瘦。)

"反正我们不共产不共妻!"雪儿自恃理亏,还嘴硬。

"再说!再说我们现在就打过去!"猴哥笑着说,没有一点火药味。

其实猴哥对比他年长的雪儿是极敬重的,是啊,她雪儿背着的是一千多美金的 LV 包,咱不就是斗斗嘴,找个乐子呗。大家都是中国人,在异国他乡,说着共同的语言,相互帮忙照顾,情同手足。

猴哥是幸运的,他遇到了一位对中国学生极友好的导师巴巴罗教授

(Professor Barbaro)。巴巴罗教授欣赏猴哥的才华,帮他申请由半额奖学金转为了全额奖学金,使猴哥可以顺利地完成第一年的学业。

过春节时,我们的饺子是在巴巴罗教授家吃的。教授和太太为我们准备了包饺子的食材,和许多意大利美食(他们是意大利后裔)。猴哥做总指挥,我做主厨,大伙帮着包,三下五除二,沾上猴哥调的醋,水饺加锅贴,欢欢喜喜过了个年!

第二年,猴哥没拿到奖学金(巴巴罗教授已尽了心),读书就有点心猿意马,想出去打工赚点钱。加上女友丽那边出了点事,提出和猴哥分手。猴哥去过之后,回来就沉默寡言,听说他打了丽。我很吃惊,生平最看不起打女人的男人,猴哥一定不是这样的人。

无巧不成书(原本不信,经历多了,不得不信!),我那年的寒假去了费城边上的一个小镇打工,前台做半工的马来西亚小姐听说我是上海来的,就八卦开了。她说有位上海来学音乐的丽也在此店做过,后来和别的餐馆的师傅同居了,那人有老婆、俩孩子,自己也没正式的身份,不懂为什么……

怕猴哥伤心,我后来没在他面前提起过。

1992年年底某周末,我正和三两个同学聊着天,学校小镇上中国餐馆的老板娘来电,请我去她家,说有人想见我,我冥冥之中猜到是猴哥(老板娘是“阿庆嫂”,她的家是我们的联络站)。一路小跑,到老板娘家时,Ken 和 Steve 也到了,这二位也是和我们同期的,我们四人是哥们儿。

猴哥在北卡罗来纳州一间餐馆打工时,遇见了来自台湾的未来的猴嫂,一位从加州搬来的女士,她刚离了婚,两颗受过伤的心走到了一起。

猴哥问我:“要告诉我父母吗? 她比我大十四岁,离过婚,有两个孩子。”

“天呐,你确定(要娶她)吗?”

我说:“终身大事,一定要上报父母,寄张合影去吧!”

“我姐大我七岁,她比我姐还大七岁,我父母怕是不能接受的。”

“只要你们是真心的,咱就先不告诉年纪的事吧。”

后来,我们见到了猴嫂,她是个很斯文、很小鸟依人,永远都打扮得优雅得体的妇人,我们都明白猴哥对她的爱。

有人说，猴哥是想利用猴嫂的美国公民身份。但我坚信，他们之后共同走过的七年，足以证明猴哥的心！

猴哥猴嫂结婚后，在宾州的匹兹堡租了套公寓，两人都在中餐馆打工，共同奋斗去实现他们的美国梦。

一天凌晨，猴哥猴嫂正在酣睡，门铃响起，猴哥起身，迎进了两位移民局的官员，他们要求猴哥把猴嫂也请出来，问了话。是啊，他们的年龄差异的确也引起了移民局的注意。

猴哥猴嫂平淡的日子常也因为朋友的到访变得繁忙而愉快。来自香港的同学乔治得到了一个在匹兹堡实习的机会，我告诉了猴哥。后来，一整个学期乔治就住在他们那，猴嫂照顾他的起居，猴哥利用假期带他和猴嫂一起出游。哥嫂的仗义，让乔治感动。

后来我母亲来参加我的毕业典礼，我们去匹兹堡看猴哥猴嫂，他们请了一周的假，开车带着我们纽约、大西洋城、费城、威尔明顿（特拉华州）和华盛顿玩了个遍。

那也是我最后一次见猴哥猴嫂，毕业后，找工，换工，数度搬家，把我弄得精疲力竭，与朋友们失去了联系。后来听说他们去了亚利桑那州的凤凰城。

2000 年，我的生活也稳定了下来，静下来时，常会想起初到美国的快乐时光和那时已天各一方的朋友们。

4 月 28 日，突然在电视上看见一条新闻，匹兹堡发生滥杀事件，警方正在寻找凶手，电视画面上是一位 30 岁左右的嚎哭的东方妇人，身边有个五六岁的男孩子。

5 月 7 日晚，临睡前，我翻开了华盛顿的中文报纸，有一版的右下角一篇很不起眼的文章，写匹兹堡中餐馆联合停业一天，共同声讨罪犯，死难华人孙继业追悼会当日举行。

不会的，猴哥在凤凰城呢，我安慰自己。可是，为什么是匹兹堡呢，为什么也叫孙继业呢？我开始害怕。

一夜无眠，第二天到班上，上网查到那条新闻，找到餐馆电话，找到老板，老板说死者是上海来的，我跟她要猴嫂的电话，她说要通报一声，让我下午再打。

下午,我再打电话去。猴嫂说是他,我的泪夺眶而出!

猴哥猴嫂在凤凰城住了一年,决定搬回匹兹堡,因为他们觉得匹兹堡才是他们的第二故乡。他们买了房子,买了车,投资餐馆业,同时正在供猴嫂的儿子念书。

两个月前,猴哥刚接受了这份工作,在这间中餐馆当经理。

猴嫂还说,好像猴哥已有预知,在找过去的朋友们,并已跟 Ken、Steve、导师和一些上音的朋友话了别,唯一惋惜的是未找到我,让猴哥耿耿于怀。我哭!!!哭猴哥那停留在 34 岁的年轻生命!

凶手是一名失业的白人律师,他崇拜希特勒,崇尚白人主义,仇恨少数族裔,2000 年 4 月 28 日,在两小时里枪杀五人,重伤一人。

2001 年,滥杀事件的第二年,凶手被判处死刑,成为宾夕法尼亚州施行死刑法以来的第 241 个死刑犯。

2010 年 2 月 26 日,在死刑犯名册上的凶手,又被批准缓期八个月执行。

期待惩罚恶魔的那一天的到来,愿亡灵可以早日得到安息!

(编者按:《忆猴哥》一文曾在《世界周刊》刊出。“猴嫂”读到了,给作者陈小红打了电话。)

堕入美国学校的"粉色陷阱"

安隆宗

安隆宗　祖籍河南。1990 年赴美国俄亥俄大学
（Ohio University）国际研究系（International
Studies)学习,1992 年取得硕士学位。现在美国政府
机构任职。

曾下乡三年,偷鸡摸狗,夹缝求生,群殴械斗,忍辱负重……直闹腾到当地老乡们一见我们就惊呼:"知青,鬼子,又进庄了!"凭这三年"接受再教育"的经验,到美国洋插队算什么?!

岂知时不予我,到美不久便闹了个不大不小的风波。对人可谓是茶余饭后,贻笑大方;对己却可说是刻骨铭心,羞愧难当。

入学不久,因排课关系,每天定时经过校内一咖啡馆去上课。不久便注意到一漂亮洋妞天天"金鸡独立"此地,并每每投来甜美的微笑。起先自然是环顾左右,不敢回应,但随着体内荷尔蒙的不断积累与刺激,逐渐开始反应。先由被动回答,变为主动招呼,到后来竟是老远便忙不迭地大"嗨"一声,紧接着一个"发自内心"足可撑裂嘴巴的"微笑"。

一来二去,相信仍处于"发情期"的我,便决定要找这个"轻佻"女人摊牌了。毕竟已对我笑了一两月,到底要笑多久才有进一步"发展",总该有个交代,是不是?

这天特别梳理了一下,便"漫不经心"地"路过"此咖啡馆。其实讲真话,上课还有另一条路可通,但自从发现此路"更有风情在"时,另一条路自然绝不再用了。远远看见那"熟悉"的身影,心"虚"起来,但一直听说美国大妞大方得"狠",时机岂可白失?便勇敢地迎了上去:"Hi, what is up?"明知英语臭得要命,却一定要以时髦用语打招呼,否则不是太土了嘛。天助我也,那妞竟然回答我说:"Hi, not much."但表情却一点不见激动或热情。我心里忿忿然,但铁总是要趁热打,便说出了让我这一辈子都脸红的话:"你在等我吗?"此妞马上抛回了个"No!"真叫我好生气。明明是天天在此等我路过,又递来一嘴很不严肃的"微笑",真是不够大方,不够"意思"!好在当时脸皮较厚,进一步说:"嘿,晚上一块喝一杯怎样?"回答曰:"不怎样。"真真气死我也!但终因我无接受"No"的思想准备,只得悻悻离去。但此事越想越恼火,越想越觉得没面子,于是第二天也顾不上修饰,径直走到那"贱女人"面前,劈头盖脸摊牌道:"嗨,今晚七点在这儿等我!"说完便走,让她毫无反应的时间和余地。

当晚尽管我准时赴约,但结果可想而知,当然是我自作多情,最后气急败坏而归。

第三天远远便看见那妞没事儿似的站在那儿,气不打一处来,冲上去便问:"昨晚为什么不来?"不料那女人收住"永恒的微笑",反问道:"Who are you? 离我远点!"凭我多年下乡所积累的机智与灵感,深觉情况不妙,赶快溜走了。心里却暗骂:"神经病,以后就是找上门也不会搭理你的!"

下课后,我耿耿于怀地返回,但晴天霹雳,国际学生办公室的人召见我。一进门,霍然看见一校警也在屋内,更使我心跳加快,头晕目眩。但转念一想,本人"安分守己",怎可能惊动警察大人?一定是搞错了。但等"警察叔叔"一开口,差点没让我从凳子上掉下来:"有人投诉你骚扰。"我眼前发黑,目瞪口呆。警察也许察觉,便安慰我说:"其他没有什么,只要你停止骚扰就没事了。"我冷静下来,忙问原由。"一女生说你邀她出去,她告诉你没兴趣,可你还在找她,对不对?"此时我恍然大悟。原来又是这个"娼妇"!竟敢恶人先告状!于是我"义正词严"地道明整个故事,并申明:"是她每天站在那儿冲我笑的!"此时对方已一脸哭笑不得,解释道:"此女生每天下课便准时在那儿等朋友来接她,而微笑则是我们这个大学城的友好特点,好让你们这些外国学生感觉轻松一点!"听到这,我一头虚汗,推开门便狼狈逃窜而去。

事情并未就此结束。消息传出,部分中国留学生哥们及学生会领袖一边调侃我,一边要筹备组织人马向校方请愿抗议,责备校方对待此事"过于严肃"。

　　　　　　　　堕入美国学校的"粉色陷阱"

理由为：因文化与习惯的背景不同，难免在不同国度里会有表现方面的差异。更何况，中国的传统理念对一个背靠咖啡厅，向一个长期处在"性压抑"的青壮年抛出笑脸的女人，很容易给她套上一个"不检点"，甚至更差的名声！但终因我这个当事人深知其中"奥秘"，实在再丢不起人，力劝他们罢休了。

勿庸细表，我上课自然换了另一条路，而对美国大妞的"投怀送抱"也一概拒绝了（天知道我是否会因如此"绝情"而"痛失"一些好姻缘呢？）。

在随后两年的学习过程中，当然还会碰上那位让我"受益匪浅"的漂亮妞，她仍像以往那样向我投来微笑，当然我在这微笑中，再也找不到"轻浮"的感觉了。后来，我们成了好朋友。之后，我还请她吃了中国餐呢！再而后，相信大家通过以上所述，已明显看出本人受儒家道德及哲学思想影响太深，所以不会有出格的事，也实在不必详述了。更何况太太亦有可能看到此篇坦白录，本人和盘端出，岂不又是自找苦吃？经过"土"、"洋"插队的我，还能傻到这个份上吗？大家猜吧！

中国知青洋插队，可笑，可叹，可歌，可赞！

我 的 那 辆 车

贾 和

贾和　甘肃嘉峪关人。1987 年到美国衣阿华大学读 MBA 学位,1990 年毕业。在纽约州政府部门工作,已提前退休。

二十多年前,我读书的那所学校位于美国的中西部。是那种小城市,大学校的大学城。在这座小城的六七万人口中,学校的师生就占去四万多。也是二十多年前,这所学校曾经发生过一件震惊美、中的流血事件。因此使得这所原本就挺有名气的学校在国内也曾一度名声大噪。

学校的环境非常幽静美丽,放眼望去,层峦叠翠,郁郁葱葱。学校就仿佛是建在森林之中。宽宽的河流穿过学校,把校园分成两半。河的两岸是平坦的草地和成群的野鸭。夏日里,我们都喜欢在河边午餐和休息。躺在河边的草地上,看着在人群中闲觅食的野鸭,我们常常口水流满衣襟地争论哪只野鸭适合红烧,哪只野鸭应当清炖。

当时大陆出来的访问学者和学生们都是自己做饭。随意是一方面,更主要的还是为了省钱。记得我出国时,按照规定,拿到签证后,可以凭签证换取 35 美元。当时是两块多人民币换一美元。不知道这个规定的理由何在。也许是出于“革命人道主义”关怀,让我们下飞机后,有钱支付我们“最后”的晚餐。

学校附近有一家小超市,远处有一家大型超市。那家小超市因为地点等诸多原因,物价很高,被我们称作“黑店”。那家大超市的东西便宜很多,却不在步行距离之内,让我们望洋兴叹。

为了节省时间,大家都是每星期买一次菜。一次做出好几天的饭菜,以致吃到后面，就像吃药一样。我们每次要买菜时，都伤透了脑筋，很难决定到底是要省钱，还是要节省时间。

学校附近的教会发现了这个问题。他们派了一位年轻的牧师，每个星期六上午，开着一辆中型面包车来到我们大陆学者、学生居住集中的地方。先组织我们学习圣经，然后拉着我们去那家大型超市买菜。很多人一盘算，觉得有口无心地学一会儿圣经毕竟要比走路去买菜节省很多时间和体力。因此，一时间，大陆的学者、学生好像全都皈依我主了。

上世纪七八十年代，国内上演过一部妙趣横生的印度电影，叫《大篷车》。我们就把那位牧师开来的那辆破破烂烂的面包车戏称为"大篷车"。我很喜欢那部电影中女主角唱的那首歌"我怎么落得这步田地"。在中国的那个文化冰河期，就为了听这支歌，我看了四五遍这部电影。到了美国，在考试晕头转向的时候，打工腰酸背疼的时候，我也会不由地哼哼起来"我怎么落得这步田地"。

英语中有一句俗语，形容一个人贫穷时会说，他穷得像教堂里的老鼠。看到年轻英俊的牧师开来的那辆"大篷车"，我觉得这句俗语还挺传神。为此，加入教会后，每次做礼拜时，也舍得拿出血汗钱来，放进那个伸到你鼻子底下的小篮子里。多年后，去过梵蒂冈的圣保罗大教堂、英国的威斯特敏斯特大教堂和德国的科隆大教堂后，我终于发现，真正贫穷的不是教堂里的老鼠，而是当时的我和我家的老鼠。

时间久了，我们发现，一位来自国内名校的校花却从不为买菜发愁。每个星期六上午，都有来自不同国家的留学生开车接她去买菜。有时候，可能是事先没有约好，甚至是几辆车同时来接她。一时间鼓号齐鸣，好一个八国联军攻北京的阵势。此情此景，让那些热血男儿百感交集：咱也买车！咱开洋车，泡洋妞，咱扬眉吐气！

看到别人陆陆续续地开始扬眉吐气，那辆"大篷车"几乎成了我的专车。无奈之下，我一咬牙，用150美元买了一辆多手车。至此，"大篷车"正式寿终正寝。

开车仿佛可以是无师自通的事。出国前，在那个混乱的年代，学校都"停课闹革命"了。白天胡闹，晚上无聊。我经常和一个同学，在月黑风高夜，到处转悠着找车开。

那个时候，我们那里的车，基本上就是解放牌卡车和北京吉普几款车。那些车的门锁形同虚设，点火装置极为简单。用拉直了的回形针捅开车门，把发动钥匙后面的两根电线拉下来，轻轻往一块儿一碰，汽车就发动起来了。

那个年代虽然荒唐，领导人以其昏昏，使人昭昭，但却是民风淳朴、民心存善的时代。从来没听说过有"偷汽车"这么离谱的事，更别说什么毒品和贪官会泛滥成灾了。

不知有汉，无论魏晋。那时候没有私家车，就算是送给你一辆汽车，只怕那一个月50块钱的工资，连买汽油都不够。就这样，我们两个无知无畏的中学生，常常是半夜三更，见到车就开出去转几圈，开到快没油了，就直接把车开到家附近一丢。

我们那个小城市，方圆不到两公里。百分之九十的居民属于同一家大型国有企业。因此，无论我们把车扔到哪里，第二天车都会被其归属的单位找回去。好像从来没有人想过，这车怎么会半夜位移了。更奇怪的是，尽管我们两人还都是中学生，根本就没学过开车，而且是半夜三更偷偷地开，居然从来没出过任何大小事故。现在回想起来，还直后怕。倒是在美国开车多年后，磨擦刮拉的，小事不断。而且还撞坏过大货车，撞断过电线杆。

车子买来以后，上课打工，天昏地暗，还都没时间碰一下车子。一天下午，心痒难耐，决定开车到校外的田野上兜兜风，松弛一下快要绷断了的神经。过几天就是周末，这将是告别"大篷车"后，第一次开自己的车去买菜。同时还答应了要带刚来美国的一位女生一起去。所以要先熟悉一下车子和路线，免得出事。毕竟我还没有驾照。

学校的四周都是农田，主要是玉米地和养牛场。我开出学校，沿着乡间小路漫无目的地开着车。"云淡风轻近午天，'驱车'随柳过前川。时人不识余心乐，将谓偷闲学少年。"程颢写这首诗时的心境，我感同身受。无非就是上课上得头昏眼花，打工打得腰酸腿麻。驾车出去散心，却怕被人认为是爱逃学的浪荡少年。

轻轻地吹着口哨，看着迎面扑来的片片的绿意，心旷神怡，劳累和烦恼全都随风而去。车子开到一块农田的深处,我在路旁停下车,拿出照相机,信手拍了一些田园风光,准备寄回国内。可是,等我回到车上,却发现车子发动不起来了。真要命。我在车尾箱里翻出工具,打开引擎盖,愁眉苦脸地看着一团脏兮兮的引擎,却不知道该如何下手。开车可以无师自通,但修车却不能。

一辆福特卡车从我后面开来,在我身边冲过去不远后,停了下来,慢慢地倒车回来。车上跳下来一个牛仔打扮的女孩。"嗨!"她先和我打了个招呼。"嗨!"我回答她。然后,她问我是不是需要帮忙。

二十多年后的现在,这种事是再也看不到了。尤其是在纽约,如果你的车不幸在路上抛锚,你只能躲在你的车后,顶着车流卷起的沙尘和落叶,默默地体会"沉舟侧畔千帆过"的意境。

"你的车有问题了?"她问道。

"好像是,"我回答说,"发动不起来了。"

"我可以看看吗?"

"好的。"

她这敲敲、那拧拧的弄了一会,又让我试着发动了两次。然后指着汽缸说:"算了吧,不值得换汽缸了,这车报废了。我帮你把车拖走吧。"

说什么呢?! 买这车是为了买菜。我还一次菜都没去买过呢! 可现在也真没办法,只好叫来拖车。

坐在她的驾驶室里,我们聊了起来。她告诉我,她叫丽萨,在旁边的州立大学读书,机械专业。这片玉米地是她家的农田。我告诉她,来这里读书前,我也下过乡,当过几年农民。在农村时,没有东西吃的时候,我们就会去农田偷玉米。

"why?"她吃惊地问道。

"因为我们都是城市里长大的,干不了农活,又不能不下乡。"我说。

"why?"

"因为学校都停课了,城市里又没有办法安置那么多无所事事的学生。"

"why?"

"因为工厂也停工了,没有工作机会给学生。"

"why?"

她这样"歪？歪？歪？"……"歪"得我心烦意乱，真想一拳过去，把她那高挺的鼻子打歪。但是，看到她湛蓝清澈的大眼睛里充满着好奇，并非是故意跟我捣乱，于是我就从头讲起，为什么城里的学生会跑到千里之外的农村去偷玉米。讲完后，我对她说："今天算你走运，我还没腾出时间来偷你的玉米。"

"你偷了也没用，"她笑道，"这些都是牛饲料，难道你在你的房间里养牛吗？"原来，她家还有一片牧场养牛。这些农田种的玉米是专门为他们的牛提供的饲料。一般是在玉米棒棒刚刚有个雏形的时候，就连玉米杆一起收割，用一种很大型的设备，把整棵玉米杆卷成一个一个巨大的圆筒，留在农田里。这样就可以保鲜很久。

车不能开了，而且，又没有驾照，我买菜也就从乘坐"大篷车"改成牛仔女孩的福特牌卡车了。买菜的问题虽然解决了，不过驾照还是得考。花了一笔比买车还多的钱把车子修好后，我就准备开始练习路考。开车前先检查了一下，发现车子应当加油了。

把车开到一个加油站，我看了一下油价，在一排加油机中，挑了一个价格最低的，开始加油。加满油后，刚刚把车开出加油站，就觉得发动机的声音不对了。先是声如雷鸣，然后是声音越来越小，节奏越来越慢，最后竟然"咚"的一声就停了。我不知道是什么原因，步行回到加油站找人理论。同时在加油站给丽萨打电话，告诉她我的车因为加了这个加油站的油而不能开了。加油站的工作人员看到我指给他们我加油的那台机，大吃一惊，不断地重复着一个字："diesel"。而丽萨赶来后，竟然在旁边笑到岔气。

当时我没听懂那个字，回家一查字典，才知道，那个字是——柴油！

叫来拖车，把车拖到住处的后院。丽萨说，那辆车早就该报废了，没想到你还会花钱去修。现在死心了吧？

我知道，除了报废，她也出不了别的什么主意。

送走丽萨，天已很晚。我独自走到后院，绕着车转了几十圈后，终于憋出了一个好办法。

从被窝里拖出几位同学，让他们帮我把车的尾部支起来。然后我钻到车头下面，拧开发动机下面的螺丝，把那些倒霉的柴油放出来。就这样，几天之后，我觉得柴油应当放光了的时候，买了几桶比柴油贵的汽油，从后面的油箱加进去，让汽油再滴几天，等于是清洗发动机气缸。又过了几天，我放平汽车，拧紧发动机下面的螺丝，又加入几桶汽油后，开始发动。

经过不屈不挠的努力，汽车终于被我发动起来了。由于气缸里还有残留的柴油，汽车的排气管里排出大团大团黑黑的浓烟。我坐在车里，拼命地踩油门，希望尽快地把残余的柴油烧掉。因此，排气管里排放出的黑烟也就越来越多，越升越高。

我真想马上把车开去给丽萨看看。哼，就会说"报废"的傻妞！

正在得意之际，突然听到阵阵警笛由远而近。霎时间，我的住处就被警车、消防车和救护车团团围住。消防员拖着水枪和警察们一起冲到后院，照着浓烟就是一阵乱喷。我急忙关掉发动机，打着手势，让他们停止喷水。警察和消防员们见到车里还有人，都颇感意外。我水淋淋的从车里钻出来，把原委一说，消防车和救护车就都开走了。但是警察们却不肯离去，说什么把整箱的柴油排放到草地上；一辆轿车竟然会排放那么久、那么多的黑烟，这些事他们闻所未闻。几个少见多怪的警察叽叽咕咕地一边开罚单，一边摇头叹息。

他们开完罚单，我接过来一看，绝望地喊了一声："Oh, my G-O-D!" 就昏过去了。

二十多年后，在萨尔瓦多首都圣萨尔瓦多的停车场，看到现在居然还有人在开着那种老爷车，抚车追昔，思绪万千。仿佛又看到了我的那辆为我谱写了一段恋歌的车，颇有一种他乡遇故知的感觉。

因为那辆车，才有那支难忘的歌。

我 的 那 只 船

贾 和

二十多年前，我拿到 MBA 后，在佛罗里达找到了一份临时的工作。虽然工作要在一两个月后才开始，但是我急于逃离待腻了的学校，于是一接到通知，就立刻动身了。

我把在美国生活了三年的全部家当塞进了一辆箱型车，咣咣当当的两三天后，终于到了佛罗里达边界的欢迎中心。这里可以加油、休息，还有免费提供的佛罗里达的特产橘子汁。一路上，为了保持清醒，我边开车边嗑瓜子，几天下来，脚下堆积了厚厚的瓜子皮。

到了欢迎中心，我跳下车，脚下的瓜子皮也随着我像瀑布一样飞流直下。这时，负责打扫卫生的一个黑人正巧走过来，见到眼前的奇观，他吃惊地张大了嘴巴，瞪圆了双眼，差点把手中的扫把抢过来。

在佛罗里达南端中部的 Lake Placid 小镇，一个烟波浩渺的湖边，有一片度假木屋，一位叫 Nick 的老人是这里的房东。他是一位单身的越战退伍军人。他的办公室墙上有一张退伍军人协会的招贴画，上面写的是"你绝不会被忘记"。但是房东把"绝不会"划掉，贴上他的名字，结果成了"你，Nick，被忘记了"。在我看来，他有那么多房子出租，还不满足，真是瘦猪哼哼，肥猪也哼哼。

看到有一条扣在岸边的小船，我立刻兴奋起来，告诉房东说，我自幼就喜欢钓鱼。房东说，如果你住在这里，这只小船就送给你。嗯，那就住在这里吧。工作还要等一段时间才开始，我可以好好放松一下紧绷了两年多的神经了。安顿下来后的第一件事，就是检查那只叫 Kayak 的小木船。然后买了一些鱼竿、捞网之类的渔具，准备开始我的渔夫生涯。见我在忙着准备当渔夫，Nick 警告我说，佛罗里达数以千计的湖泊看似平静的水面下面，却危机四伏。数不清的鳄鱼随时会留下你的一条腿做午餐。

他告诉我,鳄鱼大体分为两种:crocodile 和 alligator。它们的不同之处在于,crocodile 有一个突出的鼻子,而 alligator 头部的前端则是一个 U 型。它们都有锋利的牙齿,所以,在一口咬掉你的一条腿的能力上来说,它们没有区别。佛罗里达是世界上这两种鳄鱼共生的唯一栖息地。我一时想不出在中文里它们的名字有没有区别,好像都叫鳄鱼吧。不过听起来倒是一样可怕。两种鳄鱼都有,那危险系数不就增加了一倍!

Kayak 是一种像香蕉一样狭长的小船,可以乘坐两人。这种小船没有动力系统,只能用桨来划。如果是两个人划,非常轻快。可我只是一个人,一只桨,只能是左一下右一下这样划,虽说在水平如镜的湖面上划并不费力,但是却划不快。房东的警告使我对鳄鱼的恐惧感挥之不去,划得这么慢的小船怎么能跑得过鳄鱼呢?冥思苦想,终于想到了一个能使我在危险时快速逃回岸上的好办法。

我每次下水时,都把一根很长的尼龙绳的一头绑在水边的树干上,另一头绑在小船的尾部。这样做的目的是,如果有鳄鱼来打劫,我就可以扔掉鱼虾和船桨,拉着绳子飞快地逃回岸去。我试了一下,用力一拉,小船真的在水面上像箭一样飞驰。

每天早上,我划着小船去钓鱼,到中午天气一热,就拉着绳子返航。然后扛着鱼竿在附近的超市买一条鱼,或者半斤虾什么的来安慰一下辛苦了半天的自己。日复一日,倒也乐此不疲。因为我知道,古往今来,很多人都和我一样,喜欢一个人钓鱼的过程,却无所谓结果。不管他是"一人独钓一江秋"还是"独钓寒江雪",大概都是因为钓不到鱼才空发感慨。

一个像往常一样的清晨,天高云淡,微风拂煦。我像往常一样,划船下湖前,先仔细地绑好绳子。越是钓不到鱼,这条救命绳就越得绑好。因为没有鱼虾当买路钱,那些靠打劫为生的鳄鱼就只有留下我的一条腿当午餐了——我一直牢记着房东的警告。

坐在小船中,一手扶着鱼竿,一手握着一罐啤酒,看着水鸟盘旋飞舞,任凭小船随波逐流,我完全沉醉在这动人的湖光波影中了。

突然,水中的鱼线猛地一拉,差点把鱼竿从我手中拉跑。哈,肯定是一条大鱼上钩了！白忙活半个多月，今天终于要开张了。我压抑着兴奋，扔掉啤酒罐，全神贯注地盯着水面，握紧鱼竿，快速地转动收线轮。喔，好沉重的大鱼！

远处，一艘小游艇沿着湖岸，正朝我这边开过来。没关系，我心想，已经上钩的鱼是不会被吓跑的。嗯，今天终于不用去买鱼了。

突然间，我的小船猛地一蹿，我猝不及防，一下子被抛到了水里。双手一扬，手中的鱼竿就不见了踪影。我还没弄清是怎么回事，只见翻了的小船跳跃着向那艘小游艇冲去。直到"砰"的一声，扣在那艘小游艇的尾部。这时那艘小游艇也猛地停下了，开船的人一晃，也落入了水中。我赶紧朝那艘游艇游过去。游到船边，我才看清，落水的是一个深棕肤色，黝黑头发的南美女孩。她正想把我的小船拉回到水里。见我来了，就让我一起帮忙。她很纳闷，想不通为什么我的小船翻了之后会朝她的小游艇猛扑过来。我一下子也不知道为什么会发生这种事，也无法解释。后来，我俩仔细一看，原来是她的螺旋桨碰到了我的尼龙绳，快速旋转的螺旋桨一下子就把尼龙绳收卷起来，因此把我抛到了水里，把我的小船一下子就拉了过来。

想要在水中把两只扣在一起的小船分开很麻烦。好在离岸边不是太远，我们就一起游泳把两只小船推到了岸上。

坐在沙滩上，她问我为什么船尾要绑一条绳子，她说她从来没见过有人这样做。她当然不会见过，因为这是我的首创。只不过我当时绞尽脑汁，却怎么也想不出一个合理的答案。只好支吾其词，顾左右而言他。当然不能告诉她我的这个发明只是为了逃命快。时至今日，我也还是没想出来，下次再遇到这种情况，如何解释才好。

她叫 Momado，听起来好像 mermaid，她的身材很苗条，在水中的样子，倒也真像一条美人鱼。

"你是台湾人吗？"她问我。

"不是，"我说，"我从中国大陆来。"

至于她，不用问，一看就知道是中美洲的。果然，她是萨尔瓦多人。萨尔瓦多没有和中国建交，是一个和台湾地区维持"外交关系"的小国，所以，一看到华人，她的第一反应就是台湾人。

坐在岸边的小餐厅，一位同样是来自拉丁美洲的女服务生问我们要点什么。我说："两个蒲蒲沙。"听到我点这个东西，两个女孩子都笑了。美人鱼笑着大喊："Yes，蒲蒲沙。"而服务员则笑着说："我们没有这个。"

"蒲蒲沙"是中美洲平民的一种日常主食，是在一团玉米面中塞进馅料，用手拍成一个饼，然后在瓦片或者铁板上烤熟。那个东西并不好吃，美国的餐厅当然不会有。我点这个食品的主要目的是调侃一下，好让气氛不要凝重得像刚刚从泰坦尼克号上获救一样。

那个东西虽然不好吃，但是我在中美洲旅游时，倒是光顾过几次卖这种食品的餐厅。那些餐厅都很简陋，茅草的房顶，四面没有墙壁，只是用木栅栏围起来。我去那些餐厅，不是为了品尝那种玉米馅饼，更多的是为了解当地人的生活，同时也是一种视觉享受。那种玉米馅饼的做法很特别。几个几乎是三点装束的女孩子，站在一块烤那种饼的大铁板前，双手在胸前左右摆动拍着一团玉米面，身体也跟着有节奏地摆动。看上去就像是在做优美的韵律操。当然，那些女孩子绝不是在出卖色相。因为当地的气温高达八九十度，再加上一块炙热的铁板，再卫道的女士也会恨不得一丝不挂。

我们聊起中国，聊起萨尔瓦多，越聊越欢愉，完全忘掉了刚才的"船祸"，仿佛我们是到这里来约会的一样。认识了这条海边长大的美人鱼，我也扩大了水上运动的领域。除了在湖中钓鱼，还常常去海边潜水。

美人鱼告诉我，一般非专业的个人潜水运动大体上有两种：一种叫作snorkel diving，另一种叫作 scuba diving。Snorkel diving 是带上潜水镜，然后嘴里咬着一根通气管，平趴在水面上。这样可以看到水下很深处的景物。

第一次做 snorkel diving 的时候，担心戴上潜水镜后无法戴眼镜，这样我会撞到鲨鱼身上都看不见。美人鱼告诉我，不用担心，海水就是一块巨大的透镜，可以自行纠正你的视力。装备停当，我趴在海面向下一看，果然如此。趴浮在清澈的海面，看着在我身下缓慢漂浮的透明的海蜇、色彩斑斓的鱼群，真的就像戴着眼镜看一样清晰。不过让我不能不耿耿于怀的是，海里原来有那么多的鱼，可是我怎么会一条都钓不到。

Scuba diving 是背着氧气罐的深水潜水。这种潜水需要练习，在美国有些海域还需要有潜水执照才能下水。

我第一次练习 scuba diving 是和美人鱼一起跟随有教练带队的潜水船。到了潜水地点，两位教练了解到我是第一次来潜水，就让我最后一个下水。人们依次跳了下去。轮到我了，站在两三米高的船舷跳板上，背着一个气罐，我犹豫再三，就是不敢跳。但是，当我看到下面和海水一样清澈的眼睛里流露出来的光芒由鼓励、期待，渐渐变成失望、嘲笑，一股责任感油然而生。为了男子汉的尊严，豁出去了。两眼一闭，双腿一软，一阵海风吹来，我就掉下去了。

几秒钟后，我睁开眼睛，发现我漂浮在水面上，没有像想象的那样直沉海底。原来，两位教练断定我们中间有几个是潜水的菜鸟，而且，他们也没打算在这一个早上把这几只菜鸟训练成鱼鹰。因此，他们一切以安全为重。我们的潜水衣都事先充满了气，一个个像河豚一样漂浮在水面。况且，在水下给潜水衣充气、放气以控制沉浮也是训练的内容之一。现在，看来我只要学会放气就好了。

上过几次课以后，我就算毕业了。我们自己出去潜水时，美人鱼问我，要不要找根尼龙绳，一头绑在树上，一头绑在我的脚上。唉，怎么哪壶不开提哪壶！

海底的景致美不胜收。看着身边游来游去美丽的鱼和身边的美人鱼，我常常有一股莫名的冲动。

半年多的时间，我的潜水技术提高很快，只是我的西班牙语却总是原地踏步。终于，在海底，我学会了用西班牙语说那句全世界流行的三字经："Te quiero."

很快，实习期结束了。我在纽约找到一份政府的工作，只好动身北上了。工作的最初几年，我一有机会就跑去佛罗里达。千里奔波，为的是那片驻留在我心中的海……

庄子说"相呴以湿，相濡以沫，不如相忘于江湖"。也许，他讲述的就是像我们这样两个在水中相遇的人的故事和结局吧。

因为那只船，才有那片海。

留学创业篇

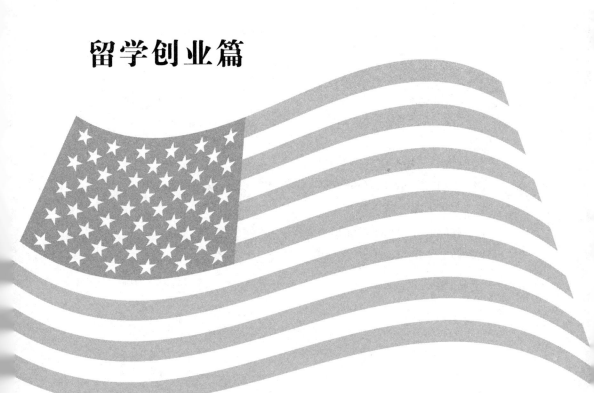

边境八日搏命游

杨建立

　　杨建立　河南人，1992 年获美国太平洋大学 MBA 学位。美中文化基金会董事长，中美艺术家联合会执行主席，美国书画艺术研究院执行院长，美国通贸集团公司董事局主席，美国恩伟房地产公司总裁兼 CEO。曾出版个人画册《杨建立梅谱》。2004 年出版个人自传《走向彼岸——从河南放牛娃到美国企业家》，2002 年出版经管类专著《成功法则——最好不易，更好不难》

　　我一生酷爱旅游，美墨边境博命游，是我最精彩的一次旅行。

　　1992 年，我拿到了 MBA 学位，公司的经营也逐渐步入正轨。不料，两年的合作伙伴背信弃义，公然否认了我们的合作关系。由于没经验，创业之初我没有留下我对公司所有权的证明，辛苦经营的公司被他一人霸占了。义愤之下，我毅然离开了公司。公司里一位仗义的韩国同事听说后，竟然辞谢了我的那位前伙伴开出的优厚条件，找到一穷二白的我，要跟我一起从头来过，重打天下。

　　对这位老弟的义气，我非常感动。感动之余，我也感到肩头责任之大。为了老弟的情谊，为了自己的梦想，为了在洛杉矶这块充满机会与挑战的土地上重新开辟一片属于自己的天地，我跟老弟决定铤而走险，开着仅有的一辆 72 年的老爷车去美墨边境开拓市场。

　　6 月 15 日，我与老弟带上六大袋样品、两个大冰桶就出发了，目的地是美墨边境城市。美国加州、亚利桑那州、新墨西哥州和得克萨斯州都有边境与墨西哥相连，原来属于墨西哥城市的地方都一分为二，一半归入美国，一半保留给墨西哥，这就出现了一城两国、一城两制的局面，且归入美国的这一半相当富有，留给墨西哥的那一半却十分贫穷。墨西哥内陆大城市需要的日用品等货物大部分都是从美国边境城市购买，所以美国边境城市的生意十分好做。

边境城市有一个共同的特点就是：热！尤其6月份，是一年四季中最热的，白天平均气温达到摄氏43度到45度之间，接受免费"桑拿"。我们的老爷车没有空调，人坐在车子里犹如坐在蒸笼中，手根本不敢触摸任何沾铁的东西。

我们早上四点出发，赶了三个小时路，到达加州圣迭戈县的美墨边境的第一个城市——梯璜那，便满怀信心地走进第一家商店。

我将六大袋样品都摆在店中央，老弟一边用西班牙语和店主交谈，一边一袋一袋地将样品展示给店主看，而对方只是连连摇头，没有任何要定货的意向。

当我正准备打开第五个样品袋时，老弟却示意我别打开了，店主问为什么不打开了，老弟说前边一家客户定了很多这两个袋中的货，我们必须讲信誉，不能给别家看。

店主的好奇心被撩拨起，坚持要看，老弟做出为难的样子，让步说，看看可以，但千万别定货。店主看了第五、第六袋中的货后，开始认真地询问价格，老弟顺利地报了价，店主又问前一家客人定了多少货，老弟说五千美元，店主说，只要你取消前边的定单，我定一万美元的货，这种货只能我一家卖。我老弟面露难色，说："可我已收了别人五百美元定金。"店主马上说："那我付你一千元可否？"老弟结完账对店主讲，我到旁边店里给客人退定单，看他们要不要其他货，我们便将第五、第六袋货放入车内，只带了四个袋子走入第二家店。

就这样我们旗开得胜，老弟略施小计就成交了一笔大单子，当然这样的事不过是偶尔为之，我们知道自己没有做到百分之百的诚实，但只要不在货品和价格上坑对方就好了。

进入第二家店，又顺利地成交了一笔不小的生意，也收了五百美元定金，另外还接了三个小单子。时间到了中午，为了节约时间，我们买了麦当劳快餐在车上边走边吃，沿着八号高速公路一路风驰电掣地向东驶去。沿途光山秃岭，一丝风也没有，汽车带动的热浪一阵阵袭来，令人几欲中暑昏厥。车行驶在路上，总看见前边有水光闪动，其实是太阳把地面晒得太烫了形成的热反应。我们车内的温度一直在最高点持续摆动，尽管喝了很多的可乐和水，却根本不用上厕所,体内水分早就被蒸发光了。

　　下午两点,我们赶到了加州的第二个边境小城克拉西克,这里的批发区比上一个小城大得多,有东西两条大街,南北四条小街。我们见到杂货店就进去,发现店主几乎都是韩国人,因为价格的原因,定货量都不大,但一天下来也接了八个小单子,积少成多,聚沙成塔,我们也就心满意足地继续往下赶。

　　太阳下山了,天色渐渐暗了下来,车灯一开,面前立即出现了前所未见的奇妙景象:成千上万的蝴蝶、飞虫迅速从四面八方涌了过来,像训练有素的飞行员排成一路路纵队朝车头压了下来,然后一片片壮烈地死去。虽说"飞蛾扑火"的事情古来有之,不足为奇,但如此大规模的"集体自杀"行动还是第一次见到,我和老弟看得目瞪口呆。不一会儿,挡风玻璃上就布满了黄色、土色的蝴蝶、飞虫的"尸体",密密麻麻,蔚为壮观,连路都看不清楚了。我们只好把车停下来,用湿毛巾去擦,这些死虫子都有油,怎么擦也擦不干净,可费了老劲了。

　　第二天早上起来,走到车前一看,吓了我一大跳:整个车头都变成了红色,糊了厚厚一层蝴蝶、虫子的尸体,连前面的通风口都糊满了,难怪车里的温度一直居高不下!看来那十瓶药还不够这里喷的!无奈之下,再次向加油站工作人员讨教,他居然又推荐我们买了四把专门用来清洗车头虫子的耙子,非常方便实用。嗨!这美国人也真绝,什么难题都有人去想办法解决,所以说存在即合理,如果不是有这么多飞虫,这些药水工具又去卖给谁呢?

　　上门推销开始了,第一家店,业绩平平,第二家店的店主与老弟是同乡,一聊之下备感亲切,一下子定了很多货号,只是每个货号量不是很大,末了他的一句话令我们惊喜万分:"为了你们不浪费时间,同样的单子出 11 份货!"我接过他的名片一看:原来他是一个大老板,在美墨边境有 11 家分店。这意外之喜把我们高兴坏了!提到付款条件,我们如实讲了我们的难处,他说,把货送到洛杉矶办事处,货到款到便了。接下来又接到几张单子,这一上午收获大大的!

　　车行了一个小时后,一辆闪着红灯的警车跟了上来,两名警察从车上下来,走到我们面前,非常吃惊地问:"你们没事吧"

　　"没事呀!"我跟老弟莫名其妙,不知警察在发什么神经。这时,警察指指我们的轮胎,说:"还在开,自己看看,轮胎都快冒火了!在这么热的高速公路上开车,不能一直开,最多开一个小时就得停下来休息20分钟,否则轮胎会爆炸,非常危险!"

"可是,我们没有时间中途停下来,因为,我们今天先要赶到道格拉斯,今晚必须赶到得克萨斯州的埃尔帕索。"

"什么?你们不要命了!"警察大跌眼镜,望着我们这两个"顽固不化"的东方人,像望着两个不可理喻的疯子,末了,无奈地耸耸肩,说,"那好吧,不过,一定记得开一个小时就用冷水冲一下轮胎。"走了几步,又回过头来,悲悯地说:"愿上帝保佑你们!"

两个"疯子"作别好心的警察,继续过那九九八十一难的"火焰山"。

一路上,我们谨记警察的提醒,尽量节约冰桶里的水来冲轮胎,以防轮胎真的爆炸。但冰桶里的水实在有限,又要滋润冒烟的咽喉,又要冲冲快要燃烧的脑袋,怎么节约也不够。正在一筹莫展之际,天空中突然雷声大作,不一会儿下起了倾盆大雨,路上顿时白烟四起,我们的车身也像烙红的铁板遇到水,"哧哧"冒着白烟。下得一阵雨来,天气顿时凉快了许多,我和老弟庆幸地互相安慰:还好,还好!危难之际,老天爷都来帮忙,免费替我们冲了轮胎,看来,此行一定要发了!

一路走走停停,快到兰德伯格时,我们已经筋疲力尽,老弟说开始看到前面车的尾灯有两个圈,现在看到已有八个圈了,不好,"司机"出现幻觉了。其实,就连我自己的眼睛也睁不开了,加之在道格拉斯没接到一张定单,多少挫伤了一些锐气。一看表,已经是凌晨三点半了,离目的地还有两个小时路程,于是决定停下来休息,明天再继续赶路。

第二天一大清早,老弟便开始给车加油,给冰桶加水,外加还带了一大包干辣椒,我一看这包辣椒,立即明白了是做什么用的,与老弟心照不宣地相视一笑。

两个小时后,我们顺利赶到了埃尔帕索,店主是一个日本人,小小的个子,透出一股子精明劲儿。他说自己毕业于日本早稻田大学,并取得了博士学位,现在开了三家店,也算是一个"儒商"了。这次总算顺利地签了定单,并收到两千美元定金。

进入第二家店,这次遭遇的是印度人,我知道印度人喜欢杀价,便首先报出几样货品的较低价格,印度人想杀价,我寸土不让,他也知这价格很低,便首先妥协,这样在心理上先战胜了对方,接下来我报的很多价都高出了自己的预定价格,对方也就顺理成章地接受了。到了付定金时,他又开始出难题了,要求收到货三十天后再付款,我们再三向他解释,必须先付定金,余额货到付款,他坚持讨价还价,最后以给他百分之三的折扣成交。所以说印度人善砍价,此言不假,幸亏我占了先机,这场"较量",双方打了个平手。

从埃尔帕索到下一站福特斯达克镇,全部走 10 号高速公路,路上加油站不少,而从福特斯达克镇到我们的目的地依沟伯斯则很少有加油站,晚上更是大都关门。现在这辆老爷车,满打满算至多可跑 190 英里,因而加油成为我们最担心的问题。本想买些小桶的汽油放在车上备用,但天上像下了火,车里温度高到极点,万一燃起来怎么办?只好打消此念头。到底能不能在路上加到油,能不能坚持到达目的地,大家心里都没谱,只有"骑驴看唱本,走着瞧了"!

因为我们走的是 281 普通公路,四处是荒野之地,不时有些野牛、黑熊、野狗什么的动物窜出来,站在路边的铁丝网外瞪着一双双好奇的眼睛望着我们这些"天外来客",恐怕就跟我们小时候在动物园里看动物一样,只不过此时角色互换,我们成了被观赏者而已。

随着里数的增加,存油指示灯的箭头直线下滑,看得人胆战心惊,而周围并没有出现加油站的迹象。我一边在心里祷告上帝,一边强作镇静地开导老弟,既然谁也不能改变油越来越少的事实,就既开之则安之吧!

车转道上了 77 号公路后,终于看到一家加油站亮着灯。我们眼前一亮,一边说着"感谢上帝",一边向加油站狂奔而去,走近一看,门口悬着一块大木牌,无情地写着两个大字:关门!

犹如当头一棒,敲得我们头昏眼花,无奈之下,只得重新回到车中,硬着头皮继续往前冲。我俩心急如焚,油表指示灯却一点儿也不同情我们的处境,似乎往下滑动得更快了。到了凌晨两点三十分,油表指示针已到了底部,加油指示灯已闪过两次了,这时离依沟伯斯还有近一半的路程。加油站哪加油站,你到底在何方?

车上了一个小山坡后，出现了一个小村庄，我们减速慢行，千辛万苦找到一家加油站，仍是两个字：关门！我们再也经受不住这样的打击，见到前面有一家亮着灯的小店，便停靠了过去，管它三七二十一，先歇歇脚再说。还没等我们说话呢，从门里走出一个美国老人，手里提着一个油桶和一根管子，问也不问我们，径直走到我们车旁就开始给我们的车加油。

我和老弟惊诧莫名，实在不敢相信自己的眼睛，难道是我们虔诚的祈祷感动了上苍，派了天使来拯救我们，还是因为要加油的心太切而出现了幻觉。

老人用嘴吸出油后，将管子放进加油口，一股呛人的汽油味儿弥漫开来，我们这才确认了老人的真实性。而平时讨厌的汽油味儿此时闻来却格外香浓，令人受用极了。只是这荒郊野外，一幢孤零零的小屋，一个孤独的老人，又在我们最需要帮助的时候适时出现，怎么说也太过诡异，简直就像跑进了《聊斋志异》，只不过美丽妖娆的狐狸精换成了老人而已，还是美国老人。

"害人之心不可有，防人之心不可无"，我和老弟交换了一下眼神：如果遇到坏人，立即飞车走人。老弟心领神会，于是我站在助手座位门外，老弟站在驾驶座旁边，随时准备见事不妙便溜之大吉。

老人加完油，平静地说："48美元。"这一听，我们放心了，既不是聊斋，也不是打劫，不过一普普通通的小商人而已。

愉快地付了钱后，老人邀请我们进屋一坐。在飘香的咖啡味里，老人说他本是退休教师，老来无事，又患有严重的失眠症，知道这一带加油站很少，便开了这样一家小店，既行了善举，又治了失眠症，还可顺便赚点钱，一举三得。我与老弟对望一眼，不禁为自己以小人之心度了君子之腹而感到惭愧惭愧。

尽管我们很困、很累，但人逢喜事精神爽，因为顺利解决了汽油问题，在干辣椒的鼓舞下，我们重新回到汽油飘香的车子中，信心百倍地向依沟伯斯挺进。

依沟伯斯是一个小城，批发街总共只有十几家店铺，其中一家店铺的店主是一个韩国人，见到老弟颇有些"老乡见老乡，两眼泪汪汪"的意味，遗憾的是他刚进了货，定不了多少。他问道："你们知道拉瑞多的韩墨进出口公司吗？"当我和老弟异口同声地回答"不知道"时，他吃惊地说："那是我弟弟开的，他是美墨边境城市最大的杂货商，你们做杂货的居然不知道我弟弟，真是奇怪！我马上打电话给他，你们的东西他一定会要很多。"然后热情地把他弟弟的联系方式写在一张纸上交给我们，并再三叮嘱说："你们要做大生意，一定要找我弟弟，他付现金。"

到了拉瑞多，我们直奔进目的地——韩墨进出口公司，生意确实很红火，三台收款机前都排了长队。我们说明来意后，一位文质彬彬的男士走了出来，他就是老板，姓李。在他的大办公室里，我们开始了生意的交谈。为报答他兄长的提携之恩，我和老弟决定用最低价成交。

定单签好后，李先生说："看得出你们是刚成立的公司，这些货的供应商我认识，知道你们报的价特低，大约只有3％到5％的利润，做生意诚实可嘉，但你们不能用这样低的价做生意，看你们这样努力，今天我帮你们一个小忙，把账算一下，在总数的基础上我再加5％，今天就把钱付给你们。"我们赶快算账，共计一万两千美元，李先生加上5％，共付给我们一万两千六百美元。

这时我突然理解了卡耐基训练时大卫先生的忠告："美国到处都是钱，只需要弯腰捡就是了，别忘了，不要把钱全放入自己的口袋，分一些给别人吧。"是的，只有具备这样的胸襟和气度，企业才有可能真正做大做好，我明白李先生能把公司做到最大规模的真正原因了。

麦卡伦是美墨边境城市中最干净的，城市不大，人口也不多，但比较安静，有不少的大建筑，因为前一晚破天荒地没有赶夜路，精力特别旺盛，我们一上午就接了八张单子，算是功德圆满，中午时分便奔向最后一站——布朗斯维尔。

到达目的地是下午三点钟，正是气温的最高峰时段，天气既湿且热，已超过了人能承受的极限。我们将车停在路边，提着六大包样品走进一家规模很大的店，这时我俩都已接近虚脱，脸红得像猪肝一样，连话都说不出来了，完全是靠精神的力量在支撑。

店主见状，大吃一惊，赶快请我们进了空调屋，并给我们倒了很大一杯冰水，我俩毫不推辞，接过来便一饮而尽，顿觉五脏六腑一阵清凉，所谓"久旱逢甘霖"大概也不过如此了。

缓过气来后，店主小心翼翼地问道："你们……是坐飞机来的？"

我们无力地指了指门口的大破车，他睁大了眼睛瞪着我们，大概以为我们是两个疯子。这时，他不想定货也不好意思了，主动要了很多货，连肯定不好销的货也定了不少，这已超出了一个正常的生意的角度，完全是动了恻隐之心。

直到今天，这个客人都是我们的固定客户。

6月20日下午，结束了一天的推销工作，我们检查了车子，加足了汽油，正式班师回朝了。

一路上基本是老弟开车，因为他的开车技术比我好，反应灵敏，而我就做些"护士"工作，一路上买冰买水，在冰桶里把小毛巾弄湿贴在他的前额上、胳膊上给他降温，点烟给他解乏，拿干辣椒给他提神，还不时说些笑话给他解闷。尽管困极累极，但有这样两条命搭成一条命的兄弟，生死同当，患难与共，还怕什么？任它狂风暴雨，胜似闲庭信步，况且有这么多客人的理解和支持，路漫漫其修远兮，吾将上下而求索！

为了尽早给客人发货，我们决定铤而走险，抄近路走人烟稀少的76号公路回洛杉矶。可怜这辆老爷车，早已是超龄服役，苟延残喘，平时随便跑跑都经常闹个头痛脑热什么的，如今却要翻山越岭，担此重任，实在是于心不忍又百般无奈。老弟有经验，每当车子停下来后，先让车子空转，大约15分钟后才熄火，否则太热的车子马上熄火会烧起来。

21日中午，我们上了76号公路，经过了一段沙漠地带后，下边的路是沙漠丘陵地带，四周完全没有树，连草都是干的，车里气温高达摄氏45度，温度指针一直在超高温区里痛苦地呻吟着。不要说开车，就是坐着不动都闷得难受，偏偏这条路一个劲儿的上坡下坡，坡度还特别大。每次上坡时，车子便会发出刺耳的尖叫怪叫声，我的心也跟着提到嗓子眼里，一下坡，老弟便将车打到空挡位置，让车子滑行，而不敢踩刹车，因为踩刹车更热。就这样上坡下坎，一路开得险象环生，整整三个小时，路上未见一辆车，还好车子争气，没出什么大毛病。现在想起来真的是有些后怕，如果当时车坏在路上，在那样孤立无援的情形下，那么高的温度烤也会把我们烤死，我和老弟也就没有今天了。

惊险万状地开到一个小加油站，加油站的工作人员看我们就像看着两个天外来客，他们不顾热浪袭击，跑出来坚决阻止我们进加油站，而要我们把车开到离加油站很远的地方停下。我们生气极了，一路风尘仆仆，差点连命都搭上了，没想到好不容易见了"人烟",居然受此冷遇,可为了加油也只得忍气吞声。

快快不快地下了车,工作人员首先惊讶地说:"这条公路已经有一个月没有通过一辆车了。"然后又和气地向我们解释说:"不让你们进加油站是因为你们车子引擎的声音都已经变了,我们替你们检查一下车子。"

打开引擎盖后,一看,车子的心脏——引擎已经烧红了,他们说:"如果让你们进了加油站,你们一熄火,车子就会爆炸,我们加油站连同你们二位也就一齐都报销了!"

好险好险,不想无意中竟去鬼门关走了一圈!我和老弟顿时惊出一身冷汗。看来我们这两条命可是人家用经验"捡"回来的!

检查完车子,工作人员宣布:"你们的车子已经报废了!"

报废,那怎么行,还要靠它把我们载回去给客人发货呢!对于生意人来说,信誉就是生命。于是我们决定坚持开回洛杉矶。对于我们的决定,他们脸上现出不可思议的神情,最后也只得悲悯地说:"愿上帝保佑你们!"

并不是我们把自己的命看得贱,蝼蚁尚且偷生呢!可事到如今别无选择,做了过河卒子,只得往前冲!

带着几分"风萧萧兮易水寒,壮士一去兮不复返"的悲壮,我们继续踏上征程。

一路的荒山野岭,一路的酷热难当,我和老弟仿佛一直在油锅里煎熬。

走着走着,突然一阵凉意袭来,我们不觉精神为之一振,定睛一看,竟然闯进了一个"世外桃源"!只见大路两旁绿树成荫,把整条路都掩映了起来,四周更是绿意葱茏,风景如画,潺潺的小溪欢快地在林间唱着歌,气温也只有二十几度,凉爽宜人。

我们不相信地揉揉眼睛,简直疑心是海市蜃楼,真的,实在难以想象仅仅在两个小时前我们还在摄氏 45 度的"火焰山"上九死一生地苦苦挣扎,现在一下子就闯进人间仙境,简直是"新旧社会两重天"!

也许,这是上苍刻意而为的杰作,把最美的藏在最不易为人所知的地方,只有历经千辛万苦矢志不渝的人才会找到,正如鸟必得自焚才能成为凤凰,唐三藏必得经过九九八十一难才会取到真经。无论如何,这样的美景对这个世界和在迷茫困惑中苦苦追寻的人是一种安慰,它的存在提醒我们:无论处境多么艰难,不放弃就有希望。

定单在身,再美的风景也无暇流连,继续疲于奔命地往回赶,到达凤凰城时已是晚上八点多了,在加油站加油时,我们一人咬一个汉堡包,眼皮沉得像灌了铅,怎么也撑不起来了,只得拼命灌可口可乐,强令自己清醒,清醒!这时,对面汽车旅馆的彩灯一闪一闪,充满了温情和诱惑,对于我们这两个已倦到极点的旅人实在难以抗拒。停下来,歇一歇,美美睡上一觉,是我们此时最大的渴望,可是,看着包里的定单,我们明白,只有尽快把货发出去才算数,我们的公司才可能撑下去,我和老弟对望了一眼,异口同声地说:"回家!"

走在回洛杉矶的路上,我们才发现:一大袋干辣椒已经用完了!我不停地用冷毛巾给老弟降温,他仍一直喊头痛,把车停在路边。我看他的脸呈现出一种不正常的绯红,一摸他的头,滚烫!不觉吓了一跳,不好,几天的积劳成疾,老弟发高烧了。怎么办?我们车上没有一点备用药品,附近也没有医院,我心痛地说让老弟休息一下,我来开车。也是我没用,换到驾驶座上,一方面太累,再加上本身技术就不好,车老是串线,非常危险,开了半小时不到,老弟见势不妙,赶紧又将我换了下来。老弟说:"二人同心,其利断金!现在我们已经没有辣椒提神了,我开一会儿车你就打我一下,免得我睡着了。"

为免出危险,我照办了,过了一会儿,打他已经不管用了,他急得直嚷嚷:"重点儿,再重点儿!"到了最后,他说:"不行,你得用手狠狠地掐我!"我心痛极了!但为了尽快赶回去给客人发货,为了我们共同的事业,只得含泪照办,见他要睡着了,就狠下心重重地掐他一把……就这样千辛万苦终于赶回了洛杉矶,已经是凌晨四点钟了。我一看,老弟的胳膊已经被我掐得青一块紫一块,伤痕累累,触目惊心!我抚摸着老弟的伤口,百感交集,哽咽着一句话也说不出来,老弟却孩子气地笑起来,说:"我们终于胜利了!"

是的,历经九九八十一难,我们终于取到了"真经"。

回家后,家人见我都吓了一大跳:我整个人瘦了一大圈,整整轻了30磅!

这八天,是我生命中最艰苦、最危险也最精彩、最刻骨铭心的八天!我们行车近五千英里,访问了九个城市,成交了15万美元的生意,为以后事业的发展奠定了基础,而对于我,这八天经历的意义早已远远超出了生意本身。这八天,我们无数次在死亡线上挣扎,任何一个意外都足以让我和老弟一脚踏进鬼门关就再也回不来了。可是,我们挺过来了,我们赢了! 有了这样一段经历,以后的岁月中,再大的风浪、再大的打击又算得了什么? 不过是从容面对,等闲视之。是的,人如果连生死都置之度外了,还有什么困难不可以克服? 如果人连生死路都走过了,还有什么样的路不可以走? 面对生活,我已无所畏惧。

感谢生活,感谢这"八天"!

美国，我不想打官司

故事：郑　泓　撰写：徐　更

郑泓　籍贯上海。1985 年赴美国德州理工学院就读地基工程专业，两年后获学士学位。1994 年创办 Draco Natural Products Inc.。经销健康食品原料，现任该公司副总裁。

一

留学美国，打工美国，创业美国，有过多少艰难和委屈。虽然美国是一个好打官司的国家，我却一直不想打官司。可是，这一次我被逼得走投无路了。

20 多万美元货款，居然没有收回来！这对一家在硅谷的电脑小公司来说可是一笔巨款。我急了，赶快找全美最大的连锁快递公司 UPS 理论："你们把 25 套电脑送出去了，可是 20 多万的回收货款呢？"

UPS 的客服代表在调查后回复说："贵公司虽然发出 29 只箱子，但只有一个箱子上有 20 多万美元的 COD 收款单。那个箱子却被拒收，我们当然无法收钱。"

我这才想起来，最近公司在转型，电脑公司的利太薄，准备拓展中药原料的生意。因为中国体制改革，有中药公司要自负盈亏，找到我的先生 Jerry，希望合作把中药推销到美国。旧的生意未了，新的生意又压上来，太忙了。这批电脑贴标签发货的时候，我没时间去看，而没有经验的员工为了方便，只是在一个箱子上贴了一张总价的收款账单就发货了。按规定，每个货箱上都要贴上这箱货实际金额的账单。UPS 是根据箱子上的账单金额代理收钱的，收不到支票就不给货。结果，那张贴了总额 20 多万美元账单的箱子退回来了，其余没有贴收款账单的箱子全部被不付一文钱地收下了。

"从常识上讲,你们的送货司机应该知道整批货是要收回这些款项的呀!一个箱子的货有这样值钱吗?"我追问。

"我们是按规定办事。没有贴账单的货箱,是不用收款的。贵公司托我们送货也不是第一次了,你应该知道,我们只按箱子上的账单金额收费。"

我无言以对,灰心丧气地回来。虽然有不祥的预感,但还是对订货的 Michael 抱着希望。之前,我的公司和 Michael 已做了超过两年的生意,虽然以前每次的金额都没有这次的大,Michael 的付款情况还算好。快和 Michael 联系,但愿他能如过去一样付款。我急忙赶回办公室打电话给 Michael:"Michael,你好。"

"好,好。"电话那头传来 Michael 的声音。

"我们的货你收到了,UPS 却没收到货款。请问什么时候付款?"

"我现在正忙,等会儿再打电话给你。"Michael 把电话挂了。

"喂,喂……怎么把电话挂了?"我重拨几次,都没有人接。

第二天,我再打。可是,从此 Michael 那头再也没有人接电话。

事情不妙。怎么事先没有查一查 Michael 的信用呢?

我很自责。先生 Jerry 安慰我说:"Michael 早有预谋。即使你在每个货箱贴上价格,收回来的也是空头支票。"

怎么办? 我不由想起以前工作过的 FGS 电脑公司。

二

FGS 是我在美国硕士毕业后工作过的第二家公司。那时,我生完第一个孩子,出去找工作,被 FGS 电脑公司的退货部门录用,独当一面。在这之前,凡是有人来退货,管退货的一概收下旧的,换给新的。仓库里堆满了退来的电脑和各种电脑组件,公司为此年年亏损。

我感到公司如此亏损太可惜,公司亏损,员工怎么还会有工作? 于是主动把堆积的电脑和各部件逐一检查和整理,并分头与供应商接洽。在很短的时间内，我协助公司从供应商那里换来维修好、换上新部件的电脑，并把整修如新的电脑换给来退货的客户。仓库里的退货很快被清空，公司不再亏损，我也连升几级，被老板调去负责采购部。

两年后，公司的正副老板之间发生了利益摩擦，占股比例较大的老板一气之下撤资走人。留下来的二老板无法独自继续经营下去。FGS 公司在无预警的情况下淡然结业。这时我与先生商量，拿出了我们所有的积蓄，创办了名为 SUP 的电脑公司，把以前的客户都接下来继续服务，而 Michael 的电脑公司就是其中之一。

我从来没有遇到过 Michael 这样的商场无赖，甚至从未想到会遇上这样的事。有人建议报警，我马上打电话给警察局。警察赶到 Michael 的公司，发现贴着 SUP 公司标签的箱子还在，里面的电脑却早已换成他自己公司的包装卖掉了。

警察虽然立了案，但耸耸肩表示："我们可以起诉他。可惜货物没了。按美国的法律，想要拿回货款，你只能找律师，到法庭去告他。"

三

找律师？尽管我十分不愿意，但一想到失去的货物金额高达 20 多万，只好硬着头皮打开电话黄页和律师联系。我从来没有和律师打过交道，找来找去，找到 Peter。这个老外律师听完叙述后，开口就要我们马上付 10% 的货物金额并加上各项手续费用，总金额 2 万 5 千元作为律师费，并夸口说："这种案子容易办，绝对有办法把钱追回来。"

"我的钱都被骗了，一下子拿不出这么多律师费。"我以为找到了一位强手律手，却担心律师费。

Peter 收起笑容问："你能出多少？"

"5 千。"

"不行。至少 1 万。"Peter 开始讨价还价。

"我最多只有 6 千。"

"算了,最低先付8千。再少,你请别人。"

当时,我是那么相信美国的律师,幻想用8千美元去拿回20多万的货款是划算的。于是我和先生又想方设法凑出律师费。没想到Peter收了钱后,却什么都不做,那份接生意的热情和保证全不见了。

我几次打电话去问:"这案子的卷宗你看了没有?我应该做些什么?"律师总是说:"哦,不用急。我们有的是时间。开庭前,我们再谈这个案子,完全来得及。谈早了会忘掉。"

"Peter,我们什么时候见面?这个案子要和你谈谈。"过些日子,我又打电话去。

Peter还是搪塞:"到开庭前再谈。否则有新的情况出现,还要重新谈。律师费又要增加。"

临近开庭日期,我再打电话去:"Peter,你为这案子准备得怎么样了?我们什么时候见面谈一谈?"

律师却说:"这个案子很简单。我们开车来接你去法庭,路上要一个多小时,可以边开车边谈,很快可以谈完。"

我一筹莫展,十分痛苦,反复想:这律师靠得住吗?这20多万来之不易,其中有一部分是银行的贷款,怎么还?还有中药生意刚开始,急需资本,怎么办?——很难,真的很难。我不由想起到美国来留学的事。从留学美国到创业开公司,我一开始就遇到了挫折。

四

1984年,作为"文革"后的第一批大学生,我从兰州大学毕业,留校当助教。我日夜攻读,两年后考取公费出国留学,被美国俄亥俄州立大学土木工程系录取,成了世界银行贷款资助名额的最后一名中国留学生。我到北京接受培训,庆幸自己赶上末班车,却得到消息,说是贷款没有资金了,项目也结束了,我不能去美国留学了。"文革"、插队落户……经历过苦难的我,再一次面临小人物被摆布的危机,那感觉就像烧热的瓷瓶突然被恶作剧般投入冰水。

我的梦想破碎了，我千百次问自己，为什么会这样？怎么办？——世界银行的贷款说没有就没有了。在那盛行开后门的年代，我不知道如何是好。我只有被生活磨出来的韧劲和不甘失败的勇气，我想过，越是这样，越是要去美国。我借住在北京中关村的亲戚家，每天早上六点就起床乘公交车去美国领事馆碰运气。

负责办理公费赴美护照签证的某官员，每天都会送进并拿回整整一公文包的护照，却连正眼都不看我一眼。我只好天天去等。这一等就等了一个多星期。终于机会来了，那天，当这位官员又拎着一包护照下车的时候，天下着大雨，在他试着撑伞时，几本护照从他的公文包里滑落出来。我见到他手忙脚乱的模样，赶紧冲上去帮他捡起来，放回他的包里，并且主动帮他撑伞。

此时，他动了恻隐之心，使了一个眼色，让我跟着他一起进了美国领事馆。"剩下的事，只能由你自己去争取。祝你好运！"这位好心人说。

在美领馆内发生的细节就不赘述了。签证下来了，但是"世银"的款子铁定一分也没有了。我不由想起欧·亨利的小说，一对贫穷的年轻夫妻，为了互赠生日礼物，把自己最宝贵的东西去换心爱的人想要的东西。年轻妻子有一头美丽的秀发，她剪下秀发为她的丈夫换了一根漂亮的表链。没有想到，年轻的丈夫把祖传的表卖掉，为妻子换来美丽的银发梳。这礼物对他们来说都已经没有实用价值了。没有学费，连买飞机票的钱也不够，签证对我还有用吗？

一股不服输的情绪从心底涌起，我想，悲剧是可以变成喜剧的。因为有中国人经历了太多苦难而磨炼出的不屈的顽强，因为有中国人自强不息的信念和韧劲。我听说过，有很多中国留学生，口袋里只有中国银行限额换给出国人员的几十美元，就凭这点钱到美国闯荡。别人行，我也一定行。

签证的期限将到，学校要开学了，必须用最短的时间筹集旅费。我向北京中关村的小姑姑借了买飞机票的费用及 800 元人民币零用钱，换成 100 美元，如同逃难似的前往美国。在飞机上，我真的是一贫如洗，口袋里的那一点钱够用几天？学费怎么办？一路上我想的都是钱。

抵达美国，录取我的俄亥俄州立大学已经开学半个学期。我毅然中途上课，可是从中文到英文，从水文地质到土木工程，加上缺失要补大量课程，身负巨大的压力，我赶去考试时晕倒在电梯里，被送到医院急救。我欠下生平第一笔无力偿还的医药费7千多美元。

我只好当机立断，很快转学到学费便宜、生活费低廉，并有很多中国留学生的德州理工学院；我的弟弟也在那儿。为了谋生和学习，我买了辆旧车，200美元。别人驾驶是从左门上车的，我却不得不从右门上车。因为左边驾驶座门关不上，要用铁丝在里面扣死；每次开车都要从右边副驾驶门进去，再爬到驾驶座。

我住进了一个残疾老太太的家里，一边帮佣，一边学习英语口语，有了一个不用付房租的安身地。同时，和很多来自亚洲的留学生一样，马上找工作，一连找了三份工作：一份在中国餐馆，一份在农场割蘑菇，还有一份在学校图书馆。

终于，我在一年半的时间里拿到了地基工程的硕士学位。那读书的辛苦，那打工的劳累，那省吃俭用的"自残"，过五关斩六将般的考试及毕业论文终于做完了。毕业了，辛苦攻读的结果，却让力图改变困境的我面临了"读书无用论"的窘境：我找工作的时候不敢说自己有硕士文凭，因为能雇用我的都是小公司，出不起硕士的工资。而且我的身份还只是J1签证，那在当时是不允许打工的。

五

想到所经历的困难，我自问：过去不也是这样过来的？现在的困难就没法面对了吗？

我还清楚地记得好不容易在美国找到的第一份正式工作。老板是一位亚裔女士，开一家卖登山自行车的公司。公司一共三个人：老板、我和一位负责搬运自行车的40多岁的越南裔男士。一万多英尺的仓库放满了40至55磅的自行车，要从高处的货架搬上搬下。

开始时，我做所有办公室的工作，越南人做搬车发货的体力活。老板以我没有合法身份为由，开给非常低的报酬。

有一天闲聊，老板问我："你怎么这样瘦？"

尚未从留学生活的折磨中恢复的我，以为老板要解雇我，不服气地回答："我以前是大学篮球队的运动员。"

"是吗？看不出来。"她说。

"那时每星期有几次体能训练，长跑、举重……"

我的话还没有说完，就被老板打断："还举重？"

"当然，要举几十次。"

"真的？"

"是真的。"

没想到我为这次谈话付出了代价。老板把那位搬运自行车的越南壮劳力辞退了，公司所有的活都由我一个人干。老板时常出差亚洲各地。我独自在公司，上午接单，下午出货，又搬又运，还要抽空做会计，记账算账，忙得吃饭都得挤时间。我并不计较，认为这是学习经营的好机会。如果有一天我当老板，我会知道这些工作该如何安排，员工又在想什么，我又该怎样善待员工，让员工快乐地创造更多的价值。

一年后，结婚后的我怀孕了。为了保护胎儿，再也不能做爬上爬下搬车的体力活了。于是要求老板重新雇个搬车出货的帮手，老板却迟迟拖着不找，接着又出差了。我每天提心吊胆地工作，最后忍不住，向老板提出辞职。这时老板才发现，原以为怎么欺压都不会反抗的大陆妹，也是有尊严的。她竭力试图挽留我："像你这样的员工上哪儿去找啊！"

这是一个苛刻的老板对我的肯定。想到这些，我恢复对自己的信心。我感到先要做好自己的心理建设。钱，力争拿回来；如果拿不回来，从零开始。大不了像刚到美国的时候一样。

六

开庭的日子到了。在去法庭的路上，我问律师一些问题，Peter 却答非所问，对案情完全不了解。显而易见，Peter 根本没有细看案件的卷宗。我暗暗叫苦，只能用结结巴巴的英语，把案件的经过再告诉他一遍，教他应该怎么说，倒好像我是律师,而律师成了受害人。

法庭开庭了,形势对我明显不利。对方的律师滔滔不绝,我的律师 Peter 说不上几句,有气无力根本不像在辩护。我急得额头上冒汗,多次举手表示要辩解,却都没得到法官的允许。等双方的律师发言后,法官问我:"你所受最高的教育程度是什么?"

"硕士。"

法官以嘲笑的口吻说:"可是,你的智商好像还不如一个高中生。在这种情况下,连任何高中生都不可能受骗的事,你却受骗。"法庭上的人都笑起来,包括我请的律师 Peter。

法庭的程序在继续。饱受嘲笑的我再也按捺不住满腔怒火,举手要发言。律师 Peter 阻止我。可是我站起来坚决要求发言。法官示意我坐下。等双方律师把所有的话都讲完了,或许法官看到 Peter 的无能和我的坚决,很想听听我这位"比高中生还不如"的中国新移民女性能说些什么,最后他终于问我:"你有什么话要说吗?"

"有!"我站起来说,"我生长于中国一个清贫的知识分子家庭,到美国用辛勤的劳动来自食其力,向美国政府纳税,来养活包括法官您这样的公务员。"激动中,我的英语变得从未有过的流畅,那些埋在心中的话,如火山般喷发出来。"你们知道,这 20 多万元对我和我的家人意味着什么?"我没有等任何回答就接着说,"我家从来没拥有过这么多的钱。这些钱足够我们全家,加上我父母的一家,舒舒服服在中国生活一辈子。"庭上一片寂静,大家都竖起耳朵在听。

"你们知道吗,为什么美国的犯罪率这样高?"我把话锋一转,"我是新移民,我不懂美国的很多情况。今天我是受害者,我到法庭来寻求正义和公平的裁决。可是你们不去嘲笑恶意吞没钱的人,不去指责和审判吞没钱的人,不解决我蒙受的空前巨大的损失,不体会我的悲愤和困境,却来嘲笑我一个弱小的受害者。还有没有正义和公平? 这是美国的法庭吗? 这样,美国的犯罪率能不高吗?"在激动中,我看到法庭的书记当众对我竖起大拇指。

我又指着 Peter,一吐为快:"这是我花了血汗钱聘请的律师。他收了我 8 千美元,都做了些什么? 案件是拖到在来法庭的路上,才和我一起讨论,却什么都不知道。一路上是我在教他。可是他在法庭上的表现，连个中学生都不如，教都教不会。他还随对方的律师一起来嘲笑我。法官先生，各位在座的女士、先生，你们说他可以收我的律师费吗?"旁听席响起轻声的叹息。两个律师都一言不发，怕我还会说出什么令他们更难堪的话来。

出了一口恶气，我算是看透了美国的司法，这不是老实人玩的游戏。后来我打听清楚了，这样的官司拖上两三年，一点不稀奇;即使打赢了官司，如果对方没有钱，或者把钱转藏得无影无踪，我还是拿不回任何钱。这种劳民伤财的事，我不想继续。

我"开除"了律师，告别法庭。我知道自己必须想开，就当是用这笔讨不回来的钱买了两个教训:一、再也不要受骗。二、再也不想打官司。不能把精力放在这种负面的消耗战上，我要和先生 Jerry 一起把中药的生意做起来，这才是正事。

而且我相信，坏人一定不会有好结果。果然，后来我在一份地方报纸上看到 Michael 失踪的消息，他的汽车在 1 号公路上掉入海中，没有找到尸体。这是事故、自杀还是什么，警察局在调查。再后来，我又读到有关 Michael 的消息:这次，Michael 成了通缉犯。他四处行骗，把骗来的钱放在老婆那里，又和老婆假离婚，再制造假死亡的车祸。他机关算尽，最终还是难逃法网，进了监狱。这是后话。

七

做中药提取物的批发生意，最困难的还不是资金。西方人的医药制度讲究化验和成分。如果照搬欧洲人的做法，把中药中的化学成分提炼出来，写在外包装的成分表上，那中药的效用就在很大程度上降低了。中药讲究整体的药效，西式提炼法会把很多有用的成分给破坏掉。我和先生商量，决定用现代化的生产设备，按中国传统的中药要求来做。

为了开拓西方人市场，我和先生找来一位老外合作，他的名字也叫 Michael。开始的合作，大家都很拼命，在促销的过程中，我们用传统中式方法生产的中药产品,效果良好,逐渐为客户所接受,生意开始有了起色。

没有钱的时候,盼望有钱;有了钱,却带来了麻烦。我算是领教了什么是"见钱眼开"、"见利忘义"。Michael 居然偷了公司几张支票并模仿我的签名,一共开出 4 万多元假支票,把公司的钱捞到他自己的口袋中。这是犯罪的行为。我决定不再心慈手软,马上请来先生 Jerry 原来工作公司的律师,写律师信向 Michael 交涉,并请 Michael 走路。

我对 Jerry 说:"你要马上换掉公司的锁,改掉电脑密码。"Jerry 答应:"好的。"

第二天是周六,我们约好了在公司商谈。代表律师向 Michael 宣布了公司的决定,Michael 怕我们告他刑事犯罪,声称愿意配合,同意以"绅士"的方式解决。谈完了,正值午餐时间,Jerry 带着律师出去吃午饭,没有立刻换掉公司的锁和电脑密码。

没想到星期一清早,我们在家里接到仓库保管员的紧急电话:"仓库里几万公斤的中药原料,全部不翼而飞。"

一定是 Michael 把公司仓库全搬空了。我和先生马上赶到公司,发现 Michael 还私自进入公司电脑,把公司账面上的营业额扩大十多倍,目的是想令公司要缴的税金大增。这是一起恶性的盗窃和破坏事件。我当机立断,马上打电话报警。

警察来了,第一句话就问:"你们知道是谁干的吗?"

"估计是 Michael。"

警察又问:"Michael 是谁?"

"是原来的合伙人之一。"

"是你们公司的老板之一?"

"是的。"

警察松了一口气:"哦,那是你们内部的纠纷。这不是我们警察能管的。如果是外人偷的,我们可以把他抓起来。这种情况,你们要上法庭。"

法庭,又是法庭! ——又要开始消耗战了吗? 我真的不想打官司! 我和先生商量:"我们能不能通过律师私下解决?"

Jerry 说:"和律师商量一下,先请律师写封信给 Michael。"

"好,先试试再说。"我想了想,又补充说,"从现在开始,我们的公司要长期聘请律师做法律顾问。在美国,律师是公司运作所必需的。而且,长期合作才能知道律师的好坏。"

Michael 把货物搬走后,暂放入公共仓库,每天要支付费用。他急着去找我们生意上的竞争对手。对手也是中国人,那中国人对 Michael 说:"你来帮我,我欢迎;你拿来的东西,我不能收。生意上怎么竞争都可以,犯法的事不能做。打起官司来,会影响我的信誉和生意。"

于是 Michael 收到我们的律师信后,顺水推舟,把存货的地址告诉律师。被偷走的货物总算完璧归"我",却吹响了恶意竞争的冲锋号,压价、挖角、诋毁……对方的手段全使出来了。经过很多困难磨炼,我暗暗对自己说:"堡垒最容易从内部攻破。Michael 不能和我们合作,同样不能和我们的对手合作。等着瞧吧。我们先把自己的事做好。"

果然,Michael 又和新的合伙人闹翻,对手的生意一落千丈。我们的生意越做越大,从中药做到蔬菜果汁。可是,问题又来了,货源的价格波动很大。中国大陆今天炒大蒜,明天炒党参,炒来炒去,货源市场很不稳定,生意很难做。于是我们四处奔波,在中国山东建立了生产基地。

八

货源刚稳定,新问题又来了。一家全美有名的制造维生素产品的大公司,把我们公司的中药原料拿去和其他原料混合生产,完成的产品在测试中发现了不应有的成分,这是不同的成分混合发生新的化学反应产生的。明明是大公司自己造成的,却把责任推到我们的公司,要求索赔。

我先生对我叹了一口气:"又是一笔学费。这样的事不知什么时候才有完。"

我冷静地说:"我们要把坏事变好事。"

"怎么变?"Jerry 问。

"请我们的律师出面和解。"

"他们要我们赔钱,怎样和解?"

"第一,设法减少赔偿。第二,赔偿从他们购买我们货品的货款中分期扣除,每次扣一部分,一年扣完。"我说了自己的想法。

"很好。从经济上来说,赔的钱应该比我们打官司的律师费少。从生意上来说,虽然目前赔了钱,但还可以从以后的生意中赚回来。"Jerry 赞同。

我和律师一起约对方协商。那家大公司看到我们的诚意,感到他们公司也有一定的责任,就同意了我提出的和解方案。

回到公司,Jerry 夸我:"你的办法好。"

我看着 Jerry 轻轻摇头,明白生意就如人生,今后还会遇到各种各样的困难和挫折,一波未平一波又起的状况时常可能发生。重要的是冷静面对,善于吸取中国传统哲学"以和为贵"的精髓,勇于面对,勇于承担,勇往直前。我暗暗对自己说:美国,我不想打官司。

（注：文中人名和公司名称均为化名。）

屋 影 人 踪

晓 图

晓图　祖籍海宁。上世纪80年代留学德国，后在美国两所高校获建筑双硕士学位。创立亚奇达设计室和房地产公司。

"又买下了一栋投资房！"申住长长出了一口气，自言自语道。"这房子的钥匙由财产管理公司粘在煤气表上了，你要自己去找。"过户律师关心地补充，显然以为申住不知道。是的，这是那种近年来充斥市场的"白菜房"，也就是那些因为原房主无法支付房屋贷款而由贷款方收回房产权，再折价出售的房产，美语叫Foreclosure，也就是丧失赎取权的意思。这种房子在过户时多半没有现成配好的钥匙给买主。申住心里想着，嘴上也不多说，拿起文件夹主动伸手和那位肤色里透着健康和黝黑光泽的律师道别。同时也没忘记拿起桌上签名用过的笔，这是纪念品，没见过奥巴马总统签署文件时一支一支地换笔吗？那可是留给他人的礼物啊！

说起来，这已是申住买下的第十二栋"白菜房"，从2008年冬以来，平均每年四栋。刚开始还挺谨慎的，但随着美国房价均值的逐年持续下跌，早先刚上市就被一抢而光的局面不再，反倒是充斥市场的"白菜房"迟迟不见有人开价，所以申住砍价后买到手的几率也就高了起来，今年才过了八个月就轻松地拿到了这第四栋房子的产权。

走在律师楼旁边大树成荫的林间道上，申住的心情似乎很愉快，脚步也比平日轻快了许多。但这难得的轻松并没有持续太久，当视线穿过硕大而空旷的停车场，从老远的地方就一眼瞥见自己那辆产于1993年的丰田车，现实立刻把他拉回到 2011 年夏末初秋的艾城。

这艾城按通俗风水的说法可是块宝地。北边枕着似青龙若玄武的阿普拉契亚山脉，那可是美国东部最长的山脉，春夏秋三季，郁郁葱葱，浓郁的绿色远看几乎变成深蓝，故此段也叫蓝岭山脉。到了深秋则五彩缤纷，落叶如画。冬天又会换上白雪素袍。艾城的东面密林成片，南边是平坦的丘陵和沿海平原，泥土呈红色，恍若朱雀之乡。再往东朝南就是浩瀚的大洋。艾城内一条恰搭胡姬河缓缓流过，似美丽的丝带围绕在城市的肩头。这里还是美国文学名作《飘》的诞生地，市内有其作者的文物馆。所以，在此地买房置业的华人多少又比在其他处可多吸纳一些人杰地灵的精气，在积累生活基础的同时又有一分精神上的附加值。

但就是这样一座美丽的城市，2008 年开始的美国经济大衰退还是给她刻下了深重的伤痕。居民的失业率一直居高不下，三年后的今天竟然排到了全美丧失自住房比率最高的第三名。"白菜房"真可说是铺天盖地。当地的报上说，今年 8 月份本州丧失赎取权的房屋数量已排全美第四名，而其中大部分就集中在艾城。在城内许多较老旧的社区，几乎每条街上都可见到门前插着广告牌的待售屋。一栋栋空屋，缺乏管理，就像在这个南方大都市原本健康的身体上发满了水痘，虽然不至到没救的程度，但眼下看上去却多少有些触目惊心。

申住在艾城已生活了十多年，其间搬了三次家。先是在市区买下了自己拥有的第一套不动产。那是一栋"康斗"（Condominiums，集体住宅）的一个单元，三房二卫在二楼，是那种一梯二户两层楼的类型，外墙还有四面红砖，在绿树成荫中显得既现代又兼具传统的亲切感。三年后他就搬到了位于市郊的大房子。那是一栋新建的花园房，有五房三个半卫生间，半个是指没有洗澡设备的卫生间。宽敞又开阔的厨房，家庭起居室上方挑空设有大排高窗，后院是建设商留下的自然状态的茂密树林。房前的车道成轻松的弧线划过，与略为弯曲的街道恰成美好的衔接，是个风水上的佳作。申住当时那个高兴呀，真正是美国梦得到实现的时候。新婚燕尔，妻子就怀上了一个大胖小子。人们常讲的美国梦五子登科——房子、妻子、儿子、金子（收入）和车子，在短短几年内就齐全了。也许唯一不够好的是两辆车子都没换新的，基于现实的考量嘛，申住想，没必要更换。就这样,其中的一辆就一直开到了今天,虽然并不破烂,却也相当老旧。

在这宽敞明亮的房子里一住就是八年。八年的时间中国当年的抗战都结束了,这段房缘也因为子女读书的需求而告终,毕竟这个学区不够好。孟母三迁,为的是让儿子有个更好的学习环境,以免受到外界不利因素的影响。申住生在中国,长在"文革"以后的文化教育环境下,自然知道科学文化的重要性,所以对学校的教学成果也就格外看重。这次搬家时,美国的经济大衰退已有半年,当时感觉虽然房价在跌但经济的大层面好像没有什么影响,所以他在更远的市郊、坐落于恰搭胡姬河边的乡村俱乐部里选中了一栋红砖房。面积更大,卫生间增加到四个半。社区里高尔夫球场、网球场、健身房、俱乐部应有尽有。茶余饭后,信步走去,处处是鸟语花香,生活环境很是美妙。申住想,美国梦至此,不亦乐乎!

哪知道对他而言,这时的大衰退还只是刚刚演了个开幕式。7月初搬家时的纸箱还没全开封,9月份就传来李曼兄弟银行地震山摇轰然而倒的冲击波,公司解雇员工的潮流像山洪海啸般扑来。事情发生在申住身上是在深秋的11月中旬。那个秋天好像格外寒冷,10月底万圣节的晚上,开车带孩子出门去讨糖,冷得发抖,经过的社区街道,虽然仍然有大户人家的尽兴装饰,但总体的肃杀萧条气氛真是从未见过。

申住开始了他每天绕着房子散步的日月。刚搬过来时整天忙,几乎没有时间出来走动,现在好了,时间倒成了丰富的财富,不花精力去打发反倒成为多余。对许多人而言,倾销时间到诸如忧虑、气馁、顾影自怜是轻而易举的事,或者沉迷于自我麻醉之中,比如整天看电视或喝个酩酊大醉,以期抛去眼下的烦恼和困顿。申住总算保持了清醒的头脑。虽然这几种情形也都多少在他身上留下影子,最终他选择了多散步和早上打太极拳。这是个健康的选择。屋前大道光明,屋后小径通幽。早上散步健身鞋总是沾满晨露,几乎要湿到袜子;晚饭后散步又总能踢到别人打飞的高尔夫小白球。每逢此时,他总喜欢用力把球踢飞掉,好像能把心中的郁闷踢走一样。这段时间,他的足迹遍及房子四周的每一个边边角角,连社区里常来常往的乌鸦似乎也认识了他,只要飞过总会向他打招呼,"呀呀"地叫,晦气大概再没有比此更明显的了,总惹得他用力拍手又顿脚的,奋力赶走这晦气。

这是他来美国后的第十七个年头。但他和房子打交道的缘分,可是要追溯到三十多年前上小学的时候。当时还处在"文革"十年浩劫的尾声,父亲居然凭着脑中残存的一点资产阶级思想买下了一栋属于自己的私房,而他所有的同学可都是住在社会主义的公房中。他家原来住的也是公房,因为公房是按照户口本上登记的人口数量来定分配的面积大小的,无奈父亲不在本地工作,家里只有母子两人,所以只分配到六个平方米大小的一间房,是那种在吴越市老式两层木板楼房的楼梯间下面的一小间,据说解放前是人家用来做厨房的地方。申住同房子打交道就从搬家前后父母请木工、泥水匠来翻修刚买的私房时开始的。那时"改革开放"这个组合名词还没发明,中国 12 亿人口还在"革命运动"中上下扑腾。在整修这房子的过程中潜移默化地引发出来的兴趣,后来演变成为对各种建筑式样的好奇,最终促成了申住在考大学时填报了全国名牌的建筑学院,立志要为己为人建造舒适的住房、美好的家园。

当申住为求学深造终于踏上美国这块新大陆,他发现首要的任务却是要找到一个遮风挡雨的栖身之地。还好,校园四周出租的民房很多,虽然好坏参差不齐,但对于年纪轻轻、初来乍到又囊中羞涩的申住来说,有地方住就好,能有个地址可以给远方的家人写信就足矣。一天奔波下来的结果是,他和另外两名同是刚到的新生合租了一个套间。那是一间卧室套一间起居室,厨房和厕所要出房门穿过楼梯间到屋子的后半部。房子一共三层楼,房东出租给了三组不同的房客,申住他们住二楼。房子就在校园一侧的交通干道旁,车来人往十分热闹。大学生们经常开着高音喇叭驾车招摇而过,留下一阵阵开朗又有点放肆的喧闹声;临街的窗户内定格了三张初而惊奇、继而不屑、再而见怪不惊的东方面孔。

其实,这个套间本来只有一间卧室,现在却要住三个人,申住同其他两人不熟,一天之前三个人还都不认识,但他们俩是坐同一架飞机到的,所以申住就自愿选择在起居室里搭床放箱子。这是他在新大陆的第一个家。不过,大概很少有人把这样的居住环境当作家的。申住至今还记得,有一次他在图书馆自修结束,和住在隔壁的同学说回家时,那同学一脸的惊讶和些微的调侃:"回家?那也叫家吗?!"当时倒没什么感觉,现在想想有点儿心酸。

　　研究生两年一晃而过,这年夏末申住碰巧和另外两位校友一起租到校园旁的一栋小洋房里。三层楼的房子体量裁剪得当,小巧玲珑外加带有维多利亚风格的建筑装饰,很是耐看。一楼租给了学校员工及家属,申住他们从廊子下另一个门进来,租下了二楼还有三层的阁楼。三间卧室加起居、厨、卫俱全,起居室外还有个阳台,用推拉窗围住,冬天太阳晒进来就是一个顶好的日光室。二楼中央是个不大不小的厅,棕黄色的木地板透着光泽,再衬着棕色的木门框、踢脚板和天花板装饰,十分的古色古香。两个室友,一位女生刚从上海来美留学,因为有先来的老同学帮着,一下就找到申住这里。另一位幼年时移民来美,上海话已经夹了生,倒还是常和这批留学生混在一起。三人相安默契,俨然是一出电视剧《老友记》(Friends)的简易翻版。当然那时比《老友记》的播放还早了两年。后来申住曾几次开玩笑说我们那时怎么就没有想到要去找电视台来采访呢,也可赚些版税什么的,总比在外面打工强啊!

　　就在这栋楼里,申住经历了他生命中不堪回首的一段磨难。那是他们搬进去几个月后。他在写毕业论文的同时因为已无奖学金而外出打工维持生计。当时是1990年代初期的经济衰退刚开始复苏,工作难找,所以申住和大部分中国来的留学生一样,并不急着从学校毕业,而是一边写论文一边打工以等待时机。岂知校外打工的第一天晚上,走在路上却在完全不知所以的情况下给不知从哪里窜出来的一辆车撞到了。醒来时已在医院的急救室,冻得浑身发抖。朦胧中听见有人说:"幸好不用锯腿了,但情况严重,不可大意!"

　　住了两个星期的医院,终于可以回到小洋楼,却是用轮椅抬上去的。小洋楼的木地板很是光洁明亮,暖暖的棕黄色打着油蜡,轮椅在上面滑过,似乎比在其他地方都要轻松些。顽强的求生意志,加上室友们的体贴和关心,终于让申住度过了93年那个肃杀的深秋和接下来那个几十年未遇的严冬。小洋楼提供了自己家庭亲人以外最为宝贵的避难所。生命的火把在严酷的打击下闪烁了一下,幸而顽强的个性和年轻旺盛的生命力很快就把他救了回来。挂着双拐在校内几处奔走,捡起因车祸而中断的学业。到第二年开春才扔掉了拐杖,但因肌肉和骨伤导致恢复期较长,瘸着腿走路一直延续到了春末夏初。

此时,申住已找到他在新大陆的第一份专业工作,小洋楼的租约也到期了,学校要征用这块地皮,室友三人只能各找住处。当时的房屋贷款利息已是此前十几二十多年来最低的,申住想买房自住的念头就此开始了。但接下去因工作搬迁和机缘等因素,一直到两年后在艾城落下脚,顺利办完了"绿卡",这才终于实现了自己居家筑巢的夙愿,买下了那第一栋康斗套间。

从踏上美国这片土地到此时,其实连短短五年都不到。可是申住的生命历程却仿佛是从人间走到地狱边缘再幸而走回到阳光下的人间。这个过程是大多数人不曾经历过的,不论好坏得失,其间的心路历程真可用饱尝风霜来形容。本来以为人生的磨难也不过如此了,没想到车祸十五年后申住还要再经历一段因人祸而造成的身心冲击。2008年的美国经济大衰退投射在他身上正好又是在秋天,又是个深秋。多事之秋的描述用在他身上还真是有些灵验。

一下子生活好像没有了中心,走路时身子没有了重心,生命中似乎也不见了信心。申住很清楚,这场灾难不会一时半会儿就过去,少则两三年,多则五年、八年,甚至整个十年亦未可知。他所在的建筑设计行业在这波灾难中首当其冲,大量的设计项目遭遇停顿或完全取消的命运,住宅的设计和建造更是重灾区。申住知道,前程已无阳关道!周边认识的来自中国的同行业华人,大半打道回府去了发展迅速的大陆,或至少伸出大半只脚迈向彼岸;留下的已是少数,主要是尚未受到直接影响的,多半提心吊胆地在美国公司中艰苦努力以求自保。申住考虑到孩子尚在读小学,若自己一人走掉,此地的家庭生活会严重受损,子女教育和成长所受到的不利影响更是将来无法弥补的损失。咬咬牙他决定留下来。

在围绕着住屋的小径散步可以一圈又一圈,幸亏是在设计精良的社区,不至于让他产生类似于监狱囚犯放风时在高墙枪口下一圈又一圈走动的幻觉,不然可是要得精神病了!申住有几次这样自我嘲笑着。

生命在重压下尽力挣扎,思绪在困顿中寻求突破。大量充斥于市的"白菜房"提供了一个机会,周边已有一些胆大的华人,用经年的积蓄投入房地产市场,他们是勇于先吃螃蟹的人!申住若干年前就开始观察这个市场,也一直在做调查研究。现在有了时间他就开始实地察看待售房产,前半年内他就看了近百栋，也有几次出价求购，但做事的谨慎与对房价走低趋势的预期，使他不愿与其他一窝蜂而上的投资人去竞价，所以直到第二年的春天才有机会买进了第一栋投资住房。如果说选房、买房是最为重要的决定，那也仅仅是整个过程中诸多关键性步骤的第一个。接下来的翻旧为新、清理修复，头绪繁多，既要面面俱到地处理每一个细节问题，又要有重点地对待整个工程计划，如此才能在保证翻修质量的同时，又尽可能地减少开支。美国的人工贵，修理无论大小，只要用到雇人，人工成本就会占去工程费用的一大块。

时间也是个重要因素，不仅要尽快完工，而且还要计划好工程的周期和下一步房子上市待租日期之间的关系。如果在当月的中旬或下旬完工，这房子往往会空关下面的一整个月，因为多数人是在月末搬家，所以看房作决定就会在这之前的一个月左右。对于那些今天打电话问明天就要搬家的人，申住从来就不太放心，认为办事这样仓促，若非有特殊情况就多半是作决定时计划考虑不周，对这样的申请人他总是格外小心。事实上也是如此，尽管他抱着开放的心态来接待，最终却没有一个这样的申请人可以通过他的评审过程。

经过了看房、买房和修房，接下去的房子上市寻租和日后的长期管理维护就成为整个工作链成功与否的关键。与听到的其他一些华人的经历相比，申住觉得自己还是幸运的。既没有遇到不交房租、损坏房产、恶言相向的房客，也没有那种"大修三六九，小修经常有"的困境出现。这应该是他慎选房客、精心维护的成果。但是，凡事开头难，他在最初的几栋楼上还真是经历了磨炼，也借此积累了丰富的经验。

第一栋楼上市寻租时，美国的经济大衰退刚开始不久，又是一个萧瑟的深秋，市场上真有一种肃杀的气氛。几周内只有零星几个电话来询问，仅有的两位看房人，一个准备从费城搬迁来，另一个是从尼日尔移民来的单身母亲，看了也无下文。后来有一对从外州某大学研究生毕业的年轻人，女的在此地找了个研究所工作，男的法学院刚毕业，从事家族生意，信用很好，看了房子也马上就要。申住很高兴，不但有如释重负的感觉，还有点旗开得胜的得意。

没有想到的是，遇到的不是个"省油的灯"！法学院毕业生自以为专业知识精深，在签合同的过程中提出许多几近苛刻的条件。初为房主的申住，明显感到了那种俗称的"反向歧视",即求租人对房主提出带有歧视性的要求,比如尽管他只愿意签一年的合同,但却要求写明房租在三年之内不能涨。按理房主对地产有法定的管理和维修职责,他却要按自己的要求来装修。几经周折,费尽时间和口舌,申住决定在原则问题上不能让步,并已准备放弃,这时对方反而退却,最后在不甚和睦的情况下完成了合同签署。事后证明,这还只是麻烦的开始。

住进去一个月,律师房客不作任何通知就在后院拉起了简易围栏,以方便他的几条宠物狗可以不拴链子在院内自由闲逛。岂知这围栏的设置违反了社区的规定,狗在室外不拴链子还违反了本地郡政府的有关规定。要不要去交涉?申住最后决定还是要让他纠正才行。这是"明知山有虎,偏向虎山行"的举动。结果呢?又是一场纠缠,几个月后,社区的管理公司出面了,双重压力下,房客终于拆除了违规的围栏。

也许是感受到了申住对原则的坚持,律师房客在接下去的半年中还算平静,虽然不时提出一些不大不小的要求,一副交了房租就是"上帝"的架势。但到了这年的秋天,他却突然提出要搬走,原因是他要充分利用奥巴马总统为促进经济而推出的购房退税八千美元的政策,他急于要自己买房子。但是租房合同里明确写着如果要在第一年内搬出需要交违约金,一千五百元。律师房客决定运用他的法律知识来打一场"硬仗",既不用交罚金,又可以得到退税的好处。来回交涉近两个月,眼看快到年底,他自己的房子已经买好,这边呢,却还是钻不到申住的空子。律师房客又恼又急,于是身为律师的他又去雇用了一位更为专业的律师,专精房屋出租法和房东与房客之间的法律纠纷。这位律师也寄来了看上去非常专业的文件,附上他认为相关的法律文档,用了一个大信封。山雨欲来风满城,转眼之间就有了暴风骤雨狂风压顶之势。

这又是一个深秋时节,感恩节刚过,连着几天阴雨绵绵,落叶遍地。早上天亮得晚,到了傍晚又黑得比以往更早。申住的心情好像也跟着天气一样进入了灰暗期。几经折腾,他患上了重感冒,那个头疼、鼻塞、眼泪汪汪的感觉还真是多年未遇。好在申住是个不信邪的种,而且在骨子里对有关是非对错的理念有着十分坚定的认识,坚信自己没有错,按合同办事不应受到法律为难。所以他先是把那封信件整个地扔到一边，一心休整了两天，等到感觉稍好些，他再拿出信来，逐字逐句地研读了一番，读完了却没有发现任何重要的信息，无非是用律师的语言来强调房客的愿望，同时又强词夺理地声称房客无意违约。也就是说，他既要违约搬走又不愿支付罚金。心中有了底，申住的心情就轻松了许多，感冒似乎也好了。站得正，就不怕影子歪。

接下去的一周时间，申住仔仔细细地写了回文，又做了有关法律文档的研究，打了几个咨询电话给同样专精房屋出租法的律师进行调查。这些工作的结论更增强了他的信念：自己坚持按合同办事的原则是无可挑剔的，这位律师房客要搬走就必须补交罚金，如果不交就搬则必须承担法律上违约的责任。有理的一方坚持了，无理的一方就只有退却这一条路。最后，在年底的一天，律师房客乖乖地留下了罚金和钥匙，又让人将房子打扫干净才了结了这桩交涉。

经过了第一年处理这第一栋楼的种种经历，申住不但学到了许多知识和待人接物的经验，更重要的是他也领悟到了人生中与往日截然不同的宝贵体会。经过这两三年的辛勤工作，伴随着对操作过程和房市的不断了解，也随着房价的持续下跌，申住今天行动起来更有自信，成功买到较优质的房子并顺利出租的比率也越来越高。终于，在美国爆发史上最严重的经济大衰退之后的第三年，他以一发不可收的气势，用非常有限的资金拥有了十二栋投资房产。这时的美国经济，仍然没有明显的改善，高失业率和衰弱的宏观经济环境，造成大量的民众没有能力或不愿购买自己的住房，于是寻找出租房的人数反比往年更多，申住几年的努力，正好适应了这个形势的发展。顺应经济规律办事，成功也就比较容易。

他的下一步计划，不是当个坐收月租的房东，而是将这几年积累起来的实干经验运用到专业的住宅设计中去，开发用节能材料来建造住宅产品，先到中国去搞试点，再争取推广开来。美国目前的经济局面如此捉襟见肘，那些平日里根本不知道节约和节能为何物的人早晚会对建筑节能产品用于家庭日常生活产生莫大的兴趣，届时可以再运用到美国这边继续发展。

想到此，申住的步子又变轻松了，不知不觉中已经来到了那辆十八年新的丰田车前面，车子虽旧功能却极好，很可能还将跑好多年呢！申住从反光镜中看一眼车后的情况准备倒车,不经意间瞥见了自己的发际,几根银丝在仍然浓密的黑发中格外显眼。已经不再年轻! 他不由地感叹道,但马上又几乎本能地在心里说:各方面的功能很好,生存的压力曾经巨大,但是都走过来了!

中午的太阳很旺,立秋就在几天之后。又将是个秋天! 而且,这个秋天对申住来说更有其特殊意义:整整二十年前的这个 9 月初,是他踏上新大陆的时候。二十年了,人生转了几个圈,一代新人已长成。只是,下面这个秋天尚未开始,最近已有许多经济学家在谈论第二波世界经济衰退,中国那边也有人高谈阔论要经济"软着陆",看来真是风不止浪不静啊! 将会怎么样呢? 申住的心中一念闪过:活在当下,活出生命的意义来! 外面的风浪永无止境,自己的心境才是最重要的。

猛踩油门,十八年的丰田老马疾速驰向那栋刚过完户的房子,一个新的项目即将展开。

12

我的创业情结

苏东波

苏东波　出生于中国西南,上世纪 80 年代于中国国防科技大学毕业后进入北京中国运载火箭研究院任工程师。90 年代初留学美国,先后担任美国摩托罗拉等世界前百强公司高级工程师、IT 系统高级顾问,现居美国。

上世纪 90 年代中,我在那股经久不衰的赴美留学潮中,到美国留学,不但实现了出国梦,还尝试了在美国的创业梦。

记得在出国前,我就在大陆那波"10 亿人民 9 亿倒"的全民经商潮中下过商海。那时中国大陆在几十年社会主义计划经济统治下刚开始对市场经济有所觉醒。从那时起,我心里隐隐约约开始有了一个"经商情结"。在美国留学期间,我在中餐馆打工时,又萌生了一个"老板情结"。"经商情结"和"老板情结"加在一起,就是一个创业情结。当一个人刚从社会主义的计划经济环境中来到资本主义的市场经济社会时,对其最具有诱惑力的莫过于自我创业。毕竟,追求自由是人的天性,自我创业的成功能让一个人获得人生的最大限度的自由,包括工作自由、财务自由,并能最大限度地实现自我价值。

一般而言,在中餐馆打过工的留学生比起那些到美国后就一直拿着学校奖学金,一毕业马上就在美国公司就职的白领以及这些年来许多大陆家庭出来的有钱的留学生,会有更强烈的"做老板"意识。因为他们在打工时往往只看到老板的"赚钱",而对比自己做打工仔的"艰辛"。记得我刚到芝加哥中餐馆打工时,有一次一位中餐馆的大厨告诉我:"我们餐馆里打工的每一个人都想开餐馆,都想做老板。"

我是以留学生身份进入美国的,在美国完成学业之后,就意味着留学的梦想已经实现,和大多数到美国的留学生一样,继留学梦之后,我又经历了投身美国职场,申请美国绿卡的过程。我人生的列车,在经历了那些重要的站台之后,似乎应该寻找下一个目标站了。这时,我心中涌动的创业激情,已经开始燃烧。

我要做老板

"中美贸易"结束后,我开始研究在美国本土创业。在美国,要创业就得有资金。在上个世纪,许多美国人都是用几千美元甚至几百美元创业的,包括今天世界上最大的电脑制造商美国戴尔(Dell)公司,也是从几千美元开的小公司开始的。到了信息时代的今天,创业资金的解决方式已经发展到股票集资的融资方式。

在美国创业的华人中,福建人的集资方式非常有特点。我刚到美国时在几家福建人开的中餐馆打工,了解到那些老板到美国时间也不长,于是感到奇怪,问餐馆里打工的福建人:"你们福建人怎么会这么有钱,到美国时间这么短就开这么大的餐馆?"

有人跟我说:"从国内带出来的钱,老板出国前在国内做生意。"我仍然感到不可理解,我自己出国前在北京也属于工资不低的国家公务员,许多福建人出国前都是农村出身,他们在国内从哪赚到这么多钱呀。

后来我才知道,福建老板开餐馆的启动资金,多数都是借的。美国本土人开公司,往往向银行借钱,也就是贷款。但刚从大陆来的中国人,信用历史很短,从银行是贷不到钱的。福建人就有本事向私人借到大笔的款项开餐馆。都说在美国,私人之间不借车,不借钱,但福建人往往能从亲友那里借到几万,甚至几十万,大大缩短了资本积累的时间。

在出国前,就听人说海外的华人不团结,到美国后我看到许多留学生都不愿意到中国人多的公司上班,他们觉得中国人之间"事多"。但在美国的福建人却能互相信任,互相帮忙,他们从亲友那里借到钱后开餐馆,然后马上用餐馆赚的钱去还清借款,或把钱借给另一个想开餐馆的同胞。就是这样以"滚雪球"的方式,福建人在美国的中餐界迅速成了发展最快的一支力量。

我后来在一家广西人开的餐馆打工时对老板说："你是我在美国看到的广西人里生意做得最大的人。"那位老板说："不行啊，我是一枝独秀，得像在美国的福建人那样百花齐放才好。"

我一个大陆出来的留学生，来美国头几年又要交学费，又要还出国时向国内亲友借的钱，当然积累的资金有限，只能搞一点小投资的生意。我思考了很久，没有大的资金，高端的生意一时是做不了的，只能尝试一下比较低端的生意。作为一个在美国的华人，最容易做的生意是什么呢？当然是中餐馆。中餐馆是在美国的华人乃至全世界的海外华人，在过去近百年来在海外最有优势、最容易经营的生意。

我刚到美国时，很多在美国的华人告诉我，"中国人在美国有两把刀，第一把是中餐馆的菜刀，第二把是做衣服的剪刀"，指的是早期在美国的华人，主要靠开中餐馆和制衣厂为生。到了上世纪末，由于全球化和市场的竞争，在美国的华人制衣厂已经开始走下坡路，今天，那把做衣服的剪刀已经不那么灵光了，然而，中餐馆这把刀仍然锋利。

直到上个世纪末，在美国的华人，别的生意一般做不过地道的美国人，比如说开酒吧就不行。许多人说在美国餐饮业，中国人玩中餐，美国人玩酒吧，中国人去开酒吧，竞争不过美国人，而中国人去开餐馆，美国人就开不了，这就是中国人的优势。我虽然是搞科技的，但在第一次创业方面，不得不考虑中国人在美国的处境，所以决定去尝试中餐馆这个与我专业不相关的行业。

在确定以开中餐馆作为第一次创业目标后，我就开始寻找机会。当然，有时机会是找不到的，必须等待和靠运气，但我那时创业心切，就想不了那么多了。还好，要说外行，在中餐馆方面我也不算是外行。自从 1995 年到芝加哥，我的第一份工就是在中餐馆打工，所以我对美国的中餐业应该说是有点经验的，从前台接待到听电话、经理、送外卖都干过。

但是那种经验只是"打工"的经验，并不是经营中餐馆的经验。但我当时在创业冲动的强烈驱使下，完全没有意识到这两种经验的不同。于是，我从多种角度思考如何开中餐馆。

很巧，就在那一段时间，我在美国的一位姓文的朋友，从外州到芝加哥休假,就住在我家,他的到来成了我那次开中餐馆的推进剂。那位姓文的朋友是上海人,与我同届,年龄相当,所以我们有许多共同语言。出国之前他在上海的一家大企业工作。老文是我到美国后所认识的中国朋友里比较投机的,我比较欣赏他的为人,他人很聪明,人品很好,正直,乐于助人,对弱者怀有同情心,这些都与我有些相似。最关键的是,他的思想和头脑能和我进行同一层次的交流,许多时候,那种交流能撞出思想的火花来。

老文在中餐馆里做经理多年,对中餐馆比我更有经验,听说我想开中餐馆,他说:"很好,我来美为别人做了那么多年中餐馆经理,现在我可以用我的经验帮你。"有了他的这种支持,我开中餐馆的信心更大。于是,我与他商量如何合作。我说:"我在经济能力和经验方面都有限,我们合作,两人的力量加在一起,成功率更高。"

就这样,我俩商量起开餐馆的方案。在美国有两种最通常的方法,这与国内非常相似。一种是一切从头来,先选一个新的地址,租一个全新的可以用来开餐馆的房子,然后对其进行投资,比如装修,购置厨房设备、家具及餐具等。如果这样做,新开一家中小型中餐馆至少得投资 5 万美元以上。而且从租房子到买设备、装修,整个筹备过程需要好几个月。除此之外,这样开起来的餐馆,从做生意角度考虑,要打招牌,需要有相当艰苦很长的一段时间,客户是从零开始,所以投资风险较大。

另外一个方法比较快捷,就是去买一家现成的中餐馆做。这种做生意的方法,在当今的大企业中也非常普遍,购买大企业叫"收购",比如 2006 年中国的联想集团公司购买美国国际商用电脑公司的手提电脑部,投资成本达几十亿美元,就是一种典型的并购方法。收购方法的好处是只需用钱买到一个现成的生意,在收购的第二天,就可接手做生意,也就是说,一夜之间就可变成真正的老板。但是,这种收购式的做生意同样存在着一定的风险,一不小心,买到一个亏本的生意,如果没有起死回生的本事,就成了卖主的替死鬼,会弄得血本无归。这是一个普通的道理,做任何事情都有风险,收益和风险同时存在,就看在什么时候作什么样的决定,就像买股票一样。

在美国的华人报纸的广告栏上,每天登的最多的就是中餐馆转让的广告。

全美最大的中文报《世界日报》，每天整版广告都是什么"2万元做生意"、"忍痛转让"、"回国转让"等等。真的假的都有，形成了中餐馆转让市场上的一股狡诈风。但是，只要你想做生意，商场上的凶险是无法避免的。我花了一定的时间和精力找门面，有经朋友、熟人介绍的，也有看广告的，每天亲自开车到各地考察可以开中餐馆的地方。

不久，我的那位上海朋友老文又对我说："我认识的一家很大的中餐馆，在离芝加哥四小时车程的威斯康辛州的麦迪逊（Madision）市，现在老板夫妻要离婚，想低价转让。"于是，我开车与老文一起到麦迪逊那家叫"香港餐厅"的中餐馆考察。那是一家位于麦迪逊市南边的很大的中餐馆，餐厅可容纳100多个座位，而且是家只开了一年的新餐馆，里面所有设施都很新。

我到那家中餐馆考察了好几次，记得那时正好是冬天，有一次我们在看完那家餐馆后从麦迪逊返回芝加哥的路上，遇到漫天大雪，我的车在风雪中有快要飘起来的感觉，我当时感觉在美国开一个餐馆就如开辟一个战场那样艰辛。事实上在美国开餐馆的华人，在开始时比这还辛苦。有人为了找一个能开中餐馆的地方，几乎把整个美国都跑遍了。其中一个主要原因是中餐馆太多，如果几年前说在美国有阳光有水的地方就有中国人的话，现在可以这么说，在美国有阳光有水的地方就有中餐馆。有人统计过，现在在美国，中餐馆的总数量比世界快餐连锁店麦当劳在美国的分店总数还要多。在这样一种高度竞争的情况下，寻找一个能开一家可盈利的中餐馆的地方也就变得不容易。

记得十几年前我刚从美国南达科他州的休伦小城到芝加哥，第一次在芝加哥市中心一家中餐馆打工，那家餐馆老板知道我刚从小地方来到全美第三大城市芝加哥时，对我说："你这样做很聪明，在美国闯也得走从农村包围城市的办法，先到小地方打基础，再转到大城市发展。"

实际上从上个世纪末开始，美国的华人要开中餐馆，基本上都是走"农村"路线，到竞争小的小地方开。一般每一千户美国人口就可养活一家中餐馆，所以在美国只要是上千人口的小城，都可开中餐馆。为了挣钱，就不能贪恋大城市生活，再枯燥的小地方也有华人去开中餐馆。

我们每次到那家餐馆，都在中午，因为餐馆生意主要是中餐和晚餐这两个高峰期,只要看这两个高峰期就能判断出生意好坏。每次去我们都看到大概有二三十个客人在餐厅同时就餐,看起来生意不错。于是我对老板说:"你这个餐馆这么大,这么漂亮,又才开不到一年,为何就要卖呢?"那位老板可能不到40岁,对我说:"没办法,我和我太太不和要离婚,她要抽出在餐馆的股份,我一个人做不了,只好卖餐馆了。"

那位老板的话,听起来好像有道理,我们每次去时,他们夫妻好像是真的要离婚的样子。而且老文与他们夫妇很熟,据说老文在他们开那家中餐馆的过程中还帮过他们的忙。然后我对老文说:"老文,我拿不定主意,这么大一家餐馆,我一个人肯定搞不定,你要不要和我一起做?"老文说:"你投资,我一定帮你到底。"

有了老文的这副信誓旦旦要帮我的样子,我真的对那家餐馆开始动了心。再经过几次的考察,我开始与那位餐馆老板讨价还价。老板说:"我们开价8万美元,但看在老文和我们是朋友的面子上,我们可以6万美元卖给你。"后来经过几番谈判,终于商定6万美元定价,而且首期我只需付一半价钱就可接手做生意,另一半在一年内分期付款。

可就在交易那一天出了点小插曲.我带着支票与老文一起到那家中餐馆交定金,交定金的意思是说买方先向卖方交一定定金,卖方就不能将餐馆卖给其他人,若买方反悔不买了,卖方就不退定金。可就在我拿出那张写有4千美元的定金支票时,我看到老板娘在看到我拿出支票本的一刹那,两眼发亮,有一种异样的兴奋,我当时马上有一种莫名的警觉。这里面可能有问题,我心里想。那位老板娘为何在见我掏出支票本时那么兴奋呢? 如果是一家好餐馆,她不但不会兴奋,反而会有一种悲伤的表情,因为人家都说自己的生意就像自己的孩子,她现在卖生意就如卖自己的孩子,为何不伤感,反而兴奋呢?

于是,我并没有把那张写好的支票立刻递给他们,我说:"让我再考虑一会儿。"在场的所有人,老文、老板夫妇都十分诧异我的举动。然后,我提出要到老板的宿舍看看他们的住处。我不知道当时为何会有这种思路——买餐馆与老板的住处有什么直接关系? 可就是这个举动,完全改变了我的主意。那老板用他那辆很新的中型面包车带我到他们宿舍,我看他开那么新的车,感到他很有钱，可到了宿舍却完全出乎我的意料。他租了一套公寓，有四五个房间，他们夫妇用一个套间，其余两间给员工住。我看他们家里没什么家具，整个宿舍很乱，根本不像是有钱老板住的地方。所以我当时判断那老板其实并没有钱，说明他的餐馆不赚钱，就这样，我彻底决定不买那家餐馆了。

事实证明我的决定是正确的，一年以后，那家中餐馆价格降到 5 万美元还是没人敢买。所以我在想，我当时若以 6 万美元买入，就亏大了。这件事情，心理学帮了我的大忙，我在拿出支票本时老板娘的那种异常表现令我起了疑心。事实上那家中餐馆是一家一直在亏本经营的餐馆，老板夫妇为了甩掉这个烫手的山芋，演了一出"夫妻离婚剧"，编理由骗买主。这件事使我第一次实际领略了商场的狡诈，这样的例子，我后来在美国还听到很多，我很庆幸自己在美国第一次"出道"时没有被骗。做老板的感觉真好！

在看完那家"香港餐厅"之后不久，我通过《世界日报》上的一则广告认识了芝加哥唐人街上一家有名的餐馆的方老板。方老板是个非常精明的生意人。他年龄比我大几岁，和我是同代人，经历与我有些类似，但走的道路完全不同。他的广告上说他由于经营两家餐馆生意太忙，精力不够，所以要卖掉位于唐人街南边三十几街的其中一家中餐馆。

我到那家中餐馆看了几次，很快就喜欢上了那家餐馆。那家餐馆位于离唐人街不到八分钟车程的地方，上班非常方便，而且我上学时在餐馆附近住过几年，对那一带情况很熟。从地理位置上讲，那家餐馆位于繁华的海斯德大街的交叉处，从早到晚从门口过往的车辆和行人非常多，因为东西方向上离交通口不远处就是高速公路出入口，而南北方向那个交通口则是由北往南的主道口，所以可以说那家餐馆处于交通中心。

从开餐馆的首要条件是"地理位置"这点来讲，这家餐馆位置不错，而且可以加分的是，餐馆门口正好是一个公共汽车站，每隔十几分钟就有人从门口的公共汽车站上下车，从理论上讲，光门口那个公共汽车站就能招来不少客人。

在美国的中餐馆，主要有两种类型：一种是"堂吃店"，这是最普通的餐馆形式，就是客人大部分在餐馆里就餐；另一种就是"外卖店"，所谓外卖店，就是大多数客人来买餐带回家吃，或餐馆把客人订的餐送外卖到客人家，因为大多数客人不在餐厅用餐,这种餐馆餐厅面积比较小。我看那家餐馆规模不大,从经济能力和经营规模上来讲,对于我这种初做餐馆生意的人来说都比较合适。于是就开始和方老板谈判。

成功的经历是一张最好的信用证。这是在美国判断一个人最常用的标准。方老板另一家在唐人街的中餐馆生意很火,所以他对餐馆经营是非常有经验的,我想他要卖的那家餐馆也不会差。那时,他的餐馆在芝加哥已成功地打响牌子,与广东菜、四川菜式的餐馆不相上下。这可是一个了不起的成就,据说开张头两年他也走过一段艰难的创业之路。因为唐人街广东人多,大多数广东人和美国人习惯了广东菜式,要他们接受一个新南方菜式,是很难的。人的胃有时也很怪,在习惯了某些菜式之后,再去接受新的口味就很难,因为找不到感觉。美国人虽然敢于创新,但在饮食习惯上却比较保守,他们喜欢一个菜,或一家餐馆,就会重复去吃,而不愿意去接受新菜式。我在芝加哥郊区一家中餐馆打工时,有一次送外卖到一户美国客人家,那个年轻的美国白人小伙子告诉我:"我从小到大一直吃这家中餐馆的菜,到现在十几年了。"

这也是一个市场规律,有的产品一旦被人接受,其生命线很长,而任何一种新产品要打出市场都得经过一个艰苦的过程,如果有人在市场还没打开之前就放弃了,那么那个产品就永远也不会被世人接受。我很佩服方老板的韧劲,他坚持了几年后,餐馆生意慢慢做大,到 2003 年我与之打交道时,其餐馆已发展成为每月很赢利的好餐馆。在考察那家餐馆谈了近一个月后,我终于买下了那家餐馆。我在成交后第二天就当起了老板,感到非常兴奋。

做了老板之后,自我感觉非常好,觉得自己一下子跃入了另一个"阶层"。在国内时,我们从来都是把老板当作另一个阶级看待的,就是在美国打工时,我也总觉得老板和打工的不是一个阶层。没想到在美国,也有做"资本家"的这一天。在此之前,我在中餐馆打过许多工,与各种餐馆老板打过交道,特别羡慕他们做老板的,感到他们"有钱"又"有权",因为在餐馆里老板就是主人,可以支配一切,所以我刚到美国时就有人告诉我:"在美国,中餐馆打工的人一走进餐馆,美国总统也不如餐馆老板有权力,相反,一走出餐馆,你也可以把餐馆老板当作不认识的人一样。"

我终于第一次有机会体验做老板的滋味，感觉确实好。从经营那天起，餐馆里的员工，一口一声"老板"，令我感到心里美滋滋的，不但如此，连我的客人和到餐馆来玩的中国朋友，都很尊重地叫我"老板"。我心想，我过去在中餐馆打工时，听到"老板"二字心理感觉就不一般，今天，我终于可以享受那种滋味了。不光是口头上叫"老板"，多数人，尤其是那些刚从大陆到美国不久的员工，对老板都抱有一种敬畏、羡慕、佩服的心态，有许多到我餐馆用餐的中国人都对我说："老板，你到美国没几年，年纪轻轻就当了老板，从大陆出来的人中算是混得不错的。"

商场如战场

不要小看中餐馆，从理论上讲好像简单，实际经营起来可不容易。从正式上任做老板那天起，伴随着我的除了做老板的兴奋和对赚钱的渴望，更多的是责任感和压力感。餐馆刚开张的一段时间，每天上午一开门，面对餐馆那复杂的厨房、忙碌的就餐厅，以及那100多道中国菜谱，我这个理工科出身的老板感到脑子不够用，体力更不够用。

一个在芝加哥做访问学者的老朋友，业余在中餐馆打工多年，对餐馆可以说十分了解，他到我餐馆对我说："阿苏，我太佩服你了，一个人这么快就把餐馆搞定，对于我来说，想都不敢想。"

他说得对，别看许多留学生都是靠着非凡的勇气和吃苦精神到美国闯天下的，你要他们攻一个世界科技难题可以，但要其来开一个中餐馆，恐怕没几个人敢干的。无独有偶的是，不论在美国还是在国内，我都听说不少知识层次很高的人想过一过开餐馆的瘾，但成功的非常少。事实上就连许多大牌明星也喜欢过开餐馆的瘾。像美国NBA篮球巨星乔丹，退役后做的第一桩生意就是在芝加哥开了个高档餐厅。中国篮球巨星姚明在休斯顿也开了家"姚式餐厅"。

接手那家餐馆之后，我对其进行了改良。很显然，方老板那家开了一年多的新餐馆生意并不是很好，我想如果生意好，赚大钱的话，他也不会卖。但是许多人看了那家餐馆都觉得其有做大的潜力，连不是搞餐馆的外行人到我餐馆后都对我说："你这家餐馆地理位置非常好，餐馆规模不大，容易经营，应该能做起来。"

做一个生意最重要的是最终能把生意做起来。有的生意就是做不起来，投资人不但亏了钱，还浪费了时间。而一家餐馆生意一旦做起来后，会像机器一样运转多年，这就成功了。我过去打工时看到不少餐馆一周七天营业，一年四季不论刮风下雨，天天有钱赚，餐馆就像一部印钞机一样，天天有现金出来。这就是成功生意的魅力所在，英语里叫 power，成功的商人就是把其生意打造成一部印钞机，不停地赚钱。

我在中餐馆打工时听到过一个故事，芝加哥一家中餐馆的老板有些土，不懂现代的理财方法，把每天赚的美元现金放在床底下的一个麻袋里，几年后居然忘了床底下的一麻袋美元现钞。后来在搬家时才发现床底下还存有一麻袋美元。足见有些成功的中餐馆，是赚了许多钞票的。

据方老板和里面的员工说，这家餐馆开张两三个月左右生意非常好。因为是外卖店，多数单子是送外卖，而那时方老板一个人又要忙于他唐人街的另一家餐馆的生意，有点顾不过来，所以餐馆管理混乱。生意忙的时候，经常几十张订单堆在那里，厨房里不能很快出菜，送外卖的也不能及时把订单送到客人手中，这样每天都有客人下订单后两个小时还吃不到的情况发生，有的客人等不到外卖送到，肚子饿得咕咕叫，只好到别的餐馆另外订餐吃了。这家餐馆在建立客户的过程中有严重的失误。

在美国，餐馆客人只要有一次对餐馆不满意，比如菜不好吃、上菜速度慢等，就永远和你再见了。美国客人的逻辑很简单，只要有一次不快发生——尤其是新客人，他们都是抱着一种尝试态度——他就认为你的餐馆不行，再也不会成为回头客。这也是美国人认识事物普遍的一种思维模式：美国人接触一个新的人和事时，如果第一次认为不行，他就认为你从本质上不行，永远不会给你机会，再也不和你打交道。在美国的许多法律中，也有类似的评判标准：只要有前科，就有重犯的嫌疑。所以在美国不管在什么情况下评判一个人，都要看其过去历史是否"清白"。银行发现你有过去借钱不按时还的经历，就再也不给你贷款；用人单位如果发现你有任何被判罪的历史，也就不会录用你。

根据美国中餐馆的规律，一家新餐馆开出来后，刚开始会有许多新客人去尝试，因为美国人一贯求新，只要有新餐馆出现，他们一定会去试试其菜式和服务如何。如果餐馆菜式独特，服务又快又好，那许多新客人慢慢就成了回头客，并且会引荐新的客人，这样在半年左右生意就会开始火起来，一年以后生意还稳定的话，这家餐馆就算成功了。反之，如果一家新餐馆菜式不行，服务也不好，没有了回头客，那家新餐馆生意永远火不起来。还有一种中间状态，就是餐馆菜式和服务都不错，开张前一两年十分艰难，老板仍坚持不懈，不断改进菜式和服务，想办法扩大市场，这样生意会在几年内慢慢好起来，最终成功，所谓成功就是不但不亏本还赚大钱。

而这最后一种情况是餐馆创业中最艰难的一种。一家餐馆开张后如果前一两年内不赢利或亏本，许多老板不但在精神上没有毅力坚持下去，最重要的是没有财力支撑下去。我买的那家餐馆是在生意一度火起来之后又掉了下去，情况就比较特殊了。我的判断是：前主人既然将生意做起来过，说明此餐馆有潜力，但是后来生意又掉下去了，说明经营有问题。

所以我一接手后就进行改良，把所有的菜式都换成了新的风格，连餐馆名字也改成"中华餐厅"，完全以新的面貌出现在客人面前。我对客人说："我们是一家全新的餐馆。"这样就有许多客人重新回来尝试。在餐馆工作人员方面，由于换了菜式，我连厨子也换了人。我请的大厨是个杭州人，姓王，做菜手艺不错，而且他还开过餐馆，对餐馆的方方面面比我还有经验，所以我决定用他。

记得老王来面试那天下午，是餐馆晚餐正忙的时候，他到餐馆后没说几句话就到厨房说："你这么忙，我帮你做两道菜看一看。"说完立即拿起炒锅上手做了两道菜。我看他动作麻利，颠炒锅动作很熟练，且做的菜味道很有特色，当场就敲定要他做大厨，并开始谈条件。在我谈完之后，老王说："小苏，你给我开的工资是低了一点，以我这样的手艺，在别的餐馆能拿到更高的工资，但我看你人不错，餐馆刚开张，我希望能帮你，而且餐馆离我住处很近，我走路几分钟就可以上班。"我对老王说："这家餐馆看来刚开始时生意也不会很忙，所以我工资是低了点，换句话说，由于生意不是很忙，你做菜相对少，不像到别的生意忙的餐馆做大厨那么累。"

我的那位上海朋友老文在我餐馆开张一周后，也从外地赶来帮忙，而且他还介绍他的一位姓林的上海同乡到我餐馆送外卖，这样我餐馆的人马立刻配备起来，而且都是比较熟的朋友，餐馆的工作气氛非常好。因为都是朋友，大家每天在餐馆不但干活做生意，而且都有一种朋友聚会的感觉，这也是做餐馆这一行的好处：每天有吃有喝很热闹，很少寂寞感。

　　除了餐馆的经营菜式、工作人员的重新配置，我还花了大力气做广告，我自己每天在餐馆开门之前都要到附近送菜单。所谓送菜单，是美国中餐馆做广告的一种方法，就是把印刷精致的菜单挨家挨户送到各人门口或邮箱里，客人拿到餐馆菜单后就会到餐馆点餐，这是非常有效的广告方法，因为至少有15％的客人在拿到菜单后会向餐馆订餐。也就是说如果我每月发一万张菜单的话，大概会有一千多个新客人来尝试点餐。

　　在制定营销计划时，我与老文和老王反复讨论，我说："新餐馆的广告应该打成新餐馆、新风格，前三个月所有新客人半价。"餐馆大厨老王立即反对，他说："我在美国这么多年，从没看到一家中餐馆用这种营销方式的，如果半价，用餐的人会觉得你是家烂餐馆，才会搞半价低价。另外，很多人为了图便宜，一下子来用餐，你餐馆忙个半死，但却不赚钱。"

　　老王说的不是没有道理，不同的客人有不同的心态，在现代高度竞争的市场环境中，中国人做生意的绝招就是"低价"，包括近年在美国风行的"自助餐馆"、"一元店"都是用这种经营模式，世界零售业老大美国沃尔玛公司也如此。但是，也有许多客人看不起"低价"的东西，因为他们认为便宜没好货。所以我最后的方案是在前三个月内给客人15％的折扣。

　　经过三四个月的努力，我餐馆的生意逐渐好起来，而且我的"中华餐厅"也逐渐被餐馆附近的客人接受。人家都说中餐馆老板最怕的就是大厨突然撂摊子不干，缺别的员工都能马上补上，没人做菜就惨了，所以许多餐馆老板都自己会做大厨，以应对这种情况发生。我也不例外，接手餐馆后我把餐馆的具体运营管理交由老文负责，因为他做过多年中餐馆经理，而我除了负责进货、做广告、打市场，另一个任务就是学习研究厨艺。

　　我以前在餐馆打工时结识过许多做厨子的中国朋友，其中有些关系不错的，听说我开餐馆后，都到我餐馆指点我，所以有许多厨子教我许多菜式的做法，包括调味和配料。一家餐馆菜式的风格和精华就在于其调味和配料，这也是许多成功餐馆的绝招，老板绝不外传。而且有的餐馆老板为了防止调味配方外泄，从不把配方告诉餐馆的工作人员，包括大厨在内。经过一段时间后，我不但掌握了老王的做菜配方，我手头还有两三种别的大厨提供给我的配方。这样，老王如果要辞职，我也能继续保持餐馆菜式风味不变，因为我可教下一个厨子怎么做。

还有一个小插曲是我在接手"中华餐厅"之前还花钱到一家餐馆当了一个月的"学厨"，由那家餐馆的大厨手把手教我切菜、配料、炒锅、处理肉类等技巧。几个月后，在厨子生病时和休息天，我就可以独立做大厨了，这是我非常引以为豪的一个成就。你做出来的菜有特色，就是好吃，这就是一种本事。而且这种做菜的手艺是使一个人终身受益的。我现在虽然不开餐馆了，但我在家里做的菜味道比许多餐馆还好，所以我每天都能享受美食。

创业的得失

在美国创业的经历，虽然使我付出许多艰辛，在精神上也饱受家庭反对的痛苦，但我却从这一过程中学到了许多东西，认识了社会的许多层面。而有些东西是在公司上班和书本上学不到的。

在未出国前，从小我们受的教育都说私有制里老板就是资本家，资本家都是剥削人的。我自己做过老板之后，感觉到老板不是那么容易做的。老板的另一个好听一点的名字叫企业家，我觉得一个企业家对社会负有许多责任。就拿我的餐馆来说，从某种意义上讲也算是个小企业，餐馆一开张，外面要对客人负责，要做出令客人满意的餐，要负责饮食卫生；在里面要对员工负责，我要保证员工有一定的工作环境，要保证能给他们发工资。这都是最基本的社会责任。对于政府，企业也负有责任，要给政府纳税，遵守政府条例等。而对于社会的贡献，就更不用讲了，有我那家中餐馆在，附近的客人才能享受到中餐服务，各供应商才有了客户。所以，我觉得一个企业是对社会尽了责任，作了贡献的。

那段创业经历也更使我认识到每做成功一件事都不容易。就如美国著名的企业家川普所言："在创业和商场上，真正成功的人才百分之几。"据统计，在美国每开张的十家中餐馆中，真正成功赚钱的只有两家，能够不亏本赚点小钱的大概两三家，而其余几家则会遭遇亏本和倒闭的命运。所以，大浪淘沙，我们不要盲目去羡慕那些成功的人，他们都是大浪里淘出的金子，也没有必要去嫉妒他们。我刚到美国在餐馆打工时看到餐馆生意红火，老觉得老板为什么赚钱那么容易，我自己开过餐馆后，才觉得成功有成功的理由，失败也自有失败的原因。在美国这样的市场经济社会中，一个生意的沉与浮，基本上逃脱不了自生自灭的规律。

在上个世纪50年代前，在美国的中餐馆大多数是从大陆来的广东移民开的，50年代以后，许多台湾人带着资金到美国，在美国中餐馆界很快发展起来，台湾人开的中餐馆，在美国占了很大市场。台湾人在美国中餐馆界的崛起，靠的是资金和吃苦精神。

而到了70年代以后，美国中餐馆界又出现了一股非常惊人的力量，大量福建人涌入美国，迅速占领美国中餐馆市场。福建人的吃苦耐劳，他们过人的生意头脑，以及他们非常团结的个性和传统，使得他们很快成了美国中餐馆界最大的一支力量。于是，在许多地方，福建人一开餐馆，周围广东人和台湾人开的餐馆生意就慢慢下降，甚至倒闭。真可谓十年河东，十年河西。在美国，谁能吃苦，谁就可能发达。谁要是停下来，马上就会被超过或淘汰。社会生存的游戏规则，就是这么残酷。

闯荡千里学推销

张一程

张一程　广东梅县客家人，1974 年往美国读硕士，从事保险、理财 30 年，MDRT 终身会员，曾入选 Marquis Who's Who 美国名人录和世界名人录，著书《实话实说谈保险》，发明十年日历名片，创造游泳启蒙快速教学方法。

一、 学开车考照一波三折

我当年从香港来美国留学，在开学前两个月先到旧金山亲戚家小住数天。亲戚家门前有一段很宽的马路，很少车来往，我亲戚就用他的车子在那段路上教我开车。虽然在动身启程来美国之前，我就先在驾车模拟店玩了几个小时，似乎掌握了相当的开车技术，谁知我开着车子走了几十米，就撞上了路旁的电线杆，练习就这样草草收场了。

第二天，我南下去洛杉矶找香港的同学，在他租的寓所住宿。次日一早，他开车载我到一个正在开发的地区，区内已修好马路，但两旁的工地却空无一人，建筑工人正在罢工。同学简单将开车的要点向我交代了一下，就走路去附近的公司上班去了，留下我一个人舞弄他的车子。我在这个开发区里兜了几个圈子，好开心呀。

接着练习倒车，方向盘抓得蛮顺意，倒着开了几十公尺，走得很直，真威风。正意气风发勇往直"退"之际，突然"轰隆"一声，车子震了一下，跑不动了。下车一看，妈呀，车子后截掉进了一个宽五六尺、深两三尺的大坑里了。我从工地找来石头和木板垫在后轮下面，但两个后轮总是用不了力，始终没办法将车子开出来。

　　白忙了一阵子，才发觉坑的中间有一条三四寸粗的木柱子顶着车底，后车轮下面虽然有石头和木板垫着，但车身重量没有压在车轮上，所以车轮用不了力，不能将车身推进，只能空转。正在一筹莫展的时候，有一个工地管工来巡视，他从车箱中拿出一把手锯，将那顶车立地的木柱锯掉。终于后轮能着地，车子从大坑中"解救"出来了。

　　次日早上，同学带我去参加路试。当我的车子一离开停车场上马路，坐在我旁边的考官就大声叫："停车！停车！！"很明显，我的开车技术将他吓坏了。

　　接着，我搭乘灰狗长途汽车来到亚利桑那州的凤凰城，找另一个香港来的同学。在他家附近练了十来分钟。第二天，他带我去参加路试。在驶离停车位置时，将旁边的橙色的尖筒碰倒了，第二次考试又被中止了。

　　我预定要乘下午 12 时 45 分的灰狗汽车去下一站，怎么办？同学二话没说，拉我上车。那时正在闹石油危机，美国政府规定高速公路时速不能超过 55 英里。为了赶时间，那位同学却以每小时七八十英里的时速，飞车赶去乡下小地方考路试的衙门。他告诉我，那里准能通过路试。我们风驰电掣地在 11 时 55 分赶到，那里只有两个官员闲着，见我们来到，叫我开车在衙门前的空地上打个圈，就给我驾驶执照。

　　我和那同学高兴极了，你一句我一句边说边笑："你怎么会找到这样的地方？""乡下地方好开车，路考太容易。""像我这样的驾驶技术，也就只能在这样的考场才能过关。""快到午餐休息时间。考官一定是肚子饿了。"

　　接着我的同学以 80 英里的时速飞车赶到灰狗车站，那时大家正在排队登车。我一上车，车就开动了，驶向新墨西哥州的阿波库奇市。

二、买旧车做推销

　　我为什么要坐灰狗汽车呢？那时美国经济不景气，政府新措施禁止留学生在校外打工。我没钱怎么办？于是带了一手提箱的中国工艺品，有苏绣、织锦、折扇、竹丝画和彩绘蛋壳等等，坐灰狗车，沿途每到一个城市，我就去车站附近的住宅敲门，将工艺品给人家看，接受订单、收订金，再叫香港的朋友将货寄去。

当地的民风淳朴，不少人看了我的样品，很喜欢，将几十块钱交给我，不怕我拿了钱不交货。我白天推销，傍晚再登车去下一个城市，晚上就在车上睡。有时会找一家破落的旅馆，花五毛钱好好地洗个澡。就这样，穿过十多个州来到纽约上州度假村庄，找到一份帮忙洗擦的工作，有吃有住但没有工资。

在那里我用150元买了一部老爷车，要买汽车保险，这可考倒了卖保险的人。我用亚利桑那州的驾照，在纽约州买车，准备开去密歇根州用，前无先例。咋办？折腾了大半天，卖保险的做生意非常执着，打了好几个电话，终于办好了。保险费比车价贵，要两百多块钱。可是，那卖保险的阿姨送了几个办公室后院摘的甜梨给我，才不怎么心痛。

快开学了，我就与同路人开着那部150元的"名车"去密歇根州的兰辛城上课。上了高速公路，我战战兢兢地跟着在右边慢车道的车走。有几次，前面的车子离开高速公路，我傻傻地也跟着在同一出口开了出去。也有几次，因为要全神贯注看路况而没看清楚路牌，错过出口走过头，又要多走十多英里才能掉回头。

后来，在发觉没及时出去时就将车子开在左边，当看到前面有"NO U-TURN（不准掉头）"的告示牌时，就将车子慢下来，停在左边的路旁公路双向间隔的缺口的前面，看准前后左右都没有车子时就从缺口掉头，省下要多走十多二十英里的冤枉路。在我看来，那个不准掉头的告示牌是在告诉我：请在这里掉头。

这部花了150大洋买的老爷车，其实很不错，开起来四平八稳，坐椅也宽大。冬天周末，我还开着它去离学校60英里的另一个大学城安娜堡卖中国工艺品，将货交到该城的零售店。那时不习惯老美的食物，老实说买个麦当劳的汉堡包也不舍得，我就在公路中途休息站或学校的厕所用咖啡壶煮面条。

那时市上已有泡面，但仍未以"方便面"的大众化形式推广，而被称作（日本）拉面，是以特殊食品的高贵身份在高档杂货店出售，太贵了，我只能买白面条干来煮。晚上就睡在车上，点着一个露营用的煤油暖炉，将车窗开一条小缝，以防一氧化碳中毒。次晨醒来，到处铺满半尺厚的白雪。

我的学校有一博物馆,它的礼品店也向我要货。天气好的时候,各地不时有路边摆卖活动,我也拿中国工艺品去卖。有一次,我将吃完的豆瓣酱瓦罐子当工艺品卖,别看这土里土气的瓦罐子,可以卖十块美金,虽然原装的豆瓣酱连罐子也只卖一块钱而矣。老美手笨,看到任何手工做的东西(handmade)都觉得很有价值。随着手工做的瓦罐子日趋绝迹,用十块钱买个手工精致的有中国民间气息的瓦罐子,绝对是一项好的投资。我现在还珍藏着一个瓦罐子,当年舍不得卖掉。

三、 暑假参加推销队

次年暑假,我参加西南出版公司的暑期《圣经》推销队,到俄亥俄州一小镇受训两天,学习拿着精装《圣经》逐家敲门推销。接着被派去南部的北卡罗来纳州的莎乐市。我租了一个公寓,找几块纸箱皮作床,吃完西瓜后用瓜皮做菜。每天一早出去逐户拍门,一手拿《圣经》,一手拎着工艺品手提箱。主人开门,我就问星期天去做礼拜吗? 去,我就卖《圣经》。

南部那一带的居民多信教,故那些地方叫圣经地带(Bible Belt)。北部五湖边多钢铁、汽车和机械等重工业,叫铁锈地带(Rust Belt)。如果不去教堂,我就拿出工艺品卖。很快我就知道工艺品比《圣经》好卖,干脆不卖《圣经》了。美国人看到精细的中国工艺品,莫不感叹中国人那么心细脑灵眼亮手巧。一个暑假结算下来赚了3000元,胜过在餐馆洗盘碗。

当地的人很友善,有些给我水喝,有些给我自烘的燕麦饼,有个老婆婆还特意为我煎了一块猪排。有一次却碰到一个很无聊的人,他买了一幅苏绣,我告诉他这是丝绣。第二天,他一早摸上门,说要送我去见官。原来他在纺织厂工作,他将那幅刺绣拿去化验,验出有人造丝成分,说我骗他。他不是赞赏艺术和手工的人,他是买材料的。这就是美国的文化,物质世界的文化。我将钱退还给他,省得他纠缠下去。

从这我得到一个很宝贵的经验,一切言行都要很小心细致,更进一步加强我日后工作的认真态度,尤其是我从事保险和理财工作,不但不能有任何误导欺骗，还要尽力避免客户有误解。我知道，我的工作做得细致，不乱说胡搞，就不怕有客户找麻烦。

推销工艺品，我学到很多在课堂上学不到的东西。我了解到美国人不但喜欢手工做的东西，还要是唯一、无双的，或者最少也是眼前独一的。所以我的小提箱内绝不能放两件同一款式的东西。几年前在一次社团春节晚会上，我见到有人摆卖项链之类的东西，同一款式放上四五条。我建议她每一款式摆放一条就够了，不料，她以难看的神态和无礼口气回敬我，嫌我多管闲事。

我也发觉很多人识货，精明有品位，买东西不是买价钱，而是买质量和价值。一幅30元的绣画比一幅20元的绣画会快一点卖出去。这也对我日后的工作有很大的影响，指导我要找明智的客户，加强我应给客户可靠、高质量、有价值的产品和计划的意识，一分钱一分货，不能将质量和可靠性放一边，只求做成生意而推荐便宜但不可靠的产品或计划。

逐家敲门推销的磨炼和经验，亦为我日后事业的成功做好准备。那时我在7月4日照样出去每家敲门，人家都很奇怪为什么那天还在工作，我也奇怪为什么那天不工作，后来我才知道，那是独立日，美国的国庆节。那个暑假每天出去走十多个小时，让我养成孜孜不倦、坚持不懈工作的习惯，一直到今。没有勤奋，何来独立自主？

有一次，一条狗急着向我冲来，我连忙用手提箱向它挥打，它的女主人喝住它，并加了一句"Idiot（蠢货）！"我不知她是骂我还是骂它。美国人喜欢养狗，来自香港的我少见多怪，怕狗。也可能我反应过度吧，但我庆幸没给它咬着。

四、 行万里路胜读万卷书

有一天，有一个人盘问我是干什么的，要我打开手提箱给他看。我心想，不妙，给移民局的人盯上，有大麻烦了。然而他却说有一个好机会介绍给我，邀我上车去一个地方。我想除非他宰了我吃掉，我一无所有，无所畏惧，就跟他去开开眼界吧，于是我坐上他那辆只在电影中见过的豪华轿车。

我们来到一个酒店的大会厅，那里已有一大群人，没有一千也有八百。原来,这是安利公司的动员大会。台上有人介绍他们参加安利肥皂粉传销的经验,有人带头手舞足蹈,又唱又跳,还呼口号,将全场人激励起来。不久前我参加过西南出版公司的推销培训,现在又有机会亲自体验到美国传销模式,这是在课堂上学不到的。那人要我参加,我就花几十元买了一套推销肥皂粉的样品箱,但后来我并没有试图去推销肥皂粉。

我并没有按他的嘱咐买大批肥皂粉。我判断,参加传销者,大多希望众多的下游下线为自己去跑生意,人家拿生意回来而自己可以坐享其成。这种模式,对上线的少数人很好,开豪华轿车的那人就是上线。而对作为广大下线的人,绝大多数的人都会兴奋一段短暂的时期,然后都不了了之,只落得自己存了一大批货品发愁。我当时只买了一个样品箱试一下,而那些样品也够我自己用两三年的。

世界上哪有这么容易的事情,人家去跑腿替我赚大钱?我还是做我的"个体户"、苦行者,逐家拍门推销工艺品,与应铃开门的人寒暄,实实在在地将工艺品一件一件地卖出去,练习了英语,也学会与人打交道。十多年后我又碰上了保险传销,我知道那是不可靠不实际的行当。传销卖肥皂粉问题不大,大不了自己和亲戚朋友囤积可用十年八年的肥皂粉,但保险传销却可能要十年八年后才暴露出大问题。开激励大会,上几堂课就成了保险和理财专家,然后向亲戚朋友邻居同事推销,太儿戏了。接着又要他们找熟人去推销,一层一层下去,一而三,三而九,三九二十七……发财梦易做,也易破灭,只是到头来愧对熟人和自己。

暑假快结束了,我与同伴开车沿美国南部向西进,再沿西岸向北走,来到加拿大的温哥华,再折向东从美国北部回到密歇根州的兰辛城。途中最值得回味的有两段路,一是在亚利桑那州北边飞车时速 80 英里,赶到大峡谷,来到峡谷边沿向下面望,看到大自然经过数百万年雕刻出来的一千多米深的峡谷。一分钟后太阳沉下地平线,下面的峡谷立即成为一片黑沉沉的世界,什么都看不见。

这次亡命飞车,就值这一分钟的震撼。我这一分钟的享受,也有赖于大自然百万年的艰辛付出。另一段路是经过南达柯他州的烂地(Bad Land),那里的地貌给大风吹得破破烂烂,好像鬼域。想停车好好领略一下大自然风化的杰作,那时虽然仍是9月初,但因风大刺骨,出车外半分钟已吃不消,只好赶快离开这鬼地方。当时只有夏天的衣服,万一车子抛锚,后果堪虞。来往的车子很少,谁可援助? 现在想起来,仍心有余悸。

算下来,两个夏天走过美国30多个州,见到美国的风景到处都很漂亮,但乏味,缺乏文化内涵和韵味,不能令人梦徘回味。美国风景与中国风景比较,美国风景好像一部好看的电影,然而没有感染力,看的时候叫好,但没多久也就淡忘了;中国风景,即使是穷乡僻野,像感人的电影,多年后还会让人回想剧中的人物和情节,希望能够重映再看。

当年课堂上老师讲什么,现在已毫无印象,但课余和放假闯荡的经验和磨炼,却毕生中用,真是行万里路胜读万卷书。

留学打工篇

墓地小工"博士后"

廖 康

廖康 北京人，1991年到美国西弗吉尼亚大学英文系读书，1995年博士毕业。现任蒙特瑞国际研究学院翻译研究生院副教授。

我的"博士后"是在墓地做小工。许多人以为博士后是比博士更高一级的学位，这实在是个误解。至少在美国，博士就是最高学位了，不像法国，还有国家博士。所谓博士后（postdoctoral, postdoctorate），其实是指拿到博士学位后没找到正式工作的人，拿助教低薪做研究。有些竞争性很强的专业，甚至要求新科博士必须先做博士后的工作，才可能转正。说穿了，就是要人家当廉价的学术劳工。不少人把生活比作他们的大学，我则把毕业后在墓地当小工的一段经历比作我的博士后。

十年前，我拿到博士学位后，发出去几十封求职信，在家等回音。没两天，就等得不耐烦了。一个大男人，不能在家吃闲饭哪！中文有"待字闺中"一说，可没有给男人准备类似的成语。我开车出去转了一天，不是人家不肯要我这个从未打过餐馆工的生手，就是我看不惯人家那种居高临下的脸色。黄昏时分，开入住家附近一座巨大的墓园。

好去处！早就瞥见过外观，这回见到真颜了：丘陵起伏，松柏遮天，芳草葱茏，鲜花点缀。各式各样的墓碑、陵墓错落有致地布满这上百亩园地。这可跟中国的墓地大相径庭：有溜狗的、散步的、锻炼身体的，简直是个公园。只见一个招工的牌子立在出口门边颇有古罗马风格的石头建筑旁，便下车去打听。园主跟我一见如故，当下就说妥了，第二天一早来上班。虽然是最低工资，我也不

墓地小工"博士后"

在乎。能够在阳光下干些拈花惹草的活儿，我觉得不比打高尔夫球差。

每天工作，都从花房开始。工头"恶逆"（Ernie）派活儿，告诉我们四个小工什么花拿多少盆去几号墓地。恶逆三十多岁，矮挫子，壮实，没脖子，总是阴沉着脸，像只凶猛的牛头犬（bulldog）。其实他挺蔫的，但我的最初印象没错，逮着机会，他还是要咬人的。

那三个小工都是二十多岁的小伙子，一个瘦高挑儿黑人姓"比哨"（Bishop），他偏要大家用他这怪姓，不让叫他名字。他还真是爱吹哨，吹得清脆悦耳、悠扬动听。要是像章棣和那样有乐队伴奏，他没准儿也能出录音带呢！一个健壮的，中等身材的白人叫"大嗓"（Dawson）。他的嗓门，那才叫大呢！跟他一块儿干活，你就不必担心缺什么东西了；甭管在墓园哪个角落，他一声吼，花房、工具房的人都听得见。用工友们的话说："连坟墓里的尸首都要跳起来！"

另一个白人岁数最小，看上去还是个娃娃，傻乎乎的，什么事儿都得至少跟他说两遍，第一遍把他引到话题的范围之内，第二遍他才可能听明白。他跟希腊神话里那位大力士同名，叫 Hercules，可是长得非常瘦弱，大概是父母取那一相情愿的名字给妨的。我们都叫他"禾鸡"（Herkie）。我的名字他们怎么绕舌头也叫不真着，索性就让他们叫我"利昂"（Leon）好了。这些人虽然连高中都没念完，那些拉丁语的花名说得流利极了。我暗自还真下了些功夫，好不容易才记住那些个新词儿。

把各色花朵装上车，恶逆就开着那辆丁零咣啷，随时都可能散架的破卡车，拉我们去打扮墓园。总有要给亲朋故友送花的，还有些主顾要我们定期给他们家的墓地上花。当然，还得浇水、割草、剪枝、搂树叶，偌大一个园子，活儿有的是，永远也干不完——尤其是照着比哨那种干法。数年寒窗，我坐够了冷板凳。有这么个在户外干体力活儿的机会，我很高兴，一点儿也不惜力，只当是锻炼身体。比哨不高兴了，向我示范了几次，见我不明白，干脆直说了："利昂，你急什么呀？干得再多、再快，也不给你奖金。像我这样，搂一耙子，再给它退回去点儿，反正他妈的恶逆也没在这儿盯着。唉，对了，就这样，咱们再聊着。"

比哨的求知欲很强，他服过役，在外州驻扎过，比另外那俩小子眼界开阔些。他喜欢跟我一块儿干活——教会我磨洋工后——跟我聊天儿，天南地北，问这问那,还教训那俩小子呢:"你们甭整天价说那些猪狗都会干的事儿!咱们长这么大,什么时候跟个博士说过话?还不趁机学着点儿!"别以为我尽在他们面前卖弄学问,"文革"时我在工厂干过七年,对无产阶级朴素的语言和纯洁的段子也挺熟悉,很快就跟他们打成一片了。差别在于,他们仅仅知道那点儿朴素和纯洁。可比哨不甘心,我感觉到,他心里有个声音,时不时就呼唤他,要他离开这日复一日无聊的生活。

有一次,他问我:"利昂,你能不能给我说说,什么是幸福?我想过很久,就是想不通。有人说发财就幸福了,要什么,有什么。可是钱买不来爱,别人还盼你死,整天算计你的钱。有人说出名就幸福了,谁都知道你,崇拜你。可是名人的麻烦多了,一举一动都有人盯着,我看他们也不幸福。身体不好,当然不幸福。身体好,像我这样,想吃什么都买不起,也不幸福。牧师说信了主,就幸福。扯淡!我们教会里,多半是穷光蛋,除了主以外,什么都没有。我们可是真信主啊,就盼着来世呢!可现在呢?谁要说自个儿幸福,我就管他叫骗子!"

我开始刮目相看这位整天嘻嘻哈哈,吹小曲儿的比哨了。我知道,他不仅是在思索人生的意义,也是在努力把自己的思想理顺,企图从纷繁的具体现象中归纳出抽象的结论。我想了想,答道:"对幸福,各人可能有各不相同的理解。要是用一句话来概括,幸福就是实现自己的意愿。有的人想当总统,有的人想当富翁,有的人想当电影明星,有的人想成为大作家。也有人想当职业革命家,像切·格瓦拉那样;还有人想献身上帝,像特蕾莎嬷嬷那样,全心全意地为穷人服务。当然,更多的人一会儿一个主意,也不知道自己到底想干什么,但无论什么人,只要实现了自己的意愿,就感到幸福。"

比哨睁着大眼睛,半张着嘴,想了一会儿,又问:"那意愿小,就容易实现,也就容易得到幸福,对吗?"

"是啊!我们中国有句谚语,'千里之行,始于足下'。我们还说,'知足者常乐',就是这个意思。"

"哇!中文真伟大,你们的语言里有那么多智慧!"

我没有告诉他英文也有类似的谚语(A contented mind is a continual feast),他已经明白那道理了,我没必要再臭显。

要说幸福，恐怕大嗓最缺乏了。他总愿意一个人干活儿，我们经常听到他痛苦的呼号。头一次听到那撕心裂肺的声音，我还以为他出了什么事，赶紧跑过去。可他明明在那儿栽花呢，没事儿人似的。我问他怎么了，他什么也不说，可是眼睛里噙着泪，泪水中冒着火，嘴巴扭曲着。我有个画家朋友，可惜他没见过大嗓，要不然一定能画出最痛苦的模样。其实他就是穷，欠了些钱而已。比哨告诉我的。后来，我跟大嗓熟了，能谈上话了，才了解到他的心思。他是没有希望啊！

大嗓中学没毕业，就因打架进了教养院。出来以后到哪儿都没人要。他哥哥史蒂夫是这墓园的技工，因手巧，汽车、拖拉机、挖土机，什么都会修，园子缺不了他。凭着哥哥的面子和保证，大嗓才得到这份工作。可是干了三年，工资一分没长过，一小时 5 美元，仅仅够维持生活。一年多前生了场小病，欠下了钱，现在利滚利快上万了。

"我上他妈哪儿弄一万块钱啊！"他压低嗓子一声感叹，简直就是一声闷雷。可是他干打雷，不下雨。一腔苦闷发泄不出来，憋急了，才在没人的地方吼一嗓子。每个星期发了工资，他都要买十张彩票，苦苦地期待着奇迹发生。"主会可怜我的！"这就是他唯一的希望。可眼见这希望一星期一星期从手指缝间漏出去，他的吼声越来越频繁了。

买彩票，是他们的一件大事和共同的话题。每人一星期才挣 200 来美元，交了房租后，那点儿钱只够吃饭的。好几次，我见他们为买一顿午餐而借钱。尽管如此，他们还要抠出近十分之一的工钱买彩票。开始，我还想劝劝他们，但很快就明白了。要是把这吊在马嘴前的嫩草拿掉，马就绝不会再抬蹄子往前走了。上帝是他们来世的希望，彩票是他们现世的希望。没有彩票，还有什么活头？

彩票每周开两次，星期三和星期六开。星期四和星期一早上，他们都要谈论一番：差几个号码，长到几千万了，谁中了大奖……奇怪的是，别人中了，他们也高兴，毫无嫉妒。原来，只要有人中，他们就感到有希望。彩票轮流中，下周到我家。他们最喜欢想象中了奖金怎么花，而且痛痛快快、肆无忌惮地说出自己的愿望。大嗓曾说过："我要是中了奖，就在山头上盖座大房子，带游泳池的，每天光着屁股游泳,顿顿吃烤肉!"只有在那时,他脸上才会露出笑容。

有时,我也会引他们多说两句,了解他们的梦想:"中了奖,你就不想去周游世界?"

大嗓说:"我才不去呢!我又不会外语,找那个别扭干什么?"

"那美国呢?你不是没去过纽约吗?"

"纽约有什么好的?听说那儿尽是打劫的,我可不想找那个麻烦。"

我这才明白,没有知识的人是多么怯懦。

"你呢?禾鸡,你要是中了奖,怎么花你的钱?"

"你说什么?我要是中了奖,就怎么了?"他好像刚从梦中醒来似的。

"傻小子,利昂问你,如果你中彩了,你拿那钱干什么?"比哨不耐烦地解释。

"买书?"这回轮到我大吃一惊了,"你买什么书?"

"他还能买什么书,"比哨撇着嘴说,"连环画书呗(comic books)!"

禾鸡点点头:"是啊,我攒了53套了。我要是有钱了,就把所有的连环画书都买下来。你说一百万够了吗?"

"不够,"比哨见我没有立即回答,抢着说,"光美国就有几十万种呢!"

"好了,好了,"恶逆打断了他们的美梦,"我们有活儿要干呢!"

那天的活儿是剪枝,一人一把链锯。这玩意儿有些分量,我们都用汽油机驱动的。为照顾禾鸡,让他用电动的,较轻些,而且拉着一根电线,他只需剪够得着的低矮的灌木。干了没多会儿,这傻小子一回身,把电线给剪断了。幸好没电着他。禾鸡怕挨工头训斥,急得眼泪都快掉下来了。比哨很麻利地用工具刀削开电线皮,接好金属线,又拿黑胶布编辫子一般把交接处缠得严丝合缝、厚厚实实。禾鸡小心翼翼地接着干起来。可是那电线是橘红色的,新缠的黑胶布特显眼。没多久,恶逆来监工,一眼就瞅见了。他拿起电线看了看,立刻叫我们停下来。

他瞪着禾鸡,严肃地问道:"这是怎么回事?"

"什么怎么回事?"禾鸡傻傻地反问。

"这电线!你个笨蛋!"恶逆狠狠地骂道。

"我、我、我一回身,它、它就断了。"

　　　　　　　墓地小工"博士后"

"这倒不奇怪,可你怎么不向我汇报?"

"怕挨斥儿,你就不怕挨电?谁给你接的线?"

"就你?哼!"恶逆鄙夷地说,"你还有这手艺?说,谁接的线?"

禾鸡虽然窝囊,但不管恶逆怎么逼他,也决不肯出卖朋友。自"文革"后,我还从没见谁如此当众受辱。我觉得嗓子眼里哽得慌,忍了一会儿,把气调顺了,才开口:"恶逆,别难为他了。是我接的线。我不懂这儿的规矩,违反了安全作业条例。你就惩罚我吧。"

恶逆对我一直挺客气。那时正赶上墓园要出通讯,园主请我写一篇关于华人墓碑的文章,单独找我谈过两次。别看就这么个墓园,财会、营销、墓石、挖穴、育花、维修、火化、殡仪等等,有不少部门呢。我们工头很少捞上跟园主搭话的机会,恶逆对我自然就有点儿另眼相看,可暗地里也巴不得教训我一次,显显威风。

"别看你有那么高的学位,"他开始了,"可隔行如隔山,是不?咱们这工作,安全第一。我首先得对工人们的安全负责。出了工伤,你知道咱们园子得付员工多少补偿吗?你们四个,一年的工资全加起来都不够!我看你新来乍到,哎,你不是也说了吗,不懂这儿的规矩,我就原谅你这一回。下不为例。干活儿去吧!"

那天中午,比哨给我买了份麦香鱼。

墓园的通讯出版了。营销部主任给我送来一份。淡淡的蓝灰色的纸,绛红色的边条,那印刷,比我想象的精美多了。我的文章 "The Curious Carvings on the Cathayan Monuments"(华人墓碑上的奇文怪字)解释了为什么华人墓碑上有那么多字,为什么很多中英文名字对应不上,提到了《排华法案》造成"文件儿子"(paper son,即为来美国在文件上伪造的儿子)的现象,以及落叶归根的文化传统,并以一首墓碑上的诗结束全文:

> 一生争系为前程,道路崎岖复暗明;
>
> 两次逃亡情犹记,数番风雨恨难平!
>
> 且看世事如幻梦,却见人事似浮萍;

已无旧业因战事,幸有阶树荫门庭。

当然,在那英文的通讯上,在墓碑的照片旁边,登的是我用抑扬格五音步,自由意译的诗:

This man had strived to better his prospect.

The journey was rough and had ups and downs.

From death he managed twice to resurrect,

But left regrets in the turbulent towns.

The world's vicissitudes outside his door

Did coincide with changes of his life.

Though fortune was lost through many a war,

He's blessed with children by a faithful wife.

编辑特意在介绍中提到我的博士论文即将出版。我知道这通讯有营销的作用,但还是从中获得一丝成就感。

夏天过去了,我受聘去纽约一家翻译公司任职。工友们毫无顾忌地问我年薪多少。我不想刺激他们,少说了一半。"啊,那么多! 恶逆在这儿干了十多年了,还没你多。我们还得接着买彩票啊,没准儿哪天就超过你了。"说这话时,他们真诚地笑着。

临走时,园主来送行,跟我开玩笑说:"我们再雇人,至少也得是博士!"

一份做了 22 年的"临时工"

故事：唐劲宜　撰写：Jenny Jiang

唐劲宜　上海人。先后毕业于上海电力学院动力工程系和美国旧金山州立大学化学系。1989 起任职于美国旧金山市政府。曾获旧金山市政府杰出公众服务员工奖。现任旧金山市公共卫生局高级环境专员。

这是一份临时的工作，没想到居然一做就是 22 年，一直到现在还在继续。

1989 年，我，一个从上海来的自费留学生，终于要从旧金山州立大学化学系毕业，却面临美国经济陷于低潮的不景气，房价下滑，失业率上升。10 月的大地震更让旧金山的经济跌入新的谷底，各行各业减少雇佣员工。我急于找工作，为了生计，也为了在美国有一个合法身份。

看遍学校的各种招工传单，翻遍各份报纸的招工栏，打了不少电话，寄出一批我的履历，却没有着落。很多美国土生土长的学生都很难找到工作，我一个外来的留学生更难。怎么办？学校公告栏上有一条招工的消息引起我的注意：S 市政府要到学校来举办招工会。我去参加，现场的人不多，不少人到一下就离开了，因为这是一份临时性的工作。

我是少数一直留在现场没有走开的学生，虽然是临时的，但先有一份工再说；再说我对这份工作产生了很大的兴趣。负责招工的 Peter 是 S 市卫生局派来的。我第一次知道，美国的环境保护和环境卫生一样归卫生局管。Peter 介绍，市卫生局得到联邦和加州政府的拨款，准备新建一个全市化学有害物质的数据库，需要临时组建一个团队。

化学是我的专业，而且我意识到，这项环保工作很重要。于是我和 Peter 交谈起来："我是化学系毕业的。这项工作要做些什么？"

"学化学的，很好。"Peter 和蔼地介绍，"我们主要是做两方面的工作。第一步，先登记，把 S 市使用的有害化学物质和使用的公司数据记下来。第二步，做好管理。管理又分新旧两块，对正在产生的污染加以限制和阻止，对过去留下的污染要清除。"

"我很有兴趣，也很适合做这项工作。"我想起学校就业辅导老师说过，要重视自我推销。

"你为什么对这份工作有兴趣？"Peter 问。

"现在美国经济下滑，政府却拨款做环保的基础工作，这是非常有远见的。"我说，"美国在环保方面，走在全球的前列。我希望也能有机会出力。"

Peter 点点头，说："可是，这是临时拨款，所以工作也是临时性的。"

我回答："这份工作是临时的，环保却是长期的。我学到了一些经验，将来会有做不完的事。"

"你也很有远见。"Peter 笑了。

我和 Peter 谈了很多有关环保的想法。过了几天，我收到录用的通知。

第一天上班，先是开会，大家自我介绍。来招工的 Peter 是这临时团队的主管。"我们部门是新的，需要发挥各位的智慧。大家有什么好的意见，尽管提出来。"他说着，又点我的名，"我很欣赏 Jing 说过的话，这份工作是临时的，环保是长期的。"

经过各人的自我介绍，我们相互认识了。Shelly 是卫生局的职员，负责计算机编程序。我和三位新来的都是"临时工"。Paul 是菲律宾人，San Jose 州立大学生物系毕业，一心想考医学院，后来成为一直和我有来往的朋友。另外两位"临时工"Mike 和 Steve，我已经记不得他们是什么学校毕业，只知道他们和 Paul 一样，准备考医学院。

我们几个临时工做同样的工作，各人负责一块地区，登记使用和造成污染的有害化学品。我看他们工作很轻松，老板怎么要求，他们就照着要求做，按部就班，决不越雷池一步。我却很紧张，一直在琢磨如何登记，如何让登记的信息看起来更明确，管理起来更方便。常常他们下班了，我还在办公室里忙。

有一次开会，Peter 提议："我们这个新部门开始工作已经快一个月了，大家谈谈有什么需要改进的。"没有人出声。我看看 Paul,他把头扭到一边。于是,我打破沉默:"为了便于管理和处理,我们需要增加登记的项目。应该登记有害化学品是气体、液体还是固体;登记时,要按它们化学的毒性程度和污染状况来分类。"

"太好了!"负责计算机登记的 Shelly 高兴地说,"我一直在想,怎样登记更好。你的建议帮了我。"

散会后,Shelly 找我去规划化学品分类登记的事,一连忙了几天。Paul 抽空拉我一起去吃午餐,边吃边数落我了:"哥们,你搞什么? 这是一份临时的工作,干什么自讨苦吃? 看看你忙成什么样?"我知道他是好意,只能对着他笑。

"你还笑? 傻笑!"Paul 瞪了我一眼,"也幸亏是份临时工,如果是长工,别人还以为你是在抢饭碗。你要成为大家的'公敌'。看大家怎么收拾你。"我还是只能笑。开始,Paul 很生气,到后来也忍不住笑了,原来笑是会传染的。

有时,Shelly 遇到一些问题,就会来找我一起讨论。我会提出一些改进的建议,例如数据输入的构想、环保管理的规划……她也经常感谢我给她的建议。我们团队的调查和登记工作开始上轨道了。

Peter 也会找我。可是他比较忙,往往在快下班的时候会打电话来,那时,其他人都走了,只有我还在。他很高兴我接他的电话,因为化学是我的专业,而他要知道一些化学名词和特性,了解一些工作的设想和进展。

有时,他会到我们的办公室来。其他人都下班了,办公室只有我一个。他问我在工作上有什么困难,和我谈工作,听我的建议,也会谈起他对中国人的好感和感激。他是犹太人,常常提起二次大战时,中国人在上海收留了很多犹太人,使他们免于遭受纳粹残酷的虐杀。Peter 的感激给我很深的印象,让我深深地感到,人做了好事,会被永远记住。

Mike 和 Steve 和我说的话不多,即使有也是客套。工作空余的时候,他们会抓紧温习他们将要升学考试的内容。Paul 和我聊得比较多,几次问我:"临时工结束后,你打算做什么?"

"再找一份工。"

"对! 要找大公司,待遇好,升职的机会多。"他说,"政府的办公室工作很闷。亏你坐到下班还在办公室。这只不过是一年的临时工，值得你这样卖命吗？"

"这是学习，多做多得，工作经验永远是自己的。"

"你啊……"Paul 直摇头。

一年快过去了，临时工要结束了。我也早就开始找下一份工作。有一家大石油公司考虑给我一份待遇不错的工作。Peter 来找我谈话。"市和州政府看到我们工作的成绩，其中你有很大的功劳。"他很诚意地夸我，"我们又得到一笔拨款，可以增加雇佣一位职员。你是很适合的人选。"

我说："非常感谢您对我的信任。能不能让我考虑两天？"

"当然可以。"Peter 又补充一句，"我非常希望你能留下来。做得好，今后的拨款还会有。正如你说的，环保是长期的。"

争取去大公司？还是留下来？——我想起一个哲学小故事：有头驴子，在两堆新鲜的草中间徘徊，因为是等距离的，所以一直拿不定主意，究竟先吃哪一堆草。最后饿得走不动，死了。——过去感到这驴子太可笑，现在感到驴子很值得同情。

可是有一件事让我在犹豫中很快作出最后的决定。因为父母被移民局气伤了心。那天，父亲从移民局回来，脸色很难看，晚饭没吃几口就回房间了。我悄悄问母亲："爸今天怎么了？"

"还不是让移民局的官僚老爷给气的。"

"不是一早就去了吗？"

"排了一天的队，好不容易轮到我们，说我们证件不齐。"妈妈来气了。

"上次移民局的人就说要这些证件，不是早就准备齐了吗？"我感到不解。

"就是。可是他们硬说不齐。不理我们，叫了下一个号。"

"找他们主管说。"

"找了。你爸爸英语不错。可是那主管态度更差。"妈气得提高嗓门。

"这，哪是美国？和中国的旧衙门没什么两样！"爸爸听到我们谈话，从房间里走出来问，"你的工作怎样了？"

"还没有决定。"

"我看你就在卫生局做。政府部门的工作,看看移民局就知道,朝南坐的;用中国的俗语说,是铁饭碗。"父亲半劝半下命令,"你在那里,既有稳定的工作,还可以改改衙门的坏风气。"

那时,又传来我家的一位亲戚被大公司裁员的消息。他也劝我到政府机关工作,半开玩笑地说:"你适合在政府机关工作,可以一直做到退休。"

"我这是临时工,要拿到政府新的拨款才有工作做。"

他依然笑嘻嘻地说:"我会看相。这份临时工,你会做下去的。"我不知道他在开玩笑,还是说真的。

果然,做不完的新任务来了。由于加油站的一些储油槽年久漏油,污染土地和地下水,1996 年起,加州政府规定:老旧的油槽一定要更换,还要清理受污染的土地才能营业。我被派去负责检查、审核及发放证书。

父亲受过的气,我没忘;父亲说要改衙门风气的话,我没忘。我一上任,首先跑各种加油站,上门服务,解释相关政策,同时看看客户有什么要帮助的。那次,我去一家公司自设的停车场和小型加油站。公司主管见我是卫生局来的,就没好气地说:"办公室坐得不舒服,跑到我们这里来,我可没有空陪你。"

"我是来帮你们的,看看有什么我可以做的。"我很诚恳地说。

"那,你给我解释新的政策,这么多条文,没有时间看。"

"很简单,关键的有这几条。"我抓住重点,一条一条向他解释。

当然他最关心的是如何可以通过我的检查,拿到证书。他问了我一些问题,我都给他解答,还把检查的要求告诉他;发现有不对的地方,教他如何改进,并答应他,只要他的公司达到政府的要求,就马上发给他新的证书。他变得和颜悦色,就向我要了一张名片说:"我叫 Mark,你真的和过去那些政府来的人不一样。"临走的时候,他接连说了几个"Thank you!"

没想到,月底卫生局开会时,Peter 在全体员工面前提我的姓名说:"Jing Tang 是我心目中了不起的人。"在场的人都朝我看。Peter 停了一下,继续说:"因为我收到市长办公室转来的一封信。那是我们的客户 Mark 写给市长的,表扬 Jing 上门服务,服务得非常好。"Peter 看着我,做了个手势,让我上前。

"Jing 到卫生局来的时间比你们中的任何人都短,可他却是第一个得到客户表扬信的人。我把这封信留给他作纪念。"Peter 把信给我。大家都为我鼓掌，还有人起哄："Jing，你为大家说几句。"Peter 也说："Jing 说几句。"

"你们知道，这原来是一份临时的工作，我后来为什么留下来？"大家都竖起耳朵。我把父母亲在移民局受气的故事讲了一遍。"我留下来是为了不要再有客人像我父母那样受气。我是新人，还有很多要学的，请大家给我指教。"我向大家鞠了一个躬。大家给我热烈的掌声。

但是，并不是每天都那样阳光明媚。有些客户对我的热情服务照样给难堪，尤其是大公司的连锁加油站，他们认为是我们卫生局找他们麻烦，仗着公司大，有专职的律师，态度蛮横。有一次，我发给他们环保通知，花了不少时间写了解释，想让他们容易了解。没想到，那家大公司的主管，把信退回来，说看不懂。

我很难过，回到家里饭也不想吃。父亲问："怎么了？ 工作不顺吗？"我把发生的事说了一遍。"哦，你这是在替人还债，这是过去政府人员欠下的态度和作风债，和移民局的官僚一样。"父亲还是没有忘掉移民局的事。

父亲这一说，点醒了我。是啊，那位主管一定是心中有气。怎样化解呢？我去请教 Peter。

Peter 看了我给石油公司的信，笑了。"你很热心，想把工作做好。"Peter 总是先肯定别人，给予鼓励，"可是公文有公文的格式，要简明扼要。解释和说明，可以用口头的方式。"他帮我把信作了修改。

我决定带着改写过的信，亲自去面见那位主管。"谢谢您的指点！我把那封信改写了。"我对那位主管说，"如果还有什么不对，我可以再重写。"

那主管感到意外，看了看我，读完我的信，说："哦，这比前面那封信好多了。"

"我可以告诉你哪些地方需要处理，才达到加州政府的要求。这样可以节省你们的时间和经费。"

那主管见我很诚恳，就陪我到现场，听我的解说。我临走时，他主动伸出手，和我握手，说："谢谢你！政府就需要像你这样的人。"

那位主管现在早已不在那家公司做了，可是我至今记得他的姓名——

Jasper Waller。因为经我指点，他管理的加油站很快拿到合格证书。于是他帮我和几家大石油公司连锁加油站的主管都打了招呼，说我是"有求必应"，我的工作一下子打开了局面。2000 年，卫生局评选优秀员工，Peter 提我的名，我被评上了。我很高兴，不仅是这份荣誉，更是我为提升政府工作人员服务的形象作了一点努力。

我真正在客户中出名是因为一件小事。S 市的很多旧房子都自设地下油槽，因为当年还没有煤气，冬季取暖用的是柴油和汽油。现在加州政府制定环保要求，凡是以前有地下油槽的房子，都要清除老旧的油槽和污染，拿到合格证书，房子才能交易，银行才会贷款。一位房地产经纪 Angela 打电话找我，因为交易合同上规定的期限快过期，她希望我能把她代理的房屋作紧急处理，优先检查，并加急发给证书，以确保房屋交易如期完成。

这从来没有先例，怎么办？我可以用规定来搪塞，可是客户就会因此损失一笔生意，政府就会因此少了一笔税收，买卖房屋的双方也都会受到影响。想到父母亲受过的气，设身处地为她想一想，就马上把她的文档调出来，审核批复，并传真给她。同时，我向 Peter 建议，新设加急服务，凡是多付一点加急费，如果没有特别情况，在三个工作日内就可以完成检查并发给合格证书。这一既便民又能增加政府收入的建议，Peter 很快同意了。

这个我从未见过面的 Angela 收到我传过去的文件，马上打电话给我。她很激动。"唐先生，真的非常非常感谢你！你是政府中工作效率最高的人。"她快人快语，"原先我已经准备这笔房地产生意做不成的，却做梦也没有想到这样快可以拿到合格证书。"从此，她到处向房地产经纪推荐我，大家口口相传，整个 S 市的房地产界都知道这件事。遇到这样的事，不论是美国的少数族裔还是白人，都直接来找我。工作忙了，我逐渐有了三个助理的团队。

两年后，我已经忘掉这件事。因为父母亲要在 S 市买房子，让我和他们看中的房子的经纪人联络。我打电话过去，没想到对方说："听你的口音，我知道你是唐先生！"

"你是哪位？"我感到惊奇，"你怎么知道我？是我父母亲告诉你的吗？"电话里传出笑声。"没有人告诉我。你还记得我吗？"没等我回答，她在电话里说，

"我是你两年前马上发给我合格证书的 Angela。我一听你的声音就知道是你。你有什么事?"

是她? 我把父母亲要我和她联系买房子的事告诉她。她说:"这事包在我身上。我一定让你的父母买得满意。"果然,我的父母亲很快买成了那幢房子。他们一再夸 Angela 服务热心周到。父母亲甚至对我说:"如果不是你已经结婚,想让她来做我们的儿媳妇。"

善有善报。好的服务终将得到同样服务的回报。不论这是偶然还是必然,这事都给我留下极为深刻的印象。于是我开始做更多的义工,小区的、社团的,还接待中国来的代表团。我印象最深的是上海城市设计院的一批干部来学习,我陪同他们参观改建中的猎人角。那里过去是造船厂,满地重机油,还有铅,污染严重。我把 S 市的环保设计理念和管理经验介绍给他们,他们学得非常认真,天下着雨,他们打着伞做笔记,衣服淋湿了也不顾。我们成了好朋友。他们邀我到上海去玩,参观他们学习后新设计的成果,比 S 市更环保,让我也学到不少。

后来,也曾有过其他就业的良机,可是我都没有心动。我知道,我从一份临时工开始,就决心把这工作做好,做出政府工作的新效率、新形象。在我看来,这永远是一份临时的工作,我要做好了,才有继续服务的机会。我知道,这份我做了 22 年的临时工,我将一直做下去,直到退休。

食宿困难和警车伺候

杨继良

杨继良　浙江人,1951—1979 年在冶金工业部和企业从事成本管理。1979—1985 年任职于上海社会科学院。1985—1989 年为柏克莱加州大学访问学者。1992 年获得阿拉斯加大学硕士学位。1993—2003 年在香港科技大学任教,现退休。

1985 年,柏克莱加州大学管理学院邀我为访问学者。那时的自费生,取得亲属的经济担保来到美国后,都靠非法打工谋生。如果做的是照看老人或孩子、做饭、家庭保洁等白人不肯干的工作,移民局是眼开眼闭的。在这段艰难的日子中,一次偶然的事,使我摆脱了食宿困难,还有一次被警车伺候。这两件事常萦萦在念。

摆脱食宿困难

我的经济担保人是姑母。我按中国人的老传统,想姑母住处宽敞,既然做了担保,并说她会来接机,总可以住在她家吧。绝大多数自费生,对寄人篱下都暗暗期盼。在出国前向亲戚辞行时,表妹夫突然问我打算在姑母家住多久,他接着说:"你不可以超过一个星期,顶多十天!"我瞠目不知所对:我的食宿问题怎么办呢?

姑母和我的关系有点特殊。她的前夫对我颇有好感。解放前夕他们全家移居美国后,他曾对姑母说,有朝一日他们家情况好一些,应该帮助我来美国。姑夫去世后,姑母再嫁的一位陈先生,脾气古怪。

大约五天后,姑母找我谈话,说陈天天找碴,不能相处了。正好,马路对面有一位 80 多岁的老太太,独居一栋楼,想找一个像我这样的房客;如果有什么意外,至少有个可以帮助打电话的人。房租 200 美元。姑母说她愿意付这个房租和我的生活费,支持我半年(学校原先给的访问学者期限)。我当然很感激。表妹夫当初的告诫真是有先见之明。

其实,这样的安排,并不可以完全归罪于陈先生的脾气。这主要是两种文化的差别,加上当年大部分自费生,没有钱,也不能就业,都有相同的期望和经历。电视剧《北京人在纽约》描写担保人的举动,我们当年会觉得太寡情,今天"易位思考",就觉得合情合理了。

在老太太家住了两个星期,有一天公共汽车上一位老头坐到我旁边,说他住在姑母家对面,也就是那位老太太旁边的小楼内。下车后他邀我到附近的小店吃冰激凌,告诉我说那个老太太收 200 元,太贵了。他家有空余的客房,条件要好得多,只收 150 元,坚持让我去看。我想,给姑母省一点,也是好的,就搬了过去。

老头出生于 1900 年,一战时入伍,战后成了退伍军人。膝下两个女儿,住在邻近的县市。知道我完全依靠姑母补贴,他建议说,以后姑母付给他 150 元时,他愿意从中扣出 50 元给我零用,此事"你知我知"。这当然完全出于善意,但我实在不敢收下。我在美国一切全靠姑母,如果让她知道我私下做这样的事,那我就得"卷铺盖"回国了。我只能对姑母据实以告,她付房租时面谢了他的帮助。

过不多久,他过去的老板来访,劝老头说,他有工作和部队双份养老金,又有这样一栋房子,要收我这 100 元房租干什么呀,有个万一,还指望我相助呢。从此,他不再收房租,给我白住了。

好景不长,大约半年后,他中风去世,是我打电话叫的救护车。他的女儿说,这房子要卖是需要时间的,让我继续白住着,如果卖掉,她会要求在半年后交房子。那时我在柏克莱的访问也结束了,我当然非常高兴。

这段对话的第二天,突然接到一位老太太的电话。她说知道老头死了,他们参加同一个中产阶级的俱乐部,听老头说起过我,她要见我。这位老太太当时已经 96 岁,和一位近 30 岁的女管家住一栋豪宅。她家有过两次盗窃,其中一次还面对面强索财物,所以需要一个男人壮胆。她供一套房间,外加伙食(由女管家准备食物),条件是我每天晚上七点回来,和她们共进晚餐。这使我特别感激老头在俱乐部宣传过我这个"年青的中国人"诚实可靠。

我当即欣然接受。搬去一个多星期,老太太的女儿罗伊来访。女儿走后,老太太找我谈话,劈面就说罗伊不同意那个"白吃白住"约定,使我一惊。接着,她笑着说,如果只是"免费",我不会有责任心,"罗伊说,应该每月付给你200元"。

生活无虞了,使我"访问学者"的身份能延到了三年的极限,最后定居于斯。斗转星移。近年我知道一对上海老夫妻需要一个人住在他们家中,供给独立的房间,只要求做一次饭一起吃,我说可以试着从在学的大学生中找。另有一位从上海考出去留学的,我也居然建议她找一份类似我的"工作"。这都是沿用自己的老经验,被我老婆奚落了一番,说我莫非是"脑子进水"了,说如今的大学生岂肯屈就。

我当年实际上只是做出了"诚实"的牌子,正好提供了老年人需要的服务。这样的服务是白人青年也是如今的中国青年所不屑一顾的。

被警车伺候

我从报纸广告中找到一份帮助一位半瘫痪的老人起床、洗澡的工作。每天三小时,早上六到九点,每小时7美元。实际必要的时间只是一个小时,他们付多了,否则找不到人。多余的时间,帮助浇花、洗汽车等。女主人另外找一个上海姑娘小吴整理她的房间,准备早饭。这样我每个月有600元收入,相当于当年中国公派留学生400元生活费的一倍半。我和老头还有很多讲英语的机会,他对中国的情况,问长问短,相处融洽;女主人则抱居高临下、美国白人当年对有色人种的惯常态度。

突然,有一天我帮助老人起床后,警笛声大作,三辆警车停在门口,下来七八个彪形大汉。两个像是"负责人"的警员进门和女主人联系后,找我谈话。原来是女主人报的警,说她的一些首饰被盗窃,作案人应该就是我了。这简直是晴天霹雳。

现在回忆起来，我当时必定是不做贼心也虚，相当嗫嚅。要知道，我是在面对"专政机构公检法"呀。我不持有工作许可，是不是也算是"非法打工"，如果细究，会不会被遣返呢？惴惴不安。警员表情严肃，问我受过什么教育，有没有合法签证。我拿出柏克莱加州大学管理学院发的身份证，上面写明我被授予"副研究员"的荣誉职称。他给另外一位警员"传阅"，递了个眼色。我还在喋喋不休地解释因为没有资助、听说家庭工并不算违法……他已站起身来，微微欠身说"对不起，打扰了"。谈话不到五分钟就结束，他们找女主人交待后匆匆离去。

当年的中国大陆，"昔非今比"。家里如果丢了东西，矛头自然先指向"操贱业"的我们。警察局对付华人劳工的方式也较粗糙。在两个警员跟我谈话时，小吴为我担心，问女主人会如何处理，她幸灾乐祸，不屑地回答说："遣返回中国！"

第二天，女主人对我的态度就开始转变，必是来访的警员已有交代，她的报警没有根据。其实，就在那天三辆警车开走后，那位男主人就含泪对我说，此事他不知情，他相信我是无辜的，坚持说要亲笔写一封道歉信。吃过早饭，他抖抖索索地写了那封信，郑重地签上字。

我按从国内带来的传统思维，乍和外国专政机关打交道，继续惶恐了两天。一位早一年移民来的中国青年朋友在电话中再三告诫说，美国是一个法治国家，要定案必须有确凿证据。"这是件死无对证的事。即使真是你拿了，他们没有证据，也奈何你不得。千万不能用国内'坦白从宽'的观点，假坦白，自己无限上纲但求宽恕呀，千万千万！"我又仔细分析自己的行动细节：我只管伺候老头，他和女主人不但分两个卧室，而且浴室也是分开的。我从来没有进入过她的卧室，她要栽赃也没有证据。女主人似乎也在改变态度，于是逐渐放下心来。

我对女主人当然怀恨在心。有一天我在园子里浇水，趁她开门进入园子时，突然把水龙头对准她走过来的方向射去，浇了她一身，引来"哇哇"大叫。我假意说："真对不起，对不起。"她进屋对小吴说，这明明是故意的。但她不可能另外找人来替我，更何况老头对我深感抱歉，我俩感情很好。他退休前开一家鞋铺，相当于一个小业主。他死的那天我为他遮上白布。

加 油 的 岁 月

蔡晓林

蔡晓林　安徽人。1964 年到纽约州罗彻斯特大学机械系读书，1969 年获博士学位。曾任职美国交通和国防部等。教人开车多年。现已退休居加州。

虽然加州的旧车很多，但是日前在一个晚会的场外，意外地看到了一部似曾相识的旧车，除了颜色不同之外，和我四十五年前的第一部教练车完全一样，不禁拉开了回忆的窗帘，想起这些年来在路上教人开车的岁月……

第一部教练车

1964 年秋天刚到美国时，我同后来曾任台湾"政务委员"的胡胜正，及后来去密州大学任教的王书益住在纽约州西部罗彻斯特（Rochester）大学附近的一栋小楼上。次年春暖花开的时候，就和学长王兄合买了一部十年旧的黑色的别克轿车，由先来一年的他教我开车。考了两次之后，在 7 月 14 日拿到平生第一张驾照。同那时朋友中间常有的习惯一样，不久我就开始教起了别人。我的第一个学生是现已往生的黄世雄，用的是他借来的一部小 Rambler。

不久，同期的几个老中都已拿到了硕士，有人也成了家。为了学车的需要，他们就请我帮忙。根据分工合作的理论，就由他们出钱买车，我负责教练和维修保管。因此在 66 年 8 月 6 日以 190 块钱买了一部黑白相间、57 年的雪佛兰。办好手续，挂上牌照，就开始教他们上路。虽然我没有正式的教练执照和多少教车的经验，但是当年在台湾军中服役时，曾经担任过步兵 81 师的汽车官，在马祖的北竿岛上带领过一批驾驶兵。所以即使技术不够，喊"加油"的胆量是有的。真正分析起来，教人开车所需要的技术很简单，重要的是要胆大心细，眼尖手快。还要少批评，多夸奖，借以培养出学生的信心和加油的胆量，所以教车时最常用的一句话就是"加油！加油！"

当时的学生是同系的陈育仁、李念轰、萧正男和念电机的庄士雄。后来，又加上经济系的林安乐，一共五位。先是利用周末，到校外公园里的停车场上练习基本功夫；然后上街练习考试要求的动作，包括路边平行停车等。在学车的过程中，车子在原地打转、油门当成刹车、开上路肩的事常常发生，好在没有发生过太大的事故。此外，也经常带他们买菜、搬家、出城到近处的公园，甚至开到尼亚加拉大瀑布等地游山玩水，培养出几十年的友谊。

因为是部老爷车，经常有毛病，例如电池、车胎等，甚至有无法启动的时候。因此，我们都学会了一点修车的常识。虽然有人要考好几次，但是他们大都很快就学会，考到了驾照。后来这几位都先后拿到了博士，成家立业，如今应当是做祖父的人了。至于那部老爷车，在经过他们的糟蹋之后，已经遍体鳞伤。所以在当年冬天的第一场大雪之后，以 100 块钱的价格卖给了旧车店，结束了我第一段教人加油的日子。

教自家人

一年后，自己又买了一部旧雪佛兰轿车，开始教我新婚的另一半。像近来出名的"虎妈"蔡雪儿一样，她也是一位来自菲律宾，耶鲁法学院毕业的华裔律师。可是在那个年代，在美国念法律的亚裔女孩子真是凤毛麟角。因为她是我的新娘，也是跟我学车的第一个女生，所以花了很多时间和心力，才了解到男女个性的分野，和夫妻之间教车时的微妙心态，终于帮她考到了驾照。这些年来，虽然她也出过几次小事，但是直到她 70 岁的今天，还可以开车接送我们的孙辈上下学。更重要的是，她也一直不嫌我自幼失聪的听障，让我继续在路上做这桩看来危险，但是真能帮助别人开车上路的事。

学成就业之后，为了工作的变迁，从纽约搬到南加州，又回到东部的首都华府定居。在忙碌的生活中,看着两个孩子慢慢地长大。到老大要开始学车的时候,她先在学校里上完课,然后就开始用她出生那年我们在加州买的那部别克轿车来教她。教自己孩子开车实在是件很容易的事,但是看着她在那辆她从小坐到大的车子里学会开车,依然是一件很值得回忆的事。当老大在她 16 岁生日那天,考到驾照时,我就把那部 16 年的老爷车交给了她。

可是当老二要学车时,学区教学制度改变,必须到私人驾校去付钱上课,因此认识了那位有个菲律宾太太的驾校老板。当他知道了我的兴趣和经验之后,建议我加入他的学校做老师。经过在马大的一周培训和马州汽车管理局的一轮考试之后,于 1990 年 5 月拿到专业驾驶教练的执照,开始了我做职业教练的日子。

博城驾校二十二年

刚开始的时候,只是教些十六七岁的孩子。他们反应快,又在车里长大,已经培养出良好的路感,还有父母亲陪练,所以很快就学会了。后来,老板要我专教那时日益增加的华人同胞。因而慢慢地培养出一套教新移民们"加油"的技术,也就便协助他们解决一些刚到美国时所常遇到的生活和学业问题。不久,又应社区华文报纸的要求,开始每周为他们编写有关驾驶、买车、维修和旅游的短文,逐渐在华府建立起"蔡老师"的名号。

虽然这些年来,一直都在博城驾校,老板也还是那位对人非常客气的人。但是无论在教学上,或者在法规上,都有很大的变动,甚至我们用的教练车也变了很多。二十年前的教练车上都装有两副刹车、油门和驾驶盘。所以在路上练车时,坐在右边的教练可以完全操纵车子。不但教学方便,还让我有机会去体会在右座上开车的感受,练出来去英国玩时靠路左边开车的信心。如今车上只有一个方向盘和油门,所以我有时要花蛮大的力气,才能修正那被新上路的学生所抓紧的方向盘,也不能再偷偷地为胆小的学生加油。

起初我们还可以到维州和华府特区教学生,所以我也熟悉维州和特区的交通规矩以及路考的方法。后来驾校的车子只能限于在马州用,我就很少过河去维州教车了。但是马州的考试规矩也改变了很多。当年成人不需要上驾校,所以有人从国内来考察时,花点时间学会开车,就可以去考一张驾照带回国了。自从"911"以后,规矩越来越多,不但人人都要上驾校,还要练车九个月之后才能考路试。因此,很多无法久等的人就跑到别州去考驾照了。就教车的方法来说,我们做教练的人也要经常参加州管理局的训练班,学点新的技术。同时,政府对教练的审查也越来越严格,以前每年只要看看我们的驾驶和健康记录,如今还要调查所有的信用和犯罪记录等。

赛车场上学驾驶

因为在华府教车和报道交通安全多年,常常参加各家汽车公司的新车展示会和在市区及野外的试车等活动。有时也会带几个喜爱开车的学生一齐去,一来加深他们的技术,二来也是让他们了解美国的汽车文化。

其中最值得回味的是每年一次由美国通用汽车公司雪佛兰厂在华府红人足球球场外的大停车坪上搭设的临时高级驾校(REV-it-UP)。他们这种活动由加州开始,巡回全国到华府为终站。每次都会吸引很多喜欢开车的人去试开新车,并且有机会从他们的专家那儿学到一些驾车的技术。可惜后来通用公司因为营业不佳,由 2008 年起取消了这个活动。

2007 年 8 月,我同几个学生去参加时,很远就看到他们用红色的小胶桶摆成的赛车路线,再加上十几个帐篷做教室、车展和休息处所等。最鲜艳的是他们带来的那些高性能的车子,包括很多雪佛兰的跑车 Corvette。看起来就像一个在黑色草原上的军用汽车基地一样。雪佛兰花钱办这个世界上最大的高级驾校,是为了要提高驾驶人的技术,同时介绍他们高性能的车子。凡是 18 岁以上,有驾照的人都可以报名参加。

除了要赛车的人需要交报名费 25 块之外,其他活动都是免费的。赛车的人要用他们的 Cobalt-SS 新车,在赛车的路线上跑两次,以用的时间和失误的次数来记分。在每个大城市参加的人里,得分最高的人可以得到一个奖品和用 Corvette 跑车比赛的机会。全国六个大城市里得最高分的人是冠军,可以得到奖牌和一部车子。因为华府是这个全国比赛的最后一站，有很多人由外州来，加上本地的人，共有一千多人报名参加，希望得到那辆 2008 年 Corvette 车的首奖。

首先在几个教室里，由教练教我们如何开快车，包括转弯、刹车、蛇行和加速等。就像在街上开车一样，重要的是要看得远、反应快。赛车场上的路线是为了要提高驾驶人的水平而设计的，希望驾驶人能在教练的指导下，改正自己的错误，学到一些应付在公路上突发事故的技能。他们特别指出下列几点要我们注意：因为眼睛快，所以要用眼睛来带领手脚的动作；刹车不是唯一避免碰撞的方法，应当同时尽力让开；开车要避免突然的动作；事先判断可能发生的事故，再加练习，才能减少车祸；转弯和车速有关，要互相配合；假如手太忙，脚就应当慢一点；如果脚忙，手要慢点等。

然后我们到一个车场那儿用不同的车练习快速启动、紧急刹车和转弯。再到另一个场上试用不同大小的车辆，包括小卡车、SUV 等，让我们领会到车型与路面的关系。当然我们都体会到了 Corvette 跑车的优点。最重要的是每个人了解到自己在公路上应变的能力和方法。

因为他们几个人报名太迟，不能参加比赛。只有我选好头盔，开了一部 Cobalt 加入赛车的行列。赛车路线包含好几个大弯、两个 U 转和一个蛇行线。当然还有两个直行加速段。因为地方不大，动作要快，心情也紧张，几乎是一口气的工夫就到了终点。看到电子表上显出的时间，才 55 秒。经过教练指点一下，再跑了一圈，时间是快了些，但比起当天最快的 44 秒还是差得太多。可喜的是比我年前的纪录快了三秒。虽然不多，欣慰的是自己还没有完全老化。事后听到当年的冠军是来自纽约，31 岁的 Dixon 先生。他那 38.6 秒的时间，不但击败了一万多名参加的人，而且比场上的教练还快了一秒。

虽然已经好几年了，但是那时学到的驾车技术依然还在，也曾多次用来教年轻的学生如何安全地开快车。但愿在经济起飞之后，他们会再恢复这个活动。

师生情谊

这些年来所教过的人，大多数是中学生到博士后，但是也有不少是偷渡来美打工的人。经过不同的管道，先拿到一份驾照，然后来学开车上路。近几年来，随着华人社区的成长，还教了一些依亲的祖父母和有多年驾龄、已经七八十岁的耆老。有人是因为拿到交通违规罚单，被汽车管理局要求重考，不得不来驾校上课；有人是感觉到在路上失去了信心，要我们培训一下。

因为要让学生在开车时放松，所以我通常在教车时就同他们谈些生活上的小事。所以由教车的时间里，听到好些个人生活的真实故事，也结交了好些知心的朋友。在华府的社区活动中，经常会碰到以前的"老"学生。如今，由于网络的普及，还和一些在国内的"海龟"保持联系。年前到杭州看孩子时，就在西湖边上同"小燕子"一齐笑谈当初她来华府学车时，曾发生过的那一次在我教车生涯中唯一的小事故。去年底，还见到一位由广州来斯坦福大学参观的学生等。这份师生的情谊将是我人生中最珍贵的收获之一。

关门弟子

可是天下没有不散的筵席。为了要帮忙照顾孙辈，我决定于 2010 年秋再度西迁，搬来北加州矽谷的大学城巴洛阿图。搬家前教的最后一批学生，居然就像四十五年前在纽约刚开始教的第一批的六个人一样，都是由国内来的精英，而且不是医生就是博士。

来自青岛海洋大学，得到上海中科院博士学位的王娟和刘勇夫妇都在这儿做博士后的研究工作。周日起个大早来练车的是刘勇，好让太太多睡一会儿。等到她开车时，他就在后面做助教。看他们俩一起练车时，有说有笑的样子，一点也不紧张，很快地就把要学的功课学会了。相反的是另一对来自贵阳的夫妇。他曾经在国内练过，也有机会在这儿上过路，所以就相当轻松地上了高速。可是生平第一次坐到驾驶位子上的太太就完全是另一回事。不但常把刹车当作油门，也缺少"加油"的力气。好在经过一番练习，加上她自己的几把冷汗，她也觉得有些"路感"了。

另外一位来自江西乡下，是他们村子里唯一留洋的博士。由于自幼在田里干活，练就一身力气。因为是第一次上路，一有风吹草动，就使劲抱紧了方向盘,常常害得我也要使好大的劲儿去修正他。经过一番开导和安抚,加上到高速公路上跑了一会,他慢慢地学会了如何放松,得以开心地结束了他第一次在路上的洗礼。如今他们都已经考到了驾照,王娟还添了一个孩子。

最后一位是在美国有多年驾龄的女博士,但是在三年前一次大车祸后没有再上路开车的勇气。如今重新开始,但是在好奇心的驱使下,买了一部手排挡的新车。所以开始时,我们在夕阳下的晚风里,花了好些时间来练上坡启动的基本功夫,也上高速公路去体会了一下她当年开车时的风味。慢慢地,她恢复了以前驾车的信心。等我半年后回华府看望朋友时,她已经开得很好,可以带着我去参加社区活动了。

没想到在 2012 年 5 月,执照到期前,居然有空回华府三天,再教了两个"关门弟子"。张晶和小陈都是才来不久,在 NIH 上班的人。小陈有上海驾照,已经在马州考了三次,所以我们主要练的是跑高速和考试的要点。一周后,他就拿到驾照了。张晶是真正的新手,得由基本功夫教起。两天里,虽然她出了一些冷汗,但也能在高速公路上跑了好些路,体会到了各种路感和驾车的乐趣。希望她也能早日拿到驾照。

在加州的第一个学生

那天正好是由华府搬到北加州一周年的日子,我独自站在圣塔克拉若的汽车管理局门口,看到她拿了一张单子,由停车场那边飞跑过来,一再高兴地喊道"我通过了!"

为了帮这个在加州的第一个学生考驾照,前后半年里,着实花了不少心力。其实她才由杭州来的时候,已经有中国驾照了。虽然没有多少实际经验,但是知道一些开车的基本动作。所以就一面教她如何准备考笔试,一面开始用我那部十年旧的本田轿车在停车场里复习驾车的要点。等到她通过笔试,拿到了学车驾照,就开始在住宅区里练习转弯,而且还订好了路考的日子。不料我在练车时,得了急性晕眩症,连路都不能走,根本无法继续教车,所以她只好失望地按期回杭州去照顾孩子们了。

等到我 10 月中由台湾旅游回来,她已经先回到了这儿,而且已经订好几天后路考的日子。虽然我还有些从台湾带回来的感冒,依然立刻开始在包括红木城考区的路上练车。加州的考试比马州容易,只要了解车上的仪器,再在管理局附近的路上转转就好了,没有平行停车和倒车入库等麻烦的动作。可是红木城的交通很挤,大车也多,她又很紧张,怕听不懂考官的英文等。因此在一个转弯时,没有注意到侧方的来车而把考官给吓了一跳,自然没有通过。第二天,我又开始令人担心的头晕。好在休息了一晚就好了。

经过分析之后,我们就改到交通量比较少的圣塔克拉若考区,还特地请到一位对那考区特别熟的本地教练,陪她练了两小时。然后我们再在那儿练了两天,培养出她的信心。路考那天,她又幸运地遇到了一位和气的女考官,得以顺利通过。如今,还要带她在路上熟悉一些超市、商场和医院等她生活上需要去的地方,特别是她那两个可爱的孩子要去的幼儿园。虽然不想再在加州教别人开车,但是还要保留一点教车的胆识。因为等这两个孩子长大了之后,可能还要我这个爷爷教他们开车呢。

加油,加油!

在路上教人加油多年,至少带过千把个华人学生,包括十六七岁的孩子和八九十岁的耆老,其中大约有一半是博士。除了在看到他(她)们欢欢喜喜地拿到驾照,安全上路而感到一分欣慰之外,也在人生的道路上,交了好些知心的朋友,深深地体会到"开车见真性"的真谛。当然也体会出更多"助人为快乐之本"的意义。此外,在十来年的交安专栏写作中,看了很多交安专家们的研究报告,得以加深自己驾车的知识。几年前,为了帮助学生,收集了一些多年教车的心得,出了一本小书《车声响起》,也建立了一个网站(tsailaoshi. wordpress. com)。更进一步,多次参加美国公路交通安全会议,并在 2011 年夏天的一个美国科学院主办的国际驾驶安全会议上,提出了自己多年来的教车心得。

虽然如今告别了陪伴我多年的教练车,但是我会永远记得那些在风里来雨里去,教人加油的岁月和因此得到的那些友情。

小 曾

陈锡中

陈锡中，台湾清华大学、中兴大学机械系毕业，美国休斯顿大学机械工程博士，受业于现代流体力学理论派大师 Leslie Kovaznay，领悟到学问不限于宗派，各行各业、文学与理工都有相辅相成之处。生平以实学实用为主。历任石油、航空、医学、替代能源及氢气动力车之工程研发经理，发表科技论文、专利十余篇。亲手设计的产品畅销全球。

小曾是我在 2007 年年初雇用的工程师，34 岁，身高一米九，上海交通大学毕业，五年后在波士顿拿到博士学位，从履历表就看得出他的优秀。其实我这部门的工作并不好做，替代能源是新行业，有很多问题前所未闻，所以要自己出点子，做新产品，还得应付顾客，总结来说：要动手、动脑、动嘴巴，同时在复杂的公司人事中，走出自己的定位。因此，对于这空缺，我不找特殊专长的老手，只要灵活、聪明、肯学习就行了。那时，他的妻女都定居南加州，自己一人在千里外的麻州上班！国外谋生，两地分居常是情非得已。面谈之后，我觉得他应对进退都合宜，同时让牛郎织女团聚也是积德，所以就选定了。

小曾上班后，和同事处得相当融洽，周五常请技工吃午餐、博感情。对电脑软件很在行。闲聊中，我告诉他：公司里哪几个同事好相处，哪几个会藏私，这些人"起心动念"的出发点在哪里；和客人谈判时，如何避开地雷；研发设计中如何思考。开始时，他很认真地学习。三四个月后，我发现，他喜欢速成，使用电脑，可以一次又一次地尝试，但真正的工程问题，要靠逻辑推理思考，他常把难的问题推还给我。我想，年轻人总是急躁，要慢慢开导，才能见到学问的奥妙。何况中国人处在科技研发公司，一定得比别人懂得深、想得远、扛得动难题，讲话才有力量。单靠电脑程式，非长远之计。

想起画家阿虫有幅"踩高跷游街"的立轴，角上题词"做人、做神都容易，最怕学成是半仙"。我告诉他学校里的是基础，要能活学活用，至少还得再下十年功夫，他咋咋舌走了。这一年，我耐心地带着他完成几项工作，让顾客满意，为公司赚了钱，内部士气旺盛，大家都说我这部门人才鼎盛。之后，我注意到他和电动车部门的大主管走得很近，这主管我曾经合作过，说大话，高来高去，却未见得有什么本事，是个"瘟神"。我提醒他"趋吉避凶，步步为营"，但如果他认为什么地方有阳关大道，能够飞上高枝做凤凰，我也绝不挡路。

也许是小曾的吹嘘，也许是"瘟神"久久做不出成果，终于通过总裁向我借调人。我有些犹豫：凭小曾的本事去独当一面，胜算不大；我这儿人事和睦，方才行事顺利，到那边得上下打点，若有挫折，白白损失个人才；更何况"瘟神"挖脚的原因，是真的用人，还是看人眼红，让我成为跛脚鸭？如若不答应，小曾是否认为我断他前程？两全之计，便回答说：我手头的工作不少，让小曾每天有百分之五十的时间帮助对方，剩下时间做本部的事，先有个缓冲，别的事以后再说。总裁想想，每个客人都是财源，确实这也是没办法的方法，再拗下去，万一我来个硬顶，面子上难看，于是见好就收地走了。

约莫一个月光景，有一天，小曾匆匆钻进我的实验室，嚷着说：如果有人来找，就说不在！手机响了几次也不接。我心想：跑得了和尚跑不了庙，有问题就需面对。于是引他到僻静处，好意地问他有什么困难。他有些隐瞒，只隐隐约约地说那边的研发只做表面，如今面临期限，测试不过，大伙一股劲儿往他身上推，我说："千里之行，始于足下"，一步步来，做多少是多少。他说："瘟神"老板贪多务得，翻脸如翻书，只盯着他，客人一抱怨，就往他身上推，每天有新的战谱，没时间、没支援，没人问，呼天唤地都不灵，真是待不下去了。我晓得这滋味，戏里叫"困坐两狼山"。我只能说：趁着你有退路，面对面和"瘟神"讨论时局，把自己的能力极限交待清楚，老老实实说明哪些期望是不可能达成的。他显得很紧张，一辈子读书考试，过关斩将，能低下头"认错、认输"吗？

我万没想到，几天后，他和"瘟神"闭门谈论时，拿出了医生证明，上面写着："曾博士患有肝病，不能积劳。""瘟神"正在焦头烂额之际，需要能手帮忙，但一纸健康报告,让他心中凉了半截,千钧重担卸不了。表面上让小曾凤还巢,医生报告转送人事室。人事经理很快以电子邮件通告全公司经理以上干部:"在工作上,小曾不能过劳,不能加班。"我看后,皱皱眉,在美国社会,于众人之中被特殊化,贴上标签,不是什么好事!

两个月后,大客户通用汽车宣告破产,上游影响下游,在公司宣布裁员之前三小时,我看到了名单,小曾也在内。我想挽回,可是总裁不在,重门深锁,我的新老板才上任不久,无从说起。找"瘟神"吗?那儿可能尚缺人,但前时的梁子尚未解决,于公、于私只会自讨没趣。我只好私下准备了几家公司经理的名片,在小曾离职时递给他。事后,听说这次遣散费很优渥,再加上失业保险金,希望他能渡过难关。总的来说,小曾在公司里还是个可以培养的新进,但是卡在时运、工作和这些说不清、道不明的人际关系里,古人都说了:"冯唐易老,李广难封。"让人感慨!三个月后,听说小曾找到了新工作,薪水还增加一些,只是工作在洛杉矶北边,路远无法每天通车,得自个儿住那里,成为"周末丈夫"。在这不景气的时节,我为他庆幸,也希望他在挫折中学到一些。

2008 年不景气,公司裁员好几次,原来的总裁、"瘟神"相继离开,秋冬之际,人事经理邀我在会议室见律师,我这才知道小曾已委托律师,在法院具状控告公司"歧视病患"、"借裁员来胁迫员工加班",要求公司赔偿"财务损失"与"精神损失"。代表公司的律师,要约谈所有相关人员,搜集资料,做成法律文件,准备对簿公堂。所谓"责己严、待人宽",在是非难明处,不要以小事兴讼。裁员之潺固然难咽,打官司的唇枪舌剑更让人生气。何况在美国裁员是家常便饭,能伸能缩,寒梅历霜才更香。要钱吗?我们公司在财务上摇摇欲坠,哪有什么甜头?

后来,代表公司的律师凭着法院具文,上穷碧落下黄泉,查到了以下证据:

一、小曾在波士顿工作时,即有肝炎病历,并非在此积劳成疾。

二、小曾在 2007 年上任时,填具表格,隐瞒病史,可见他有说谎的习惯。

三、小曾在现职公司履新时,再次自称"身体健康",与三个月前的医生证明不符,又是个不诚实的表现。

四、2008 年,公司裁员确实因为财务困难。先后数次,遍及各部门,并没有针对性。

五、小曾每月填写的时间表，并没有加班的记录。

六、从电子通信记录中，并无发现威胁恫吓的字眼。

在赔偿方面：一、小曾的遣散费加上州政府给的失业金，平摊于三个月，超过公司给的月薪。且小曾在北洛杉矶的工作薪资超过从前，何来财务损失？二、小曾目前和家人两地分居，日常生活费增加。然而他在波士顿时，妻小住加州，可见他愿意接受这样的生活，被告并没有增大他与家人的距离。三、根据小曾领取失业金回条上的记录，三个月内他有八次面试，一个半月时，就已拿到聘书，只是嫌薪水不够，迟不就任。目前的工作，他在四十位应征者中脱颖而出，可见他有旺盛的企图心，思虑周全，何言忧郁成疾、精神受损！

所以被告律师结论：小曾不诚实，谎称身体有病，逃避责任于前；谋职时却生龙活虎；如今投机取巧，想发不义之财，逞口舌之长，无风起浪，应当受惩！（公堂之上，无所不用其极，这话能听吗？）

官司纠缠了一年半，经过陪审团与法庭的判决，小曾输了！与原告律师或有"不赢不拿钱"的约定，他可以凭此做"无本生意"的控诉，但判决书上要小曾负担法庭费用和被告律师费，财务赔偿将他这些年辛辛苦苦工作攒下的积蓄一扫而空。更糟的是，他目前的公司，知道他有反咬雇主的记录，加上隔三差五的律师约谈、法院出庭，经常请假，公司开始挑剔他的敬业态度，或有或无的冷淡，让他觉得内忧外患，接踵而来，一步错全盘输，以致神情恍惚，进退失据。这一切究竟是"孰为为之，孰令致之"？

《三国志》里，蜀汉由诸葛亮掌权后，准备北伐。武将魏延献谋："愿领虎贲之师，出子午谷，偷袭魏国，则大事可成。"诸葛丞相不允，说："谋国如谋身，须有长远之计，不可唐突冒进，图一时之功。"现代人是聪明了，在求快求功时，别忘了老祖宗的智慧。

留学二代篇

"富二代"留学美国

戴铭康

现在留学美国的几乎都是"富二代"！——据美国名校一位学生课业服务中心的顾问说："现在的中国留学生比起早先，几乎全是'富二代'。"这是指现在大部分中国留学生不必像早年的留学生那样辛苦打工赚学费和生活费，留学费用基本上全部由家庭承担。一位"富二代"的留学生也不无夸张地告诉记者："现在的中国留学生，不是'富二代'就是'官二代'。"

但是，究竟有多少留学美国的中国学生是"富二代"？

根据一份中国媒体上发表的收入人群的经济划分标准：年收入5万元至30万元的为中产，年收入30万元至100万元的为高产，100万元以上又分为几个等级，都是富人；5万元以下的为平民直至社会最贫困的不同阶层。

如果参照这个标准，粗线条地划分，目前在美国的中国留学生可分为两大类：中（少数）、高产阶级家庭和富人的子女。可是从留学美国的标准，富人的收入应该划在年收入150万元人民币（约25万美元）或更多，这也是美国加征富人税的分界线。"官二代"也可根据他们家庭的全部收入，包括灰色和黑色收入，分别归入这两大类中。

在中、高产阶级家庭的中国留学生看来，现在赴美留学的中、高产阶级家庭子女约占中国留学生的80％，那些炫富的"富二代"约占20％。圣地亚哥的一所学校中，约20％的中国留学生买豪华的跑车，这是"富二代"相互攀比的结果。亚利桑那一所大学里的中国留学生中，花钱大手大脚的约占20％。在美国东部的一所大学，台湾来的黄同学告诉笔者，据她的观察，有钱人家的中国大陆留学生约占两成。

有位"富二代"同学透露，他周围的中国留学生，买好车、买名牌、大手笔花钱的，至少占中国留学生的80％。这是"人以群分"造成的感觉，还是各个学校的情况有所不同，留给专家去研究。总体而言，越是名校，"富二代"的比例越低。据一些"富二代"自己所言，他们主要是来"混文凭"的，留学美国的目标就是文凭，成绩好的都是美国本地或是"清贫"家庭的中国留学生，这些学生读书"很拼"。

因为有钱，心思又没有全部放在学习上，摆阔、买名牌、逃学、跷课、抄作业、一夜情、勤换女友、泡吧、吸大麻……这些负面的美国大学生活，频频出现在留学美国的中国"富二代"中，并成为人们关注和美国一些媒体报道的话题。留学美国的"富二代"怎么啦？

绝大部分"富二代"家长以为把孩子往美国的学校一送就万事大吉了，完全没有意识到光靠遥控实际上是放纵孩子。现在中国的许多独生子女，大多娇生惯养，富有家庭更是宠，孩子自理能力差，一到没有人管的自由天地，难以自律，各种毛病就出来了。所以有的家长已经开始考虑宁可花点钱，请辅导员来管理，不只是请一位，而是请几位一起来管。

关于"富二代"的负面说法比较多，或许也是好事不出门，恶名传千里。"富二代"不应该成为一个贬义词。"富二代"作为一群特定的人，和其他阶层一样，品行学识、为人处世有上中下之分，只是比例多少的问题。富二代和其他"二代"最大的不同就在于"富"。富人和富人也是不同的，各有各的"富态"。为富不仁、为富行善，高调、低姿态，这是两个极端。那么，让我们从不同的方面来看看"富二代"留学美国的点滴。为了保护当事人的隐私，本文中的姓名全部是化名，他们的故事也经过分类切割。

一、 "富二代"为什么留学美国？

想法常常会左右一个人的人生，怎样的想法往往有怎样的行动。这在很大程度上影响到"富二代"留学美国的表现。当今的中国社会风气，以留学美国为荣。因为有钱，留学对"富二代"而言更容易。只要他们愿意，甚至他们不愿意，家长大多希望送他们出国深造。一位家长是房地产开发商的留学生非常肯定地说："'富二代'出国留学，都是为了拿美国大学的文凭。"——这没错，可是具体的动机和想法各有不同。

张颖家里很有钱。父母是律师,开律师事务所。张颖从小的愿望也是做律师,而且学习做慈善。她的成绩很好,高中的时候还担任学生干部,组织同学做义工,参加环保活动等等。她曾参加学校的演讲比赛,获过奖。她投稿,在几家报刊发表过短文。她报读美国的几所名校,未来的目标是进入美国有名的律师事务所,开展中美律师的国际合作。美国几所一流的名校发给她录取通知和奖学金。属于"优秀型"的"富二代"留学生。

刘钧全身名牌,开顶级的宝马名车,却是一位读书迷。他平日除了上课就是泡图书馆,圣诞节也是在读书中度过,成绩全 A。虽然读的是加州州立大学,不算名校,却一毕业马上被硅谷的一家著名的高科技公司录用。被看成"富二代"中的另类,可算是"读书型"的"富二代"留学生。

胡圆圆的父亲是浙江的民营企业家,母亲也有自己的生意。为了保护她,免得受人欺骗,家里在她读高中的时候,就暗中为她物色对象,找了门当户对的男朋友。男方家长也是浙江的企业家,两家生意上有往来,有合作。男朋友留学美国,胡圆圆也一起来留学,为的是学习上可以有伴,相互探讨帮助,生活上可以相互照顾,比较放心。家长希望他俩拿了学位,光宗耀祖,她和男朋友也想为家族争光。可归入"面子型"的"富二代"留学生。

邹晓清家是做百货生意的,规模不小,经历了波折。父母和合伙人发生争执,因为合伙人不信守合同,吞没资产。官司打了几年,四处奔波,四处托人,不知费了多少口舌,不知送了多少厚礼,还是伤了元气。邹晓清说:"经历这样的事,我感到自己一下子长大了。我要到美国好好读书,争口气,未来有所作为,报答父母养育之恩。"作为家道败落的"富二代",他和很多中、高产阶级子女一样,选择先进入两年的社区大学再直升美国名校的留学之路。属于"争气型"的"富二代"留学生。

陈平的父亲是中国某大城市的房地产商,他的学习成绩和他的名字一样平平。父母希望他受到很好的教育,一定要他出国留学,而且首选美国。从初中起,就请包括英文的家教,母亲对陈平的学习采用"紧逼盯人"的方式,还送他参加赴美的夏令营作为留学的前奏。又找留学中介公司,帮他留学美国。家长的要求很直接:只要取得美国大学的商科或企业管理学位,就有奖。奖励是一笔可观的创业基金，数目保密。如果不想做自己的事业，可以接父亲的班；如果不想在家族企业做，可以推荐到银行，甚至政府部门工作一段时间。他父亲有广而可靠的人脉。学业上，自知能力有限，无法进好大学，只求拿张文凭向父母交待得过去。属于"被动型"的"富二代"留学生。

谢广天的父母做零食起家，现在是大食品商。早就想好这是"民以食为天"的大生意，给儿子取的名字中有天，而且是广天，指望儿子未来把事业做得更大。广天的成绩属中等偏上。听说留学美国只要英文好，其他学业对中国学生来说都不难。因为在中国考不上好的大学，所以主动要求留学美国。通过父亲朋友的协助和指导，进了一所很好的艺术学院。从小喜欢绘画的谢广天告诉女朋友，到美国留学是为了免得家长管头管脚，总是在身边唠叨，可以自由自在地学艺术。他不想接手父亲的事业，不想整天坐办公室，和人打交道，讨好客户，甚至看人脸色。出国留学就是海阔天空，走自己的路。属于"自由型"的"富二代"留学生。

常常的父母白手起家致富，生产小商品兼进出口生意，是当地的富商。虽然父母花大钱把他送进当地的名校，可是常常的学业并不怎样，考不取好的大学。父母托美国的朋友，让他留学美国。朋友建议他先进语言学校，再进两年制的社区大学，有可能由此进入美国排名百强的名校。可是，他在语言学校读了两年多，才拿到证书进了社区大学。他告诉同学，什么留学不留学，他到美国玩得痛快才最重要，混得到文凭最好，混不到也无所谓。天无绝人之路，反正家里有钱。属于"纨绔型"的"富二代"留学生。

还可以举出一些"类型"。这并不是科学的分类。有的"富二代"留学生一身兼有数种"型"，是"混合型"。由于理念不同，留学的表现和结果也不同。

二、"富二代"留学生大多无后顾之忧

留学生的"职业"是学习。好的留学生的故事轨迹大体上是相同的，而差的留学生的故事却各有不同。同样是"富二代"，他们学习的态度、方式、效果、成绩都不同。但是，不论好差，"富二代"留学生的基本共同点是无后顾之忧。学

好了，可以留在美国发展，也可以回国继承家庭企业。学不好也无所谓，在美国混，混得到文凭最好；混不到也可以回国继承家族企业，不愿继承，也衣食无忧。

"富二代"中也有优秀留学生。俞可的学习成绩很好，并不死读书。她学得轻松，不必为留学的费用担心，可是她还是争取奖学金，这已经不是钱的问题，而事关荣誉和对她的肯定。除了成绩优秀，富裕的经济还让她可以在课外活动方面花很多精力。她参与美国主流的建筑文化保护协会活动，做义工（中国称志愿工作者），在相关会议上发言，在大学里成立相关的建筑文化保护小组，把西方建筑文化保护的范围扩大到包括中国的建筑，做一些东西方建筑文化保护和交流的工作，表现优秀，深获好评。她的父母协助她联系了一些中国典型的历史文化建筑保护单位，她搜集资料，向西方社会介绍，并组织参观交流访问。

她还参加同学组织的"援助农村小学基金会"，省下自己的零用钱捐出来；又四处筹款，向老外的朋友募捐，也动用父母和其他"富二代"的关系向中国的企业和老板募捐。通过筹款，她学到不少社会经验。她说，筹款是一种很好的锻炼和学习，有助她的成长。未来希望帮助农民工子弟中的优秀学生留学美国。她对自己的未来充满信心。名校的研究生院看中她的领导和组织能力，已经向她招手。读完博士后，她可以做她喜欢的，也可以回到她父母的家族企业中，不必为出路犯愁。

李大成，留学对他来说是混日子，拿不拿文凭都无所谓。父亲的服装生意做得很大。他说他回国就可以在父亲的公司做小老板，什么都不会也没有关系，只要坐镇，手下的人会办理一切。他在学校三天打鱼两天晒网，经常旷课。因为有钱，滥交女朋友，两年中换了几个；常陪女朋友购物，买名牌；和同学、朋友吃饭开派对；到赌场赌钱；有时在家里打游戏，一打就是好几个小时……在大学读了两年，才拿了十几个学分。

后来学校来通知，说他上课时数不足，修的学分不够，移民局要取消他的学生身份。他这才急了，如热锅上的蚂蚁，不知如何是好。被父母知道后，几次打电话"教训"他，并托朋友设法为他请移民律师，帮他想办法，这才保住了学生身份。从此，他再也不敢旷很多课。可是，晚上玩得很晚，白天上课时打瞌睡，依然面临被退学的危机。他不想办法，也想不出什么办法，反正混一天算一天。

等到混不下去，就打道回府。

这样的例子并非个别。陈建国，一个煤老板的儿子。经中介"包装"，混入美国的一所州立大学留学。学不下去，经常旷课，每天睡觉睡到"自然醒"，还赖床。起床就是打游戏机，吃饭店，交女朋友，召集朋友举办私人派对。结果被学校除名，他就报语言学校，保持留学生身份。这家不行换另一家，读了三年多，还在语言学校里混。他根本不去指望什么大学文凭。他的"豪言壮语"是："怕什么！家里有的是钱。"

上述"富二代"留学生有天壤之别，可是共同点是都没有什么后顾之忧。一些成绩普通的"富二代"留学生，也是没有什么压力和后顾之忧，学习更是潇洒得令很多留学生羡慕。

亚利桑那州立大学的中国留学生曾琼，父亲在北京做进出口的服装贸易，批发量很大，家里很有钱，是典型的"富二代"。她选课，往往选最容易学的。或许是没有看上哪位男生，或许怕受骗，或许还年轻，她不交男朋友，喜欢一个人自由自在。平时，她并不下很多功夫读书。做完作业，就约同学和朋友一起购物、上馆子、看电影、旅游、乘飞机去赌城拉斯维加斯玩、开派对、唱卡拉OK、打麻将，娱乐生活丰富多彩。考试前，才用功复习准备，她也不力争什么高分，却总能安全过关。她无忧无虑，轻松学习。她的一位留学生朋友感叹："我们同学都非常羡慕曾琼，她的留学居然如此轻松！"

好朋友问她诀窍，她笑了，说："我当然没有压力。我的目标只是毕业。我从来也不想未来做什么，想了只是给自己压力。毕业后，我不一定要在美国找工作；回中国也不必找工作，协助打理父母的企业就够我忙的。现在不玩，工作了，就忙了；到老了，就太迟了。"她又补充说："正是没有压力，我才能考试过关。"

三、"富二代"对付考试的绝招

"富二代"混文凭的手法是聪明的，就像中国的一些人把聪明用在"山寨"上：制造的塑胶鸡蛋能以假乱真；用破皮鞋制成的"果冻"真假难辨。他们对付考试的方法也五花八门。

"富二代"会用请客吃饭、送礼等攻势,拉拢感情,请学哥学姐传授应付考试的经验。那些上一届的"前辈",就会透露取得好成绩的种种"秘诀"。例如:拿出往年的试卷和考题,供学弟学妹"参考",并指点哪几位老师"懒得可爱",每年的考题都是一样的。把以前的考题做熟了,拿好成绩是三个手指捏田螺——十拿九稳。于是一帮混在一起的"富二代"们,口口相传,个个平日混日子的混日子、跷课的跷课,只须临时抱佛脚,开几个夜车便可顺利通过考试,甚至拿到好成绩。

更聪明的"富二代"电脑玩家,根据老师出的试题,可以找出线索,按图索骥,最终找到老师出题的题库,熟知全部考题的范围。还是用吃饭送礼之道,找成绩好的中国留学生(往往是家中不富有、读书用功的"清贫"学生)来做出标准答案,再供一帮要好的同学针对性复习。考试时都胸有成竹,轻松过关。

有的时候题型不变,可是数字会变。有的"富二代"学业差,无法随机应变,就请"好友"同学结成一对一的互助组。考试时坐在一起,可以传纸条,可以借鉴,可以偷看暗抄。其技巧之高,监考的老师往往不能识破。

有的时候,虽然有标准答案,但有的"富二代"嫌要背要记麻烦,便把满纸的答案抄写在名片大小的卡片上,考试时就用能看清密密麻麻小字的火眼金睛,一面不时侦察监考老师的动向,一面一字不漏抄在考卷上。

更有大胆的"富二代",想方设法了解老师的工作习惯,洞悉老师出的考题放在哪里。不少教师的考卷放在办公室,于是他们白天把教师办公室窗的插销拔开,晚上趁教师不在,爬窗而入,偷出考卷,或拷贝,或拍照。有时,聚集几个同学,借向老师请教为名打掩护,其中一人则混水摸鱼偷考题。等把偷来的考题拷贝了,再悄悄回来放回。那时,即便"请教"了一半的问题也不问了,同学们一哄而散,和老师"拜拜"。

当然,作弊风气盛的时候,不只是一帮"富二代",中、高产阶级家庭的留学生也有样学样,各显神通,利益共享,投桃报李,这次你们帮了我们,下次我们帮你们。当然,这并非普遍现象,视学校的"传统"而定。有一点可以肯定,对于优秀的留学生来说,考试不在话下,用不着做那些偷鸡摸狗的勾当。

四、"富二代"留学生的比拼风气

"富二代"留学生的比拼风气盛行,影响他们的学业,也影响周围的同学。

他们比什么,拼什么?

"在我读书的大学里,'富二代'没有一个成绩一流的。"攻读研究生的"富二代"葛小瑜说,"'富二代'不比自己的学业和成绩,却比拼家长。从父母比拼到爷爷奶奶;再不行,就拿叔叔阿姨来比;更有拿其他亲戚来比的。比官位,比财富,比名气,比神通广大有办法。有位同学甚至炫耀,她想进什么学校就进什么学校,她父母可以帮她搞定。还有同学居然帮她的好朋友弄到一张美国议员的祝贺状。"比得自己和旁人都很累,很多心思不是花在学业上。

比名牌,是另一种盛行的比拼风气。男生买名车、名鞋、名牌服装。女生逛名牌店,买名牌包、名牌化妆品、名牌衣服……一些"富二代"留学生到了美国,占有天时(中国富起来了)、地利(抵达名牌众多而便宜的美国)、人和(家长能掏出大把钱)之优势,在"横扫"名牌方面大显身手,青出于蓝胜于蓝。这里不点名地讲一些有关"富二代"名牌情结的"可歌可泣"的"事迹"。

一位"富二代"女留学生,和同学一起去赌城拉斯维加斯玩。去的时候一个空箱子装在另一个空箱子里。回来的时候,两个箱子都装满了,全是各种名牌服装、皮鞋、化妆品。装不下,塞在同学的箱子里。她狂扫名牌的气势让一起去的同学都看呆了。她还很爱吃名店名菜,帮她拎包提箱子的同学,在拉斯维加斯吃高级西餐、豪华自助餐……都是她请客。

"富二代"包大明,父亲是山东经营酒店的大老板,一到美国就买了一辆宝马跑车。看到同学买了一辆保时捷,他就买一辆更好的保时捷 SUV 车。后来听说有同学要买一辆玛莎拉蒂跑车,他就抢先买了最新款的玛莎拉蒂。名牌帽子、名牌鞋、名牌衣服、名牌手机、名牌家电……所有的东西都是名牌。同学有的他要有,同学没有的他也要有。他赤裸裸地说:"要用名牌把别人比下去。"

"富二代"秦璐,新买的宾士跑车撞烂了;不久,又买了一辆奥迪 Q7 大车,说是安全。有人问她:"你车都开不好,为什么买这么好的车?"她说:"没办法。我一进学校,同宿舍的同学就出口炫富,和我比拼,一脸瞧不起别人的神态。我买辆宾士跑车,一下子就把她的气焰给打下去了。再买一辆奥迪,她就完全蔫了。真让人受不了!"

"富二代"留学生喜欢抱团,买名牌、买名车也喜欢买一样的。圣地亚哥的一所学校,四个"富二代"哥们,一个买了尼桑(Nissan)GTR跑车,其他三个跟着买。四辆同样的尼桑跑车,经常同进同出,十分抢眼。有中国同学戏称他们"四人帮"。老外同学以为"四人帮"是公子哥儿的代名词。他们和朋友一起开车去拉斯维加斯,又是买名牌,又是赌钱。

爱名牌可以爱到怎样的程度? 一位高中才毕业的"富二代"留学生,一下飞机就问:"GUCCI产品在哪里买? 买 Louis Vuitton(LV)品牌的商店在哪里?"接机的亲友劝她:"坐了十多小时的飞机,你是不是先到家把行李放下,先洗洗脸,休息一下?"她摇摇头坚持:"不用洗漱,不用休息,去名牌店重要。"亲戚不得不陪她直接从机场去卖名牌的大百货公司。她买了名牌手袋又买名牌化妆品,名牌衣服更是从外套买到内衣,花钱如流水,那些店员围着她忙前忙后,把她作为大主顾侍候,看得陪同的亲戚叹为观止,劝她:"美国买东西很方便,不用一下子买这么多。"她的回答令陪同亲戚吃惊:"这是妈妈让我买的,不算多。过几天还要来买。"

五、 小小年纪的"富二代"留学生为什么大手笔买名牌?

那亲戚问她一下飞机就直奔名牌店扫货的原因。"我用惯了名牌,不用不习惯,有失身份。"她理直气壮地说,"我的名牌留在家中,给妈妈和妹妹用。在美国买名牌要比在中国便宜得多,还免得带来带去,又重又麻烦。"

还不满18岁的"富二代"留学生,到美国没几天就要买宝马的SUV车,约7万美元。他的父母很快寄了10万美元给委托监管他的亲戚。那亲戚很感叹:"一个小孩,买这样贵重的车!"他却说:"开这样的车才神气。美国名牌汽车便宜,这点钱对我爸爸妈妈来说是小意思,不享受太亏了。在中国,这车至少是美国四倍的价格。"

有人说,这些"富二代"留学生的价值观,是暴发户心态。——和钱有密切关系的名牌商品和豪华汽车，是"富二代"背负"负二代"骂名的重要内容。——其实，这是富裕起来的中国，出现全民"名牌"运动的一种反映。不但是富人买名牌产品，很多包括白领的中产阶级，也是人手一个名牌包包。没有钱的，也买个山寨版的过过名牌瘾。而且仿冒的名牌产品还漂洋过海，出口到美国的地摊上来卖，遭到搜查和罚款。

不但是中国旅游团，就是川流不息的各级中国政府代表团，抵美国后也成了名牌采购团。为自己买，帮亲友带，送礼的，孝敬的……有人甚至买到两个箱子再也塞不下，随身的提包也塞得快爆裂，只能把无法携带的东西请朋友代为退货。他对人说："美国买名牌就是方便。价格优惠，买了不用愁，带不走，可退货。"——令要开车一个多小时去帮他退货的朋友长叹一声。

美国发行量最大的中文报纸《世界日报》，2011 年 12 月 28 日头版头条的醒目大标题是"中国客豪气过节，全球扫奢侈品"；报道和大照片占了半版。事隔一个月，2012 年 1 月 27 日又在 A3 版头条，用半版的篇幅和大标题"中国游客阔绰·欧美迎天使"报道，把买奢侈品的中国客人当作"天使"。美国的中文《侨报》也于 2012 年 1 月 26 日，在 A2 版以头条和"中国游客旅美人均消费 6200元"的大标题作报道。

报道中指出："美国商务部 24 日的统计数字显示，外国观光客在美国平均消费为 4000 美元，而一个中国客人来一次美国的平均消费为 6200 美元。""在美中旅游协会会长龚林辉看来，6200 美元这个数字显然被低估，美国统计只算了中国游客花在零售业上的钱，实际上若算上交通、酒店、餐馆以及中国游客临时增加的自费项目，人均消费至少 8000 美元。"

根据旅游退税专业服务公司"全球蓝"（Global Blue）的报告，到 2011 年 11月底为止，中国奢侈品消费者购买的免税商品为 2 兆 1500 亿美元（可以算算平均每个中国人花了多少钱），比前一年暴增 56％，占全球免税消费额的 21％。这些数字显示，中国免税品购买者的消费额为全球第一，超过美国和日本各4％。而且这还不包括私人飞机、游艇、名牌汽车等奢侈品。——这是恭维还是嘲讽？中国消费者被当作尊敬的阔佬，还是待宰的肥羊？有些人是省吃俭用，用省下来的钱买名牌。值得吗？——在美国，光有名牌并不能赢得尊敬。中国的一些有识之士惊呼：此风不可长！

这里还想举一个例子和一个数字：中国的人均 GDP 在全球约排前第 100 位。2008 年 7 月 10 日，郑州的一位母亲，因为穷得买不起肉，而读高中的儿子两个多月没有吃肉。她在超市偷了一块肉被抓到警察局。结果这位可怜的母亲以脑袋撞墙，要寻死，因为她怕这事传出去，儿子会在别人面前抬不起头。——令人非常难受！不知那些奢侈者作何感想。

六、"富二代"炫富找女朋友，令家长担心

"富二代"留学生比拼炫富，是想"以富服人"，用金钱来吸引同学，特别是女朋友。而这一切向钱看的攻势确实有效。

"富二代"男留学生萧平，很爱打扮，十分讲究仪表。为追美貌的女朋友，花 3 万美元（约 20 万人民币）买了一个爱马仕的包相赠。他自己开宝马跑车，给女朋友也买了一辆。常买这买那名牌讨女朋友的欢心，还向同学炫富。他的大手笔，令一些女同学很羡慕，甚至有投怀送抱的，桃色传闻和纠纷闹得沸沸扬扬。

一位父亲是房地产商的"富二代"男生张兴，认为在学校里开豪华车是追漂亮女朋友的"必须"条件。他对女朋友出手非常大方。为了追女同学，女同学有事回中国，他买很贵的机票追去。他开车爱出风头，出了车祸，车报废了。他向同学借钱买，一直没有还。张兴有个从小一起玩到大的"富二代"朋友在纽约留学，有几辆豪华车，接到他的求援电话，感同身受，认为没有名车的日子不好过，马上把其中一辆从纽约运来给他开。

炫富有时候变得无孔不入。有位"富二代"留学生为追女朋友，连吃的都要去名店买。他知道女朋友爱吃当地某家著名餐馆的茶点，于是跷课溜出去，开车去那家名餐馆买女朋友爱吃的几款点心，还放在保暖包里，在教室外等女朋友下课，一起回宿舍享用。

讨女朋友欢心，换女朋友频率高，滥交女朋友成了"富二代"的话柄。一位绰号"黄金仔"的"富二代"留学生，凡学校里中等以上姿色的女生都要追，可惜他英语太烂，只能追中国来的女生。一副财大气粗的架势，送名牌，甚至送钱作

攻势,不少女生经不起他的诱惑。他一年中换了四五个女朋友。他要父母给他买一套公寓,让他有安静的环境学习。同学笑他,这是方便他和女朋友在床上共同"学习"。

这引起许多家长的担心。不但许多女生的家长在电话中常常对女儿千叮咛万嘱咐,有的男生的家长也开始在电话中对孩子谆谆教诲。"富二代"留学生胡潜被母亲的电话说得脸红耳赤。母亲叮嘱他"千万小心。别乱来。有的事不是用钱可以解决的,千万不要让女朋友的肚子大了,更不要搞出小孩来"。因为她已经听说几位朋友的孩子留学在外,男欢女爱昏头出事了,令家长心烦、心痛。

七、"富二代"无聊寻刺激

"富二代"徐玫说,在美国的业余生活很无聊,除了逛商店就是吃馆子。几个父母是老板的留学生,组成一个美食团,从旧金山的"岭南小馆"一直吃到帝利市的"鲤鱼门",从中半岛的"香满楼"吃到近斯坦福大学的"喜福居",从南湾的"上海乔家栅"吃到东湾的"麻辣诱惑"……吃遍旧金山湾区有名的中餐馆。后来听说旧金山有一家法国餐馆非常有名,兴冲冲跑去,却出了不少洋相。上那家餐馆的老外,男的西装革履,女的晚礼服,全部正装。而他们几个,穿的虽是名牌,却是普通的套装,完全不搭调。到点菜的时候,没有一个懂法文,也不主动请教,就乱点一通,也没吃出什么味来,三个人的账单送上来,500多美元,成了冤大头。

买些酒菜,在家里举行同学聚会,这是"富二代"中比较常见的娱乐。年轻人光是吃喝,也没劲,玩起不少游戏。玩熟了,花样百出,越来越刺激,像"大冒险"这样的玩法都登场。参加这个游戏的男女同学都必须"愿赌服输",也就是赢家要输家做什么,输家必须服从。开始还是"文攻",输家罚酒,坦白个人隐私,查问诸如"有几个男朋友"、"你的第一次是几岁,给了谁"之类的问题。到后来就相互接吻,叫女生脱衣服,放纵自己的欲望,胡天胡地、你情我愿乱来了。

留学生远离父母,没有人管,再加上学习生活单调,又正处于青春期,男女朋友干柴烈火，为求刺激常常越过警戒线，贪食禁果情况普遍。不但是男生滥交女朋友，"富二代"女生也非常开放。家中有钱、人也长得漂亮的陈筠，爱泡酒吧，主动投怀送抱，看中的就搞一夜情。最高潮的时候，一天换一个。同学劝她，这样做是伤害自己，不值得。她却不以为然地说："你懂什么！这是人生享受。只准男人玩，就不让女生也玩玩？只要不生病，不搞大肚子，有什么了不得的？"

可是，泡酒吧、一夜情、奉子成婚的女留学生不是一个两个。州立大学有位女留学生顾颖颖，怀上孩子不得不结婚时，连孩子他爸比她大11岁都不知道，糊涂到只要性交，不问其余。

性泛滥导致的后果是瞒着父母悄悄堕胎的事件增加。据南加州一家诊所的护士透露，中国学生来堕胎的很多。一个打扮入时的女孩子，到诊所堕胎已经不是第一次。甚至有亚利桑那等外州的中国留学生赶来堕胎。因为加州堕胎法律宽松，不需要父母签字。怀上的孩子不满7周，可用药流，费用相对便宜，只要650美元左右。

有时候，一些"富二代"留学生驾名牌车的心态是需要"医治"的。驾驶保时捷跑车的"富二代"马斌就坦承，遇到红灯停车，如果边上的车主看他的车一眼，他就会想要"耍帅"。在红灯转绿时，狠踩油门，把别的车都甩在后面。那种感觉真是太爽了。

一件离谱的事发生在2011年8月31日加拿大卑诗省烈治文99号公路上。中国"富二代"集体驾豪华车飙车、堵塞交通事件，引起社会哗然。出动的兰博基尼、法拉利、玛莎拉蒂等等几乎囊括所有名牌的13辆跑车，总价值超过200万加元。一些行家称，即使在汽车展上也很难一次看全这批名车。

那时正值下班的交通高峰时刻，全部不满21岁的12男1女驾驶这批跑车，集体出动，采用"后排堵车前排飙"的方法。据目击者称，当时飙车时速高达180至200公里，令交通一片混乱。荒唐的是，这十三"太保"中，9人是才拿到驾驶执照的新手，仅1人是车主，其他12位是"富二代"的"枪手"。

警察拦截、开罚单，并当场扣下5辆跑车。有的驾车者还满不在乎，还通过网络批评警方。如此炫富，社会观感极差，千夫所指。这些"富二代"把整个"富二代"的名声扔到臭水沟里去了。

八、 仗着有钱，自食苦果

在加拿大高速公路上的这13位"飙车一族"成员，除了人被拘留，被扣押的车也面临被充公的局面。即使不充公，也要花不少律师费上法庭，飙车者还将面临法律的制裁。2012年1月，被扣的一辆兰博基尼跑车被卑诗省民事充公办公室出售，但没有透露售价。因为公布售价"将影响正在进行的其他充公汽车的谈判"。另三辆充公的超级跑车，涉及法律诉讼，尚待法庭裁决。不但是"富二代"要花钱打官司，纳税人也必须为"富二代"的法律审判花钱。

"富二代"的这般驾车行为引发警察加强对豪华车的临检。有留学生就抱怨，他驾驶尼桑GTR跑车就被警察无故拦下临检，说是怀疑他车上藏有不法品。警察却说这是"一视同仁"的正常临检，决无"仇富"心态。

有些飞扬跋扈的"富二代"自恃有钱能使鬼推磨，在中国往往不把法律放在眼中，到了美国就碰壁。卢环的父亲是富甲一方的商人，在当地名气响亮，无人不晓。喝多了的卢环和同学泡完酒吧驾着豪华跑车回家，途中被警察拦下。卢环怕被查出酒后驾车，急忙和坐在边上的同学换位，请同学顶替。此举逃不过警察的法眼，当场把他铐起来。急得卢环忘了是在美国，大叫"我的父亲是×××"。美国警察可不管你的父亲是谁，关起来再说。他只能请律师，付了罚款，前前后后花了一万多美元，还留下刑事犯罚记录。后来，他告诉朋友："在美国千万不要醉酒驾车。被警察逮住了，将造成终身遗憾。太不值！"

"富二代"朱子麟为人嚣张，见到漂亮的女生就请吃饭送名牌，女朋友换得快，而且一副大少爷脾气，一不顺心就吆五喝六，给女朋友脸色看，甚至动粗。女朋友都受不了，一个个先后离开他。有一次，他当街对女朋友发作，又推又打，被警察看到，以家暴罪名逮捕。他不认为自己触犯美国法律，强辩："就推了她一下，为什么把我关起来？大不了向她道歉赔罪，送她名牌礼物作补偿。"朱子麟的母亲闻讯急忙从中国赶来，为儿子请律师，还责怪女方"不懂事"。朱子麟说："都是女朋友主动追我。如果不爽就走吧。"结果留下案底，每次出入境都要携带并出示。

　　"富二代"黄斌的父亲是著名的企业家。黄斌到美国却不好好读书,花天酒地,经常旷课。老师几次告诫,他都当耳边风。同学劝他,他说:"怕什么? 家里又不等我赚钱。没有什么事是我老爸摆不平的。"因为旷课过多,又屡教不改,学校要开除他。他居然不知天高地厚,写了一封恐吓信给老师。老师交给学校。如果黄斌不是学生,这信传到警察局,他会因恐吓罪吃上官司。后来学校和中国领事馆联络,他的家长知道了,就赶快让他回国,以免牢狱之灾。

　　名牌不是不能买,而是不要多买,尤其是年轻学子。有的留学生一身名牌,一看就是"富二代"。多买名牌明显"露富",容易惹祸上身。中国大陆一家服装厂大老板的公子吴祥隆,在美国罗德岛的强生威尔学院留学。2011 年 4 月,和女朋友同住豪华公寓的他,因有太多名牌,并拥有宝马高级摩托车和保时捷豪华跑车,遭人眼红,惨遭绑架。此事震惊全美,媒体纷纷以醒目的版位报道。

　　涉嫌绑架的是他的两个同学胡镇鹏和崔盛丰。胡镇鹏落网后向警方承认,他和崔盛丰盯上了这辆罗德岛难得一见的保时捷跑车。这种高级跑车在罗德岛买不到,是吴祥隆用约 8 万美元现金远从外州订购。他们打算绑架吴祥隆后,把车卖掉分钱。——"露富"令多少人失去了理智,也令多少人成为受害者。

　　有位在亚利桑那大学留学的"富二代"女生马岚,仗着有钱,自以为送礼、请吃饭对同学有恩,把和她要好的女同学当跟班。有一次,不知听信谁的传言,对要好的女同学发起小姐脾气,口出恶言,横加指责。和她一起留学的弟弟告诉她,这事根本与那位女同学无关。她就是不相信,不礼貌的话、刻薄的言词,接二连三破口而出。那女同学一直不作声。她还骂,一连骂了一个多小时。她的弟弟相劝,做姐姐的就是不听。别的同学看不过,走过来请她"自重",否则报警。她这才悻悻然闭嘴。事情传开,因为她很会"骂",有同学给她起了个雅号"二口马"。

九、"富二代"移花接木要钱,形成两个留学生圈

很多人不明白,"富二代"的家长为什么让孩子在美国乱花钱?

有的家长怕孩子在外没有钱，受穷，受欺负，不能好好学习，宁可自己省也要多给孩子一点。有的家长对孩子的账目管得紧一点。实际上，几乎所有的"富二代"向家长伸手要钱是需要有理由的。付学费、买车是两项最大的借口。有的"富二代"，特别是男生，要讨女朋友欢心，花钱如流水，向父母报虚账，明明是5万多元的一辆车，他说要6万、7万。把父母多给的钱，给自己和女朋友买名牌。有的甚至连车都不买，几万美元全部挥霍掉了。还有的动起学费的歪脑筋，多报、虚报，甚至把学费都用掉，要家长再寄来。家长虽然生气，也不能看着孩子没有钱付学费而停学。

有位"富二代"留学生花很多钱给女朋友买名牌，陪女朋友吃喝玩乐。父母看他乱用钱，在经济上限制他。他手头很紧之际，发生了车祸。他的名车报销了，租了一辆车，又出车祸。他借口保险公司不赔他车，向父母要了两辆豪华车的钱，一辆说是赔租车公司，另一辆说是要买新车。而这辆新车是他向朋友借的。他还向同学借钱买车。这样，他拿到一大笔钱，够他乱花一阵。这是家境并不那么富的留学生所不敢想的。

"富二代"留学生拿了钱，比拼炫富，往往造成了两个留学生圈。一个是"富二代"留学生圈，另一个是非"富二代"留学生圈。两帮留学生，留学生活习惯、观念、人生价值观等等都有所不同。经济上的差距在他们中划了一道沟。

"我曾设法和非'富二代'的留学生交朋友，发现很难。""富二代"留学生陈红不无遗憾地说，"为什么呢？买东西、吃饭、花钱的观念和方式都不同，难以走到一起。你和她们一起出去买东西吧，她们挑便宜的，我挑名牌，她们以为我是在炫富，有自尊心受伤感，酸溜溜地说，她们不靠父母，靠自己。"

陈红听了哭笑不得。真的不靠父母吗？不靠父母，学费、生活费哪里来？只是父母无法多给而已。五十步笑一百步的自尊，内心其实很自卑、很可怜。话不投机半句多，走远点吧，免得惹一肚子闲气。

令陈红很感慨的是另一件事。她刚进美国大学时，一位室友拿出这个名牌、那个名牌，其实都是几块钱的便宜货，却摆出一副很有钱的样子，还看不起新来的学妹。哪知陈红才是货真价实的"富二代"，一气之下，不但增添名牌，而且刚学会开车就买了名牌跑车，一下子把那室友镇住了。事情传开了，那室友变得灰溜溜的。陈红说："她钱多钱少，对我来说都一样，都是大学同学。可是，为人虚伪，装模作样摆阔，还以此欺压新同学，这是非常不好的。难道一定要用摆阔才能得到别人的尊重吗？这是什么风气！"

在这样的环境中，"富二代"留学生比拼谁富，非"富二代"的留学生也想炫富，除了假装有钱，还有走歪门邪道的。陈红的一位中国同学，为了能很快有钱，拿了学费去赌场，结果输了7万多美元，陷入困境，很令人感叹。

十、 也有"富二代"留学生不炫富的"优秀事迹"

也有"富二代"不炫富的故事。这往往是因为读名校，大家都重学习而不重炫富。

一位在名校读研究生的"富二代"，父母花数百万美元为他在纽约买了一幢豪华的独立屋（在中国称别墅），也有豪华的汽车。可是他一直乘地铁上学。直到毕业庆祝，他请同学到家中举行庆祝派对，大家才发现他是一个隐藏了多年的"富二代"，也是一位懂得"惜富"的"富二代"。

同学开玩笑起哄："你这富二代，终于露出尾巴了。我们这两年居然没有发现，你藏得好深。说，你父亲是做什么生意的？"

他却说："我得给你们忆苦思甜。小时候家里很穷，邻家有海外亲戚，买来一辆遥控的汽车，看得我十分眼红，可是那邻家的小孩不让别的小朋友碰一碰。"

"你现在买什么都可以了。车库里停着奔驰跑车。"

"人不应该忘记那些苦日子，更要珍惜今天的好日子。我听一位大学教授讲过，每个人的福气是一个恒量，像银行中固定的一笔存款，滥用，很快会用完。"

一位在美国留学的"富二代"，父母为他买的豪宅不住，住在学生宿舍；用功读书，生活简朴，衣着一般，不刻意买名牌。直到毕业，他被评为优秀毕业生，在日本餐馆请同学吃饭庆祝时露出马脚。他嫌——点菜太慢，指着整页的菜单，豪爽地要侍者全部拿来。同学们都被镇住了，很快有人反应过来，这才发现他是一位不折不扣的"富二代"。

一位学美术设计的"富二代"女生,喜欢收集名牌产品,经常开小型的名品欣赏会,和同学一起探讨造型风格、线条、色彩、品位。她指出:"许多名牌产品,无论是包的设计,还是化妆品包装的外形,都富有独特的美。外形看似简单,却典雅高贵,十分耐看。买名牌一定要懂欣赏。"有同学说:"有几个人能像你这样欣赏名牌的。"她淡淡地说:"那可惜了。他们很冤,就好像花钱买了一本看不懂的书。"——你呢?自己懂吗?旁人又有几个懂的?你能享受这样的品位吗?你能用比名牌高的精神来神情自若地抗衡吗?

(外一篇)

"富二代"的小留学生

现在,越来越多的中国富人和高产阶级,希望让孩子从小在美国接受教育。到美国来过夏令营的学生越来越多;甚至有的大学教授到美国开会,就把子女带来,直接送进美国学校学习。小留学生越来越多,小学、初中、高中的学生都有。小留学生的动态越来越引起人们的关注。在美国,不满 18 岁的留学生,一定要有监护人。所以不少小留学生由母亲陪同。也有小留学生长期在寄宿学校学习和生活,没有老师、家长或监护人带领,是不准出校门的。

对于小留学生,不少人在探讨,孩子什么年龄送到美国留学最佳?——这至今没有定论。家长各有各的想法,各有各的情况。这些年来,中国的经济起飞,学习中文变得很重要。所以,很多人认识到孩子至少要在中国学会中文且达到终身不忘的程度,能听、说、读、写,才能来美国留学。目前比较多的是到美国读高中,美国学制小学五年,初中三年,高中四年。美国的高一年级相当于中国的初中三年级。

还是让我们来看看小留学生的实例吧。

美国好的私立高中不容易进。孙先生是上海的民营企业家,最近他托人帮他的公子找一所寄宿的私立高中。朋友找了硅谷附近的一家名牌私立高中,那所高中的校长表示:"中国学生的名额一共 5 个,早就满了,还有 100 多位排队在等候名单上。"他解释,为了确保教学品质,每个班级一个族裔的国际学生只能有很少几个。那朋友恳请校长帮忙,校长介绍了旧金山一家有 100 多年历史的教会高中,名额也很有限。那所高中共有 578 位学生,其中中国学生有 20 名。学生入学需要考试。

孙先生孩子的成绩不错,对学校的要求也高。他认为旧金山那所学校的亚裔多了些,而且是男子中学。他宁可选择美国中部的一所国际学生非常少的私立高中,希望儿子可以多接触美国同学和文化。现在大城市的家长,听得多了,学会比较,都比较懂得为孩子选择好的学校。这样做提升了留学的品质。

章瑾是贵州一家矿业公司的老板。为了让女儿琪琪受到更好的教育,2011 年夏季,她陪同 14 岁的女儿到南加州,进入一所私立学校的初中部读八年级,进中英双语班。这是一个典型的小留学生例子。章瑾买下了办公室,雇了职员,在美国开公司,把中国的生意做到美国来。她说:"如果不是为了女儿,我很可能不会到美国来开公司。如果我不到美国来,决不会让女儿一个人这么小到美国来留学。不放心!"

章瑾表示,该私立学校的学费连同住宿费,一学年 6 万美元,不包括假期留校的费用,比上美国的公立大学还贵。这不是目前中国大部分的中产阶级所能承担的。所以小留学生多为"富二代"。或许是年龄尚小,或许学生大多受美国人的影响,这些"富二代"还没有"富家子女"的感觉和架子,衣着用品也不讲究名牌,更没有攀比风气。当地学生不住宿,一年学费为 3 万美元。而小留学生几乎都住宿,为的是有更多时间封闭式学习英语和美国文化。这样的教育,英语进步较快。像章瑾的女儿琪琪,一年后就可进入高中的普通班学习。

该私立学校仅 300 多名学生,初中、小学部(一至八年级)和高中部(九至十二年级)在同一城市,却分两个校区。初中部的中国小留学生只有 3 位,除了章瑾的女儿,还有一位七年级的女生,来自台湾,家里很有钱,她姐姐在该校高中部学习,姐妹俩都住校,母亲则在附近租房陪读,周末和假期接姐妹俩回家。另一位六年级的小女孩来自上海,父亲在中国开厂。这个上海来的小留学生,留学前六年级已读了半年,勉强可以读七年级。她父亲为了让她学好英语、适应美国,未来考名牌高中,宁可女儿重新从六年级读起,多用一年时间来准备。这位小留学生的父母都不在身边,周末和假期,由姑妈接她回去。

初中部女生宿舍一共 6 位女生,两人住一间,全是少数族裔,除了上面提到的 3 个中国人,还有 1 个日本人、1 个韩国人和 1 个俄罗斯人。初中或更年幼的小留学生人数少,除了经济上的原因,还有管理上的问题。有些提供留学服务的人,拒绝做高中以下的小留学生服务,因为美国政府规定,年龄在 18 岁以下的留学生,要有监护人。一位在加州提供留学服务的老师表示,管理这样的小留学生,责任很大,监护人不可能一直跟在这些孩子身后,万一不留神出事怎么办? 小孩在初中阶段,正是开始发育、荷尔蒙大增的青春期,变化很大,美国学校吸毒、滥交情况普遍,万一学样怎么办? 很多事连父母都管不了,旁人如何管! 出了事,美国政府首先找监护人。

所以,很多年纪小的小留学生,都由母亲或亲戚陪同,再不然就是住寄宿学校,假期由亲人接回家。如果假期也没人接回家,就由专门的国际学生寄宿家庭接去临时住一段时间。这些美国家庭都经过"审核"。但年纪小小就长期离开父母,对孩子的成长往往会有负面的影响。很多家长都舍不得。不要说读初中,就是读高中,也有很多家长舍不得。我还有一位朋友王先生,在上海做建筑商,赚了不少钱。数年前曾托我协助他的儿子到美国读高中,后来就不提了,因为母亲舍不得,孩子在家里什么都不用做,怕到了美国生活难以自理。当然,相比之下,该私立学校高中部的小留学生明显多,有十来位。即使不住宿,高中生监护的时间短,监护人的风险也小。有的再过几月就满 18 岁,这样的小留学生,即使在美国没有亲戚,有人看在朋友的份上,也就答应帮忙,做短期的监护人。

作为教育的"硬件",一些美国私立学校的校舍和教育设施,和中国大陆新建的好学校相比,特别是和贵族学校相比,显得相当"陈旧"。就有一位中国妈妈在参观这所私立学校时,脱口而出:"这学校怎么这样破旧。"说完扭头就走,搞得听不懂中国话的老外教师莫名其妙,不知如何就"得罪"了这位有钱的太太。发表过一些诗作的章瑾却持不同看法:"这是一所有 100 年历史的学校,有深厚的文化底蕴。老师都很好，专业、和蔼、尽责任……我喜欢。校舍虽然旧，却古色古香，代表历史性。你想，美国才200多年历史，而这所学校差不多有半部美国历史寿命了。"

章瑾还喜欢学校的"家长俱乐部"。这是家长自发成立的，在开学、期中、学期结束时或者在节日不定期开会。开学时的聚会，类似开学典礼，校长会致词，把全体老师介绍给家长和学生，各年级都有教师代表讲话，介绍各年级的教学情况。家长们也可相互介绍认识，相互交谈。期中和期末的聚会，老师会发给家长成绩单，每个学生的成绩只让他们自己的家长知道，保护大家的"隐私"。家长相互交流教育孩子的心得、对学校的看法和建议，参与感很强。他们聚会发起捐款给学校，在感恩节举行谢师聚会，烹饪节日大餐，和老师共享，表达对老师辛苦教学的感恩。

对于学习，章瑾表示，除了英语、数学、科学等内容和中国大陆比起来，浅得多，实在是浪费学生宝贵的智力。琪琪在中国的时候，数学成绩班级里排在第15名，在美国私立学校的班级里排第一名。孩子没有学业的压力，学得轻松、学得活泼、学得高兴，这是好，还是不好？——见仁见智，意见不同。学校活动很多，去华盛顿旅游、到博物馆参观、组织观看美式足球……"富二代"小留学生们个个兴高采烈，没有对留学和住校的不习惯。当然孩子各有不同，也曾有一个小孩子，因为想家而中途退学回家去了。

章瑾现在正为女儿找一家严格的私立高中。美国的私立高中，有的不招收国际学生。招收国际学生的，对入学的学生要求不同。有的要学生参加美国初中毕业的学术测试成绩，有的并不需要。一般需要成绩的，教学质量都比较好，因为入学的学生都达到一定的水平。有的私立学校面向大众，有的招生不足，就不需要入学考试。章瑾当然是找要通过考试并要测试成绩的那种。她打算等女儿初中毕业就和这家私立学校说"再见"，而且不再让女儿住校。女儿在低程度的课堂里会退化，她想把女儿带在身边，虽然不学"虎妈"，却可以时刻关心女儿的学习情况。否则，女儿很难考取名校。她对女儿的期望是至少进入加州大学的尔湾分校，女儿的志向比她高：非"常春藤大学"不读。

并不是很多家长都会陪孩子留学的。有一个台湾家庭，父亲做国际贸易，母亲是教师,一个儿子和两个女儿都先后到美国做小留学生,请大伯代管。做哥哥的大了一点,留学之余还要负责照顾两个妹妹,学会煮饭烧菜给妹妹吃。父母买了一幢房子,一部分供他们住,还出租一间,用来补贴他们的生活费。到暑假父母会到美国探望他们。

后来,为了方便上学,他们买了一辆二手车,老式的车库门要靠三兄妹一起用力才能推开。推门的时候,哥哥用父亲的创业精神鼓励两个妹妹:"现在我们辛苦一点,我长大一定要多赚钱,换自动车库门,以后我们再也不用推门。"独立的艰难生活可以锻炼人,哥哥为培养妹妹付出很多,40岁出头,至今未婚。两个妹妹做了医生后,哥哥才读医学院,现在也成了外科医生。

总而言之,在异国他乡,成年人尚且面对很多困难有无力感,小留学生缺乏人生阅历和社会经验,需要更多的关心和照顾。两岸的小留学生有很多相同点,台湾地区的小留学生比中国大陆的起步早,有不少经验,可惜一直没有很好地总结和介绍。大陆的小留学生,重新开始摸索,较大程度上是重复台湾小留学生走过的路。

现在,中国不满18岁的小留学生的一个新动向是:高中没有毕业,年仅十六七岁,就进入美国的语言学校和两年制的社区大学学习,直升名校,这是一条"捷径"。一些社区大学招收中国高中二年级(相当美国十一年级)结业的学生,类似预科学生。年龄小些,学英语更容易些,同时有更多时间作为留学的过渡和适应期。

"富二代"留学生的故事还很多,现在人们比较多地看到"富二代"的负面。随着中国经济的更快发展,暴发户的时代会成为过去,越往后,负面的东西就会越少。相信"负二代"式的留学故事将会成为历史。

"小不点"的旋律

单基荣

单基荣　上世纪80年代中由上海移民美国,毕业于汽车设计制造管理专业,就职加州公共交通管理局至今。育有一儿一女,重视家庭教育,也是书法爱好者。

人生又跨进了一大步,今天出席女儿的高中毕业典礼。我女儿联如,从小体形就是小巧玲珑的"小不点",刚学会走路,就喜欢连蹦带跳,偏爱倒立和翻跟头。她的平衡力和毅力都很强。四岁半时,偶然带她到滑冰场玩一下,幼小的她第一次踏上洁白的冰面就着了迷,从此就开始投入到正规的花样滑冰训练中,曾经被看好为又一位冰上明星(美国著名的华裔奥运冠军关颖珊的替身)。

"小不点"冰上旋律的代价是沉重的。美国的运动员是靠家长们自掏腰包培养的,个人滑冰的教练费是每小时90美元。因滑冰运动员在冰场地上需要时而加速,时而起跳,并在空中旋转几圈后落地,所以场地的空间和同时训练人数都必须限制,费用也因此增加了。我有幸挤在富裕的家长们中挣扎。

不仅是教练费,滑冰技巧需要花很多时间去练习,而且训练时间都在天还蒙蒙亮的清晨五点。只有这时段的场地是为专业运动员训练和上学的学生们预备的。这些年里,女儿已养成早上一招呼就快速起床的习惯,同时也把老爸调教成每天早起的"报晓公鸡"。

每天清晨出征滑冰场,女儿就像等候任务的消防灭火队员,火速地穿上运动衣,一边扣纽扣,一边跳进汽车里再瞌睡片刻。车轮停了,她似奔跑的小鹿来到了溪水旁,快乐地跳入她的滑冰池中。

这时的老爸,就告一段落了,傻傻地坐在冷板凳上,等待着又去挑战的可爱女儿。虽然我手里拿着书,想抓紧时间翻看几页,可是眼光老是被她晃动的身影吸引过去。不时为她的腾空旋转、跳跃后的落地而担忧。我的心随着她的旋律而跳动,与其说是担忧,不如说是心痛。穿着冰刀的脚,要经过多少次的跌倒,才能有一点控制平稳落地的感觉。花样动作千变万化,起跳和旋转落地之间,冰刀的角度略有误差,就被扣分,重复练习。要有速度才能达到旋转角度,时刻要留意下落脚跟站立得稳,而且起伏的舞姿要随着音乐的节奏,旁观者都看花了眼。

"小不点"的冰上旋律是用坚韧编成的。一次成功,要经过很多次的失败,真是"失败乃成功之母"啊!女儿在训练中,腿和臀部上时常带着无数的"乌青块"。有时看着她艰难地练习,不断地摔倒爬起,我都打退堂鼓了,但她从不气馁,迎难而上,不需要我的鼓励。"我能行!(I will get it.)"女儿的口头禅就是她的信念,坚定地支撑着她坚持所酷爱的滑冰运动。

随着女儿滑冰技巧的不断长进,很快转入表演和比赛,开始竞争名次了。经过八年刻苦的训练,一个又一个高难度的技术动作学会了,级别不断地提高。她熟练地掌控了四种不同标准的空中二旋转跳,也通过了六个级别的测试考核,达到少年级别运动员标准,并且在同伴师姐妹中,夺下了滑冰场的少年冠军宝座。往往获得第二名和第三名的运动员比她大四到六岁,但是她们同样高兴地接受这来之不易的荣誉和奖牌。

由于女儿需要去参加不同地区及全国的资格预赛,我陪着她转战南北。参加过纽约、芝加哥、波士顿、西雅图、底特律、波特兰等地的比赛,去了冬季奥运会的举办地盐湖城和加拿大温哥华等地比赛。获得的大大小小的奖牌一大堆。我前十年的工作休假都是在陪她比赛的"老爸啦啦队"里,为女儿加油喝彩中度过的。

"小不点"的冰上旋律是高压下的紧张。滑冰协会把美国 50 个州划分为六大区域。我们这区域由六个州组成,其他区域还有更多的州。在这里要特别提及的是,每一区域的前三名才能有资格进入全国大赛。也就是我们六个州中,只能有三位代表选手。这能说不是"生死搏斗"吗?女儿承受着多大的无形压力呀。

这比赛的紧张往往超出常人的忍耐力。那次在 Santa Rosa 的冠军争夺赛中,前面七位小运动员都顺利地完成了冰上动作,个个取得很好的成绩。最后轮到"小不点"上场,她不但不能有任何闪失,而且要以更完美的动作,才能取得更高的分数。空气仿佛凝结了,变得那么沉重。巨大的滑冰赛场居然鸦雀无声,大家都把眼光盯住我的女儿。

在音乐声中,"小不点"的冰上旋律开始了。她在冰上飞翔,她在冰上舞蹈,她在冰上起跳、旋转。我随着她的旋律暗暗为她祈祷祝福。她的动作一个比一个好,马上就是最后一个空中二旋转跳。"哇,太棒了!"我不由叫出声来。

当她完成最后的动作,记分牌亮出最高分时,全场响起热烈的掌声。我还来不及反应过来,突然的情况发生了:"小不点"猛然仰倒在地上。我和医务人员、教练,还有很多人都发疯般地奔过去。"小不点"却慢慢站了起来,拥抱跑近的教练。我们都问她怎么了,她说:"我太紧张了。赛完一放松,人就软了。"

做家长的真是非常不忍心。在回家的路上,我对她说:"刚才你把大家都吓坏了。你是不是要考虑不再参加比赛?"她摇摇头回答:"这是一个过程,这是一种锻炼,我会学习从紧张中走出来的。"果然,在以后的比赛中,她再也没有倒下过。

主办比赛的当地俱乐部,都是经过美国滑冰协会批准,通常请几位精通技术规则的评委,其余成员 90% 以上由家长和学生"义工"组成。这是西方社会的特色,也是国民用自己的时间和能力感恩和回馈社会的一种方式。比赛名次从未引发异议,只有家长私底下议论裁判的欣赏风格不同。女儿也自信地挂着一张少年教练牌,习惯地养成了为有需要的孩子们义务指导。

"小不点"的冰上旋律是可爱的。从 10 岁那年开始,女儿代表加州 Berkeley 市花样滑冰队比赛,竞争获得了全国赛资格,并取得全国少年赛第六名的好成绩。女儿连续几年都参加全国大赛。有一年,参加在波士顿的全国决赛,裁判在赛后花絮总结中,特别提到这位"小不点"给裁判留下的深刻印象,"她把我们的眼球都吸引过去了,我们只看着这位最小的她,步伐,技巧,是多么的和谐,可爱极了!几乎忘了低头记分"。

四年后,她代表旧金山市滑冰队,和队员们一起努力,为该队争取到了难得的全国预赛资格。这些年里，经常留下令人难忘的一幕。每一次，当女儿站在领奖台上领奖时，全场的笑声和掌声汇聚在一起。原来是这位站在领奖台最高台阶上的第一名"小不点"，高度比站在左边身旁低 8 寸台阶上的第二名和站在右边身旁更低台阶上的第三名的高度还矮，这不成高度比例的并排领奖，让更多的观众张开了笑容，也增添了喝彩。哈哈！确实，滑冰运动员，成功不在于身高。

经过 14 年的训练，女儿的脚从不到我手掌那么大，长成两个手掌大。为了保护脚腕不受伤，要特制她的冰刀鞋。用名牌的好材料，这也是必需的奢侈品。800 美元一双特制的冰刀鞋，不断地随着她脚的长大而更换。

随着女儿年龄的渐长，学校的学习作业也渐渐增多了。"小不点"的旋律变得多样化。在初中和高中的六年里，她从未放弃练习滑冰，不断地完成另两个等级的考核，成为国家级成年标准运动员。同时她还加入了学校的领袖训练小组及辩论队。领袖小组要在学校里筹备和安排学生们的课余活动，为社会公益活动筹款，组织为"红十字"无偿献血等活动。

我很担心这些额外的"学生会"活动会压得她喘不过气来，她能有时间和精力担当吗？可是这样的顾虑很快烟消云散。她在繁忙的滑冰训练中，学会挤时间，学会把课余活动和学习安排得有条不紊。她把滑冰当作她的乐趣空间，其余时间都投入学校的课内外活动，学习怎样融入社会，为明天的人生打好基础。

当然，学习的过程也不是一帆风顺的，特别是辩论队出征"口舌战"，起落颇大。辩论比赛不但要事先准备资料，上场的技巧、仪态、口齿和速度都要打分。不同学校，不认识的同学，面对面，你来我往，严肃而激烈地争辩，心理上一定要有"输得起"的大将风度。刚开始练习争辩时，"小不点"曾回家大哭，流下委屈的泪水。因为这对她而言完全是新领域，其中带有个人化情绪的争辩，她提及的论点，有时在辩论中没有给予重视和记分，也遇到一些无理的反驳。不服输的她，将胜负的结果看得很重。在带队家长的开导下，她渐渐地开朗，懂得了"对事不对人"的处世原则。看到女儿的成长，我很高兴。我对她说，做人比做事更重要，能力比获奖更重要。

地区高等法院的法官参与"义工"辅导和领队。辩论的裁判是由不同学校的学生家长们和这些专业法官、律师"义工"担任的。在四年高中学习期间，"小不点"代表学校辩论队，周末也继续与"北美湾区"其他高中进行激烈的"论战"，变得能言善辩，学会了对事物分析和判断的常识。辩论的主题更是"五花八门"，最近的辩论题是"美国干涉利比亚有无法理依据?"持"无法理依据"的辩方最后为赢家。活跃的辩论，不仅是为获得奖牌，更重要的是增强了孩子们研究的精神和能力，拓展了孩子们敢说敢想的自由思维空间。

尽管整天忙忙碌碌参加各种课外活动，但她同时还选修了学校中的许多大学预备课程，达到 GPA(4.3)平均总分。GPA 是除了申请大学所需要全国统一测试的 SAT 或 ACT 以外的一个更重要的指标，是全面衡量学生在校课堂成绩的一个标杆。运动和课外活动不但没有影响女儿学习，而且培养了她的毅力和自尊心，添加了学习的独立性和自信心。

从 16 岁上高三开始，早晨她就自己驾车去滑冰场训练，然后再回来开车上学。学校给学生们预备了停车位，交通警察特别留意新手上路，提醒安全驾驶。高中第四年的上半学期，女儿自然地进入大学申请阶段。独立能干的她，在学校专职辅导申请大学的老师指点下，准备自己的入学申请资料，有条不紊地在电脑上，选择性地送出了自己所理想的大学申请表，同时也递交了不同类型的奖学金的申请。最后下半学期，等待被录取的大学的通知书。在众多被录取的大学名单中，学生自己有择校决定权。

令我惊讶的是在收到录取通知的名单中，有一所加利福尼亚州立大学——戴维斯分校(全美国公立大学排名前列的)，特别提供一年全额"新生奖学金"鼓励她入学，这是大学之间竞争招收自己学校理想学生的一种方式，大学除了注重学生在校的学习成绩外，更欣赏学生的课外社会活动能力。这对女儿就意味着，辛勤的努力得到肯定，过去十几年的努力学习和训练，无数个拂晓挣扎起床的辛苦，在收到全额奖学金的录取通知书的那一刻，就像冰上一把火，顷刻间冰场都被融化了。

女儿就读的旧金山东湾的高中是"虎妈"蔡美儿的母校。我看着她兴奋地拿着大学录取通知，比我早一步开车出门，接同学们一起去参加高中毕业典礼。美国高中生的毕业典礼，隆重程度不逊色于大学毕业典礼，这是人生中的一件大事。一大群男女学生头戴毕业方礼帽，身披不同颜色的礼服，挂着五彩缤纷的花环，男同学都成了小绅士，女同学们也顿时长高了几寸，穿上高跟鞋，化上浓妆，显得格外艳丽，个个精神饱满地列队进入礼堂。

接着一阵掌声，只见这位在高大的美国人群中的"小不点"，充满睿智的女儿昂首走上了主席台，代表"学生会"主持毕业典礼。此刻的我才恍然大悟，我的"小不点"长大了，顿时我的双眸盈满激动的泪水。即刻会场肃静，这是美国的习惯，所有人自动地全体起立。在女儿从小就背得滚瓜烂熟的宣誓词的带领下，几乎每一位都把右手放在胸前，面对着"星条旗"，一起严肃地背诵着。这看来是形式，但还是有眼泪汪汪激动的老美把它当作一种精神和信仰。

热闹气氛的高潮，是每一位毕业生被叫到名字后，上台领毕业证书的那一瞬间，同学们欢呼鼓掌，用呼叫你的大名的形式，来呈现你在同学心目中有多旺的人气和对你的祝贺。加州高中学生的平均毕业率比全国略高一点，为72.8％。特别兴奋的是那些有着能歌善舞天赋的非洲族裔和西班牙族裔的男女高才生，在台上手接校长递过的毕业证书前，要扭动一下身体，做个激情的动作，今天能荣光满面地毕业，等候在观礼台上的全家怎能不起立欢呼？

一分耕耘，一分收获。孩子健康地成长，是需要家长们付出时间来陪伴的。我时常会想，如果"小不点"没有参加滑冰会怎样呢？她能变得这样出色、这样全面发展吗？她在学习滑冰的过程中养成抓紧时间学习和读书的好习惯。除了滑冰，她喜欢待在书店里"啃书"。更令我喜出望外的是，我们第一代的留学生无法完全融入西方文学写作中，更无法给她这方面的熏陶和帮助，而她居然获得高中最佳"写作技巧奖"。家长的引导和启发，孩子发自内心的勤奋和渴求，以及良好的学习习惯和学习能力，这是成功的主旋律。

难 解 之 题

吴裕祥

吴裕祥　江西人,1987年到美国柏克莱加州大学读工学博士,1990年博士毕业。现在美国加州政府工作。

"气死我了!"强大叫一声跳起来,把刚看过的信刷刷几下撕了个粉碎,犹不解恨,拿起白色的信封要继续撕下去。

信是从银行来的,通知强他们买房的贷款申请被拒绝了。理由与他们的信用之类的要求无关,倒是与要买的公寓房所属的整个楼盘的信用有关。具体来说呢,大概就是这栋公寓楼里面有太多的公寓被购买房产的主人给遗弃了,因为付不起贷款的分期付款,买房的人干脆搬走,钱也不付了,房子也不要了。这些弃妇般的房子加在一起的数量超过了银行所规定的某个神秘数字,于是就被判定为不适宜贷款楼。大概就是这么个意思吧,总之就是银行不给贷款了。这里有一个很奇怪的逻辑:房子是被银行没收后再卖的,贷款他们又不给。

当然强还可以继续找另外的银行贷款,没准这另一家的要求更低些呢。不过问题是时间,时间来不及了呀!

手机铃声响起,是儿子的来电,放学了,得去接他回家。

儿子从小就在A市上学,后来搬了家,离得也远了,可儿子不愿意离开自己熟悉的环境和朋友们,就仍然留在那个学区的学校上学。当父母的可就惨了,每天的接送都得开车,一年三百六十五天风雨无阻,真不容易,架不住是天天呀!水滴还要石穿呢,这路还不得把车轮子给磨穿了?把人的耐心给磨没了?

还有三年，等儿子上大学了，就用不着再接送了。快过吧，这三年！

强感到好笑起来，这些年随着年龄的增大，就越来越觉得光阴似箭日月如梭，每天都恨不得把时光的轮子给拽住，这回怎么就盼着三年时间一眨眼就飞了呢？人哪，真是矛盾的动物。强自嘲地摇摇头。

"注意开车！别再生气了！"薇追出门来嘱咐。

"好嘞！"强镇定了一下心情，可不能因为情绪激动而导致车祸，那才真是划不来呢。

车祸就留给那些个银行家吧，强有点恶意地想。美国的经济，不就是被这些银行家搞了个一团糟吗？想到美联储都是这帮银行家私有的，美国的钞票都是由这些私人印发的，这个国家，最后还不得糟在这班家伙手里？最好让他们都车祸玩完了才好。

车子到了中学操场停下，儿子拉开车门，先把大书包扔进后座，再把自己扔在前座。

"怎么啦，满脸的不高兴？出什么问题了？"

"BIO AP（生物的高阶课）没有选上。"儿子的话里充满了失望。

"为什么？"

"因为我的申请表晚交了一天。"

"申请表不是发了好几个星期了吗？"

"我本来昨天下午要交的，可是下午课后开会走不开。等完了事我去交，老师已经走了。"

"你为什么要拖到最后一刻才交啊？这个问题说过多少遍了？"强这个气啊！

儿子是一个很喜欢做计划的人，成天在那里做各种计划，不过有一点是一定的，学校里的所有事情一定安排在最后一分钟来完成。首先是玩，其次仍然是玩，从来不考虑可能会出现意外。现在终于玩出问题来了。

"可是我一定得上这门课。我计划了，包括这门课，高中可以修到15门AP课，比Berkeley要求的还多，这样申请大学就有优势了。要是申请不到，我又没有别的合适的AP课可以选，那就糟糕了。"

儿子这么认真对待升学问题，倒让强暗自窃喜。一门课能不能选上，不是那么重要，重要的是有个好的学习态度。受点挫折哭一哭也不是坏事，更重要的是要在教训中成长。

强很少见到儿子哭，别说是如此伤心地大哭。车子已经到了家门口，儿子伏在车上不愿动。

强对儿子说起冷笑话：老爸今天在单位上洗手间，听到隔壁有人打招呼：嗨，你好。老爸就回答：你好。隔壁人又说：最近怎么样？老爸答：还好哇。你怎么样？隔壁的人问：你的手还痛吗？老爸答：这几天没去打乒乓球，基本好了。隔壁的人说：Mary，我打电话给你，没想到隔壁的傻帽老在接茬，烦死了。回头再聊，挂了啊。

儿子抬起头扑哧笑起来，太阳下挂在眼睫毛上的泪珠一闪一闪的。

强说："别哭了，男子汉有泪不轻弹。有什么问题想办法解决就是了。"

"我都求过 N 遍了，老师就是不同意。而我一定得上这门 AP 课。"

"要不，就转到我们自己这边的学区来读？"

"那更不行！这边学校 AP 课设置得更少。我哪儿也不去，就在这里！"

强和儿子都沉默下来，各怀心思地走进家门。

强担心的是另外一件更叫人头疼的事情。这两年美国经济不景气，教育经费被大幅削减，各个学校都在节约开支。儿子所在的学区的学校，在附近算是最好的了，所以有很多非本学区的居民，也通过种种作弊手段把孩子送到这个学区的学校来读书。现在已经决定，暑假后入学要严格审查，杜绝不属于本学区居民的孩子在此就学。为了让儿子继续读下去，强两口子就决定在这个学区内买个公寓。本来已经进入贷款了，顺利的话开学前办好没问题。可是现在银行拒绝贷款，这一下就把如意算盘全打乱了。即使马上购买另外的房子，或者找另外的银行，都来不及了。如果开学前搞不定，被学校踢出去，都不知道这个儿子会成啥样子。那么脆弱的小心灵，经得住这么大的考验吗？

再说，这间公寓是被银行没收付不起贷款的法拍屋，价格相当好，买了也会是个很好的投资。

咋办呢？还真是令人挠头的难题啊。

　　　　　　　　　　　　　　　　难解之题

这时候儿子正在向老妈诉苦，关于 BIO AP 课的问题。

妈妈建议儿子打个电话向哥哥请教一下，看看能不能有什么办法。儿子说那还能有什么好办法？儿子常说：有个哥哥是挺好，可有个在 MIT 的哥哥就太有压力了。

妈妈给哥哥打了电话，把情况讲了一下，哥哥就在电话里和弟弟谈起来。哥俩叽叽咕咕聊了大半天。儿子渐渐平静下来。那就照着哥哥说的去试试吧。

强把薇拉到一边商量买房子的事情。实际上，强是瞎操心，因为家里有关钱的事情，都一概由薇这个学经济出身的专业人士打理，强根本就半懂不懂的，也没多大兴趣去搞清楚。这种事情家里有一个人操心就行了。

"老婆，房子要是买不下来，儿子就会被踢出学校，这个打击可太大了，儿子肯定受不了。"

"儿子刚刚从青春期的疯狂中走出来，这个时候还真是不能受太大刺激。"薇想了想，说，"这间公寓的价格也很不错，我们一定得想办法把它买下来。我来问问经纪人银行方面还有没有别的办法可想。实在不行的话，就筹点现金买吧。"

"现金？家里能有那么多钱吗？"

"我算了算，虽然刚买了栋房子，但还是能凑出一些现金，再借一些，用点银行信用卡的钱，也就够了。"

"老婆英明！"

"你觉得这个投资可能有风险吗？"

风险？强想想还真没觉得有什么风险。半年前买的那栋用来出租的投资房，租出去后每月还可以净挣几百，就这样等着它升值。现在这间公寓是法拍屋，价格是高峰时期的一半多点，等几年后经济好转房价涨上来，就是一笔很不错的投资了。

美国这几年经济不景气，由房屋次贷和穷兵黩武引发的经济危机一直没有得到缓解。但对于个人的生活来说并没有太大的影响：物价并没有大幅度上涨，失业的又都是以前在公司里不甚重要的闲人，保得住工作的人还不是照样休假照样生活？而且中国来的同胞们生存能力特强，就没听说有多少失业的，倒是听到很多买了一套又一套房子的。像强的校友们，基本上都趁机买了投资房。就算是失业的，还能吃救济，拿粮食补贴。你看街头那些 Homeless（无家可归者），就找不到瘦人，一个个气定神闲滋润着呢。在美国，妄图像国内的某些人那样一夜暴富，除了中彩票外基本不存在。可是挣够花的钱和买房买车出外旅游的钱，却比国内容易太多，你只需要老老实实地找个一般般的工作就可以了。

像强这样的家庭，来时两手空空，连一根钉子都得去买，到现在，仅仅是老老实实地打工上班，就有房有车，也用不着当什么房奴。十多年工作下来，也小小地积累了一点资本，用现金买个房子也不是大问题。

强来美国已经二十多年了。记得 1987 年经济危机时，听说 Huston 的房子跌到一万元一栋，整个城市都要空掉了。后来就是网络超级泡沫，房价飙到令人目瞪口呆的价位，然后又跌，又涨。如果时机把握得好，炒一栋房子挣的钱可能比做个一般的工作挣的还多。

且放下强在这里浮想联翩胡思乱想不提，儿子那边已经是紧锣密鼓按照哥哥的建议行动起来了。

哥哥的指示其实很简单，就是向有关老师诚恳检讨，详细说明自己是如何喜爱这门课，一定会把这门课学好。如果老师还说不通，就找上一级领导，一级级找上去，直到有人点头为止。

儿子连夜写了一份声情并茂的申请书，重点阐明自己对这门课的喜爱，不能上这门课的话简直就不能活下去。再做点检讨，找点借口，诸如此类的事情。拿着拷贝了好几份的检讨，儿子下课后就直奔任课老师的办公室，呈上申请书，再三请求老师收留自己。

老师早已经被儿子纠缠过好几次了，这番如此正式的决心，触动了这位强势老师内心深处的某点柔软的东西，于是松口说："我也不能全权决定，如果学校同意我就同意。"老师倒不是推托之辞。这门 AP 课，由于教学质量高，已经列入高等教育委员会的科目单，在这门课上得到的学分，可以直接带进大学作为大学学分。这个学校也只有这门课获此殊荣，所以报名要上这门课的学生有100 多，而最终筛选下来能上这门课的只有 36 人。在这种情况下，在第一关就

难解之题

被刷掉的儿子想要挤进这门课还真不是一件那么容易的事。

儿子一听老师的回答，二话不说，急忙跑去校长那儿，呈上书面申请，软磨硬缠，激情的演讲终于打动了校长。校长也从未遇到过这样的学生，为了上一门课竟如此不屈不挠地折腾。如此疯狂的一个学生，作为教育工作者还是喜欢的。既然你那么坚持，那就去上这门课吧！

这边儿子的问题解决了，那边强两口子也在庆祝解决了买房难题。薇这边凑凑，那边挪挪，最终搞定了买房的现金。具体的情况，强不太清楚，也不想弄明白。薇学的是经济学，和银行打交道是她的专业。

强喜欢过简单有趣的生活，上班之余，写点东西看看书，打打乒乓下下棋，时不时还玩玩音乐，给昆曲的票友们伴个奏什么的，日子过得那叫一个潇洒。薇更忙，除了公司的事情，每星期三个晚上跳土风民俗舞，两个晚上练瑜伽或者是功夫，去年儿子放弃了学钢琴，她还顶替了儿子，每天叮叮当当地弹上一阵子，还积极参与各种社会活动，忙得有滋有味。

"去看电影吧。"所有头痛的难题都解决了，两口子就想 enjoy 一下子。习惯了，看个电影顺便逛个街，上个小馆，也挺惬意啊。

"先带儿子去看看房子吧！"

"好啊！"

"儿子，看房子去！"

"什么房子？"

"为了你上学在 A 市买的房子。公寓大楼里还有游泳池、健身房、桑拿房，在大华超市旁边，走路就可以到你的学校。"旧金山东湾这边由于气候太凉爽，带泳池的房子很少。

"真的呀？好棒啊！"

旧金山的天气是真好，天空瓦蓝瓦蓝的，阳光金灿灿照着，太平洋的风穿过金门桥掠过海湾吹到家门前，吹走了七月天的暑气，吹得人心里爽爽的。强开着车，薇在一边感叹，要是你哥在这里，一家人就齐了。

强说："现代教育就是为国家培养合格的劳动力嘛。越有出息离家就越远，就越不是自己的儿子，是国家的、公司的。没出息的才在家里窝着，才能享受天伦之乐。你说这是什么事儿呀!"

新买的公寓在一组高层楼里,依山傍海,风景优美,离儿子的学校很近,几分钟就走到了。

"游泳池不错。"强来自南方,对水情有独钟。

"桑拿房也很清静,以后我们可以常来。"薇说。

"健身房很棒,以后我每天都得来健身。"儿子也兴致勃勃地说,他一直想把肌肉练大。

"这房子买得可真合算。"

"银行没收后拍卖的房子嘛,价格是很值的啰。"

"银行拍卖的房子?"儿子听了一愣,问道,"是法拍屋?"

"是呀是呀,要不然哪有这么超值的 deal。"

儿子不吭声了。

再巡视了一遍房间里面,讨论了一下哪些地方要油漆、哪些东西要替换修补、需要添置的冰箱等等,一家子就杀到大华,买了些菜,吃了顿庆功饭,就回家了。

晚上,儿子突然宣布:经过仔细考虑,不到新买的房子那边去住!

"什么?"强以为自己没有听清楚。

"我不会到那边去住!"儿子斩钉截铁地说。

臭小子,你搞什么名堂嘛?强都要抓狂了。这个儿子刚才还在那边喜欢得不得了,怎么转眼就变脸了?

"为什么?"

"不为什么。就是不想去那儿住。"

儿子喜欢走极端,认准了的事情难以挽回。强辛辛苦苦干了这么久,就为了这臭小子上学。现在一切搞定,他却变卦不去住了。

"那你上学怎么办?"

"我不管。反正我不去那边住。"

看着儿子倔强的样子,强心里的这个气啊!这么个极端自私自利的家伙!

这就是美国教育的结果,没有政治课,也没有政治思想教育,真的是很失

难解之题

败呀!

有时候强很奇怪，美国人看起来个个那么自私，学校单位也没有人专门做思想工作，也没有书记指导，可美国人还真的奉公守法，是爱国的好公民，就没听说出过多少美奸。

强快要暴走了。这是个什么样的儿子？麻烦不断。上辈子欠了他的呀？还是薇比较冷静，想来事必有因，儿子还不至于疯狂到这种地步，父母辛苦付出的心血，轻易让它付之东流。

"告诉妈，为什么好好的就不去住了？"

儿子缄默不语，慢慢走回自己楼上的房间。

"别着急。"薇拍拍强的肩膀，跟在儿子后面走上了楼。

强站在客厅里，感慨万千：为儿子做了这么多，可儿子一点也不理解，如此不近情理，令人灰心丧气。这么多年来，生活的主要目标之一，就是把两个孩子培养成才。老大还算不负众望，混得风生水起。这个老二，唉！看来全世界的"90后"，都是一个德性呀！

薇把儿子带下楼来："给爸爸说说为什么不想去那边住。"

"你们，银行的人，一样坏，抢穷人……"儿子有点不好意思地磕磕巴巴地说。

"什么？"强不能相信儿子竟能说出这样的话来，瞪大了眼睛看着儿子。

儿子一看强的神情，吓溜一下又跑回楼上的卧室关上了门。

"哈哈！"强愣了一会儿，和薇对视了一眼，强大笑，薇微笑，那个心情啊……这个臭小子！

"谁说知子莫如父哇，你这个笨蛋父亲啊！"薇嗔道，"还记得看电影……"

哪能忘记呢，那件让强想起来就脸红的事情。

美国的电影院，一般都由很多间小放映厅组成，同时上映多部影片。强和薇喜欢享受在影院看电影的那种氛围，让人回忆起青春的温馨。一般强和薇会看两场电影，甚至挨个地把所有上映的电影巡视一遍，再挑两场喜欢的看，就像在自助餐厅吃饭一样。有时候还看三场，不过那样容易头晕，感觉又不好了。有时候他们也拉上儿子一起去看，甚至陪着儿子看儿童卡通片。

突然有一天,看完一场电影后,儿子说不想看了,如果强他们要看的话,他可以在影院的游戏室里面等候。问他为什么,他说就是不想看。既然儿子不想看,强两口子也没有继续看下去的心情,就一起回家了。

回家的路上强盘问儿子:不是还有个很想看的电影吗?怎么就不看了?

儿子嗫嚅地回答:"一张票,看一场……再看,要买票。"那神情,和今天还真有点相似。倒好像他自己做错了事情似的。原来臭小子还给父母留了点面子呢。强和薇当时就傻了,两人脸上发烧,还真是没有想过这问题呀。又没人管!说实在的,即使知道有这规矩,可从来没人来强逼执行。只要没人管,还不是照样看,哪有这样的自觉性?走遍全国也找不出几个来吧?

想起这件往事,再想起许多类似的、以前忽略了的点滴小事,强觉得应该从另一个角度来评价儿子了。以前只看到儿子自私、懒惰,学习不努力,连学了多年的钢琴都放弃了,还没考八级呢……总之,一身的毛病,可是……

强的心情真是爽透了!倒没有想到儿子身上还有这么多闪光的东西。虽然在家里的表现不尽如人意,可儿子在外面,能自觉地遵纪守法,看到别人需要还会主动上去帮忙,时不时还给路边伸着胖胖的手要钱的 Homeless 一点小钱。有一回强为赶红灯从车上把钱扔出去,还被儿子责怪不尊重人,说讨钱的人也是有尊严的。

有颗善良的心是最重要的。强和薇都觉得,这比学习好更重要。所以,强和薇都乐坏了。

强和薇在看房子时,心里也曾闪过一点模糊的念头:这家人被银行赶出去后到哪里去了,怎么样了?不过也只是麻木地想想而已,真的犯不着考虑人家的心情,管那些闲事。反正在美国,就是那些 Homeless,一个个还不是肥肥的。美国没有挨饿的人,只有懒死的人,没有累死的人。

强想起一段话:这人的良心,就像搁在心里的一个多边形,做一次违背良心的事,多边形的棱角就把人的心刺痛一回。违背良心的事做得多了,棱角也就磨平了,心也就麻木了不再痛了。

生活,红尘滚滚,让人轻易麻木啊。

强想到一个很严重的问题。说服儿子去住新房子,倒不是什么难题,可以讲出一大堆的理由来。可是,儿子的心还像一张纯洁的白纸,虽然他自己故作老成,其实还幼稚得要命。我们该用什么样的色彩,在这张纸上描绘呢?这个事情,刻不容缓啊。

"冇想到仔伲立还蛮有良心呃。"强一高兴,家乡话就蹦出来了。

"是呀!"薇也高兴。

"可是,如果儿子回国探亲,看到一个老太太倒在地上,跑过去扶起来,结果被赖上要赔款,法庭还判他有罪,他会变成什么样? 他还会相信这个世界吗?"强很怀疑,太善良太幼稚的人在这个世界上能不能顺顺当当活下去? 尤其是在美国长大的孩子,善良的天性未被社会磨蚀,而"尊重人,也要被人尊重"则是从小就被学校、社会培养出来的最基本的品格。在这种情况下,该怎样对儿子进行一些必要的社会教育呢?

讲多了阴暗面是不行的,那良心的棱角在这些阴暗中就会给磨平了;不讲也不行,那不是一走进社会就到处碰得头破血流吗?

怎样把握这个度,怎样让儿子在这个世界上既不太吃亏又不被污染到黑地成长起来? 儿子不像他哥哥,可以钻进学术的殿堂里不出来。儿子是想从商甚至从政的人,这样天真地来到社会上,会碰得怎样的头破血流啊?

这个题目太大了,一时也想不出什么高招来。

两口子相对沉默下来。

强从儿子房间的窗户看出去,远处金门大桥悬臂架的顶端,在落日下闪耀着金黄色的光芒。再过去,跨过太平洋,就该是祖国了。眼前出现当知青时挑着百斤重担翻越带源山梁的画面:一块块青石板砌成的小路,蜿蜒于山梁谷沟。百斤重的担子压在肩头,上山时,绷紧全身肌肉,把重心移到一只脚上,提起另一只脚稳稳地放在上一阶青石板上,再把重心移到这只脚上,腿肌腰肌一齐用力蹬住了,把另一只脚连着重担提上来;下山时更不轻松,得用一只脚牢牢地抓住路面,另一只脚带着百斤重担缓缓地落下,不能快,快了就要往下栽,得憋着气,悠着劲,稳稳地把向下的脚控制住,踏踏实实地落在下面的石板上。上啊,下啊,一条起伏的青石路,哪一块石板不得踩稳了,哪一块石板上没有刻下深深脚印、流淌串串汗水?

生活的路,不正像这青石板路?虽然不坦荡,虽然有重担,每一步都用过力了,流过汗了,站稳当了,也就平安过去了。有良心,有信心,上上下下,山梁谷沟,又有何妨?是的,只要教育儿子,在这生活的路上,每一步都走踏实了,什么样的难题,就都能解决了。

　　　　　　　　　　难解之题

航行，驰向更远、更远……

故事：陈　国　　撰写：Jing Dai

陈国　上海人。上海师大教师，1958 年被打成"右派"，劳改 21 年，完成"非正统复数"，改进华罗庚"正统"复数。任加州海运学院船舶自动工学教授。现为奥林匹克学院校长。

一

诺贝尔物理学奖获得者，斯坦福大学物理系的温伯格教授，邀约伊丽莎白·孙去面谈，谈她的论文。谁能想到，一个高中三年级的学生（美国高中为四年），居然写出了科学论文《比爱因斯坦更进一步》。

当初，不少人对此暗的明的嗤之以鼻，就连伊丽莎白的父亲都不看好她"研究"的课题：才读了两三年的高中，研究什么爱因斯坦，还更进一步！哪个教授会相信？哪所大学会理你？可是，伊丽莎白认为父亲作为中国来的留学生，缺乏很多美国人具有的雄心和自信。

伊丽莎白很喜欢这样的课题"比爱因斯坦更进一步"。她认为，女儿应该比她父亲"更进一步"。她很自信找到了一位好老师——陈国。一个头发半秃、消瘦而落魄不羁的老先生，外形颇有孔乙己的"风度"，眼睛却炯炯有神。人，真是不可貌相。

陈国是一位有着"凄美"经历的传奇性学者。他原本可以成为非常优秀的大数学家。他曾因超人的数学天分，在上海的一所大学留校当教师。可是和很多有才华的人一样，1958 年，他被凑数划为了"右派"，送去安徽劳改。劳改中，空闲的时间里他都偷偷拿着数学书在思考。爱因斯坦所运用的敏可夫斯基数学,被他悟出了突破点。在劳改的 21 年里,他完成了"非正统复数",改进了著名数学家华罗庚的"正统"复数。

"文革"后,中国科学院数学研究所找到他。他的研究成果,1979 年在钱学森的支持下由中国科学院内部有限印行;1980 年在钱伟长的支持下作为"潜科学"丛书之一公开印行。然而他的书呆子气未改,因坚持他研究的数学理论,开罪了某位当红的大数学家;即使有"中国原子弹之父"之称的权威钱学森非常器重他,陈国还是被打入"冷宫"。

三十六计,走为上计。1980 年,陈国力主中国学生参加在美国举办的高中生奥林匹克数学竞赛。后来他亲自带领中国高中生数学队参加,并就此留在了美国,进入大学教书,在公立加州海运学院任船舶自动工学教授。1998 年起,陈国受聘出任私立的奥林匹克学院校长,从此一鸣惊人。在他的指导下,奥林匹克学院的学生参加物理、数学、电脑的奥林匹克竞赛,取得的好成绩超过加州其他所有学校的总分。此事惊动了加州教育厅,他们打电话给陈国教授,想知道怎么会突然冒出这样一位人物。

陈教授教的学生,很多都出了成绩。有潜力的学生,经他教导,没有不脱颖而出的。他还开设高级科研小组,其中大多数学生出类拔萃,是名校争相录取的对象。

伊丽莎白入选陈国教授"比爱因斯坦更进一步"的研究小组,小组内六位学生,分工合作,开展研究。陈教授认为,伊丽莎白并不是他教过的学生中最聪明的,却很用功,很有毅力,很懂学习方法,很稳健,具有勇往直前的精神。她花了很多时间钻研和做习题,不攻克难题绝不罢休,而且要用最好的方法来解题。她和同学讨论,向老师请教,提出了很多问题,解决了更多的问题。她勤学好问,成为研究小组中的"明星"。

伊丽莎白的论文,像一本生动的连环画,一环扣一环,简练明了,一目了然,却十分耐人寻味,令人印象很深。陈教授对她的评价是:基础扎实,运用灵活,推导清晰,分析完整,结论可靠。她深得陈教授的真传。陈教授几次向伊丽莎白的父亲"力荐"。

陈教授当着伊丽莎白的面对她的父亲说:"伊丽莎白完成了研究,这就像是生了一个孩子。可是，美国是一个推销的社会。把研究的成果推销给想进的大学，这好比把孩子培养长大。"

伊丽莎白的父亲是做营销的，对陈教授的话十分认同。看到女儿的用功，听到老师的肯定，想到陈教授曾培养出很多优秀的学生，这位父亲心动了。他费心辗转托人，把女儿的论文拿去给同是柏克莱加州大学校友的朱棣文教授看。

后来担任美国能源部长的朱棣文，获诺贝尔奖时，正在斯坦福大学任物理系主任。朱棣文很乐意提携后进，希望下一代的留学生青出于蓝胜于蓝。但是，科学的内容，隔行如隔山；为了发掘人才，朱棣文把伊丽莎白的论文转给了斯坦福大学物理系的同事，也是一位诺贝尔奖获得者——温伯格教授。

要和获诺贝尔奖的物理学家见面啦！伊丽莎白兴奋了好几天，父母和妹妹贾丝琳都为她高兴。伊丽莎白原来想和妹妹贾丝琳细谈自己的"宏伟"计划，可是她太累了，有太多的内容要准备。因为陈国老师一再对她说："你要把这看成是一次论文答辩。"她想等见了温伯格教授后，再告诉妹妹吧。

二

幸亏没有和贾丝琳细谈，因为完全出乎意料，和温伯格教授见面的时间很短，短得伊丽莎白根本没有机会开口向教授介绍她的论文。研究物理的温伯格发现，伊丽莎白的论文涉及的并不是爱因斯坦的物理，而是爱因斯坦所运用的数学，这不是他的专长。所以一见面，教授就用学者的辞令表示，没有时间看她的论文，也无法为她写推荐信。

这犹如一盆巨大的冰水泼来，伊丽莎白的心情犹如经历了从赤道到南极的温差，几乎要昏过去了。她想不起是怎样回家的。好几个晚上，睡不好，一直在想：怎么办，怎么办？……就这样算了吗？不算，又该怎么办？……

她去见陈国教授，可是这些教授都怎么啦？——陈教授没有谈她的论文，只是拿过一本书给她："先休息几天。我这儿有本美国大诗人惠特曼的诗集，你拿去读一读。"

唉，惠特曼，又不是学文学，这是读诗的时候吗？伊丽莎白昏头昏脑回到家中，翻开诗集，里面的字在眼前跳动，想的还是和温伯格的面谈。"陈教授为什么要我读诗？"伊丽莎白低声自言自语，"对了，一定是要我先冷静下来。好吧，把读诗作为精神疗法。"

抛开其他思绪，伊丽莎白开始一心读诗。读着读着，她被惠特曼奔放豪迈的感情所感染。其中夹着书签的一页，她最喜欢。那是惠特曼的《向印度航行》，尤其是后面的一段：

O，my brave soul！（啊，我勇敢的灵魂哟！）

O，farther farther sail！（啊，更远更远地航行吧！）

O，daring joy，but safe！（啊，欢乐是如此大胆，却安全！）

Are they not all the seas of god？（这不都是上帝的海洋吗？）

O，farther，farther，farther sail！（啊，航行，驰向更远、更远、更远！）

伊丽莎白又燃起了希望，再次远航吧！她从椅子上"跳"起来，陈教授说过——两位诺贝尔奖获得者看过我的论文，有哪一位高中生有这样的幸运？——这是一种肯定！可是有谁知道？……有办法了！虽然已经很晚，她兴奋地对将要入睡的妹妹说："贾丝琳，我要把《比爱因斯坦更进一步》的论文、朱棣文教授的推荐、温伯格教授约我面谈的邮件，寄往我向往的名校，希望可以引起他们注意。"

"你怎么会想到要寄信？"贾丝琳问。

伊丽莎白把读了陈教授给的诗集的事告诉妹妹。

"驰向更远。好极了！"贾丝琳赞同，"应该寄！寄，或许还有机会。不寄，一定没有机会。"

三

很快南加州大学回信了，请伊丽莎白去面试，提早一年做正式的入学面试。

伊丽莎白收到通知,告诉妹妹:"这所有医学院的大学,(美式)足球校队曾多次在全美比赛中名列前茅,获过冠军。——我喜欢。"

"祝你成功!"贾丝琳说,"我知道你一定可以的。"

和很多大学的入学面试一样,南加州大学的面试老师对她的理想、学习、成绩、兴趣、课外活动、社会服务提了一些问题。虽然对她的论文《比爱因斯坦更进一步》问得不多,却对她的探索和研究精神给予肯定。也因这种学习精神,南加州大学提前录取了她,并给她一笔奖学金。

对这次"胜利",她虽然高兴,却没有太多的喜悦。因为没有什么挑战。贾丝琳却说:"这已经很好了! 如果是我,要庆祝了。"

"庆祝? 我在想惠特曼的诗。"

"还是——航行,驰向更远、更远?"

"对。"伊丽莎白认为,申请大学,这仅仅是开始。

"下一步怎么办?"妹妹问。

"我要听听陈教授的意见。"

这一次,陈教授没有给她什么诗集,建议她把论文及论文遭遇的故事寄给更多她想去的大学,还为她写了推荐信。

又一批信发出去了。度过了在等待中煎熬的日子,终于有了回音。波士顿大学和麻省理工学院先后打电话来,是直接打给陈国教授,单刀直入地问:"一个高中生怎么能比爱因斯坦更进一步?"

陈国教授反问:"为什么一个高中生不能比爱因斯坦更进一步?"他给麻省理工的回答更有力:"你们可以查一查,我的第二代研究'比爱因斯坦更进一步'的学生鲍圆圆,就在两年前被你们录取。而现在,伊丽莎白的研究已经到了第三代,比鲍圆圆同学更进一步。"

电话中一番问答,陈国教授最后说:"学术论文的事,不是在电话中讨论得完的。很简单,你们可以请我的学生作论文答辩。"

"真的? 行吗?"

"让事实来证明。"

"好。我们会发出邀请信,请你的学生来作论文答辩。"

天啊！不是入学面试,而是论、文、答、辩!——伊丽莎白,一个高中尚未毕业的学生,要到全球顶尖的麻省理工学院去作论文答辩,而且要"比爱因斯坦更进一步"。伊丽莎白在欣喜之余,不免感到担心。可是,她要驰向更远、更远、更远……伊丽莎白一不做二不休,把收到的这两所大学的论文答辩邀请信,附在她的论文后面,又天女散花似的再发给她中意的一批美国名校。

四

麻省理工学院和波士顿大学的论文答辩邀请信寄出不久,其他名校的邀请信雪片似的飞来。一共有 17 封,当然全来自顶尖的名校。论文答辩日期最早的是著名的加州理工学院。

"我陪你去。"贾丝琳说。

伊丽莎白扬了扬加州理工寄来的论文答辩通知说:"他们规定,不要家长、老师和同学陪同,只要我一人独自前往。"

"哪一天?"

"两周后的星期一。吃住全由加州理工包了。"

"快查一查加州理工。"贾丝琳催伊丽莎白打开电脑。

查着查着,贾丝琳和伊丽莎白异口同声叫起来:"哇,我的上帝!"

加州理工比她俩想象的更惊人!英国《泰晤士报》的全球大学排名中,美国的加州理工被列为世界第二,而物理系被公认为世界第一。该校建校 120 年,仅有两万名毕业生,却培养了 27 位诺贝尔奖得主。完全是顶尖中的顶尖,精英教育中的精英教育!这论文答辩该怎么答?

只有很短的时间可以做准备,将面临怎样的提问和场面?该抓什么要点?伊丽莎白找陈国教授,师生一起进行沙盘推演,如临现场。在伊丽莎白看来,这是充满暴风骤雨的"远航"。陈国教授却一点也不着急,仍和平时一样,轻轻松松地面授机宜。这并没有完全消除伊丽莎白内心的紧张,她不断咬笔,几次把笔杆咬破了。她对陈国教授的指点迅速领会、运用。她恨不得有更多的耳提面命。她一再暗暗诵读惠特曼的诗句:"我有勇敢的灵魂!这是一次重要的远航。

驰向上帝的海洋,会安全的。"临行前,陈国教授的赠言是:"你遇到一次很好的学习机会。冷静,抓住重点,以不变应万变。——你行!"

即使有再多预先的想象和模拟,当伊丽莎白走进加州理工学院论文答辩的教室时,还是感到震惊。教室外挂着"伊丽莎白,一个高中生要作《比爱因斯坦更进一步》论文答辩"的布告,吸引了不少人的好奇围观。教室内,台上坐着六位德高望重的教授,台下是一批选修爱因斯坦相关课程的研究生。治学严谨的加州理工,没有因为一个十一年级高中生的论文答辩而马虎。伊丽莎白几乎乱了阵脚。

当她打开准备的论文答辩文件夹,看到首页上是陈国老师给她的锦囊妙计:以不变应万变。"最重要的是'比爱因斯坦更进一步'数学公式的推导,这是基础,是不变的!"伊丽莎白的耳畔又响起老师的谆谆教诲,"只要这推导得到与会者认可,就成功了一大半。其他,是公式的运用,那是十万八千里,范围广得很,就像孙悟空的筋斗,翻得再远,也跳不出如来佛的手掌。"

一个可爱的孙猴子在眼前蹦跳,伊丽莎白笑着。她宛如看到航行的指南针,深深吸了口气,想到推导了很多次的"比爱因斯坦更进一步"公式,擦了擦手心的冷汗,虽然还是紧张,却不再慌张。爱因斯坦把三维空间的世界加入第四维的"时间",他证明"时间"是用敏可夫斯基的"虚数"。而陈国教授和他的学生认为,"实数"同样可以证明"时间"。伊丽莎白步步为营地演示证明"时间"存在的"实数"公式。

大家深感意外,伊丽莎白"更进一步"的不是物理,而是爱因斯坦所运用的数学,还把虚数变作实数,于是纷纷"发难"。教授们听的时间多,研究生们则一一提出各种尖锐的问题,大量的怀疑涌来。伊丽莎白面对一个接一个"不友善"的问题,始终围绕公式一一解答。这完全在陈教授的预料之中,严谨的数学公式令各种新的假设或者挑刺的问题一一败下阵去。

她守住了阵地,让"比爱因斯坦更进一步"的旗帜引人瞩目地飘扬。这激发了教授和研究生们的兴趣。有成效的时间永远过得很快。一天的时间过去了,公式的演示没有完,大家的提问还刚开始。教授们决定,论文答辩第二天继续。

一出教室,伊丽莎白马上打电话给陈教授以及父母亲。果然不出陈国教授所料,第二天的论文答辩会,大家对伊丽莎白的公式推导开始认同,真正有分量的质疑已经不多。有时候,伊丽莎白像一位小老师,在给研究生们上新课,教他们用新的方法来计算、来思考、来挑战。研究生大哥哥大姐姐们对这位勇敢的高中小女生产生几分敬意。他们开始探讨公式的运用,从不同角度检验这论文的深度。当然这已经比原有的论文"更进一步"。

讨论中,伊丽莎白始终坚守公式,采用了"坦诚的谦虚"策略,知道的就提出自己的看法,不知道的就用"反问"等方式请教在座的"前辈"。有时,大家为伊丽莎白幼稚的答案而哄堂大笑;有时,大家会为伊丽莎白精彩的论述而拍手鼓掌。大家还会为伊丽莎白的解答分成两派甚至几派,各持己见,相互辩论;有的会达成共识,更多的还需要进一步讨论。第二天就这样过去了。公式的推导尚未结束,大家意犹未尽,决定第三天继续"论文答辩"。

伊丽莎白的一步步公式推导需要时间,论文又引出不少新的需要探讨的问题。答辩会第三天没完,第四天没完……一连进行了五天。如果不是周末,这热烈的学术讨论还会进行下去。当然,有些新引申出来的问题,不是在研讨会上很快就有结果的,可能要作长时间的研究和推敲。第五天,主持论文答辩的教授拿出一封通知书,宣布加州理工提前录取伊丽莎白,并提供两万元奖学金,这是在前一天论文答辩结束后作出的决定。

太好啦!太好啦!教授、研究生们给伊丽莎白一个又一个祝贺的拥抱。伊丽莎白用疲倦的笑容和一连串的"谢谢"回应大家。她没有太多的兴奋,她太累了,她很想好好睡一觉。可是她得先给父母和陈教授打电话,尤其是陈教授,她最应该和他先分享这一成功。她还应该打电话给贾丝琳,她一定比谁都想知道结果。

五

加州理工的论文答辩,提前录取,两万元奖学金,还认识了"世界第一"的物理系中这么多教授学者和优秀学长,真是巨大的收获!要知道,加州理工自建校以来,极少颁发奖学金!伊丽莎白成了少数的例外。——这是她人生中一次重要的航行,她到达新的目的地了。她应该睡梦中都要笑醒了。

"可是……"伊丽莎白在给妹妹的电话中,还没有说下一句,贾丝琳已经把她要背的诗句念了出来:"啊,航行,驰向更远、更远、更远!"

伊丽莎白和贾丝琳都笑起来。伊丽莎白望着桌子上堆着的另外16所一流大学的论文答辩邀请信,说:"这不是结局,这只是开始。"

贾丝琳建议:"每所大学都去,你太累了。挑几所就可以了。"

"谢谢!"她回答,"我想,我都要去。"

"你真是疯狂!"贾丝琳在电话中叫起来。

"这是学习的好机会。"伊丽莎白笑得很认真,"我要挑最适合我的学校。更重要的是,我要尊重每一所重视我和给我机会的大学。"

"也对。"贾丝琳有些感慨,"前一段时间,你等通知等得太辛苦了,望眼欲穿啊!"

"我要让更多名校知道陈老教授,知道中国留学生和学者的治学精神。"

"你要创纪录了。"

于是伊丽莎白创下一项世界纪录:尚未高中毕业,她在半年内接受17所美国名校的论文答辩。

她请妹妹帮忙,把在加州理工学院五天论文答辩的过程和给她的奖学金通知,再一次发给她将前往论文答辩的名校。贾丝琳说:"姐,这可是给那些名校下马威,非把他们给镇住不可。他们一定不敢小看你了。"

"希望他们能重视,派好的教授来面试。"伊丽莎白轻轻摇头。

"为什么?"

"这样,才能通过面试学到更多知识。"伊丽莎白的好学感染了妹妹。

"我也要研究'比爱因斯坦更进一步'。"果然贾丝琳也找陈国教授报名。

高中最后一年的第一个学期,伊丽莎白一直忙于向学校请假,驾车或者搭乘飞机前往各地的名校,参加论文答辩。每次答辩的天数不同,有的简单,有的详尽,有一两天的,也有三四天的。和加州理工一样,麻省理工的答辩也进行了五天。名校就是名校,严格的麻省理工的教授让她把公式从头到尾全部演算一遍,研究生们也是轰炸式地提问,让伊丽莎白大开了眼界。当然,伊丽莎白的创新思路,也让麻省理工的学生学了一招。麻省理工学院认为邀请伊丽莎白来作论文答辩很值得。

答辩中,对公式的推导和对各种提问的解答,她已经驾轻就熟;各种新的问题令她不断温故而知新,有新的提高。伊丽莎白不断追求更完美的演示和更简明的解答。对于一些"敌意"的问题,她学会了四两拨千斤,通过公式的演算把问题一次性破解,赢得了尊敬和友谊。正如俗语所说:百炼成钢。每一次论文答辩,就像是一次锤炼,把她论文中的"杂质"去掉了,也让她论文答辩的技巧日益成熟。

她的辛劳换来了丰硕的成果。17所大学全部提前录取她,都给了她奖学金。其中14所给她全额奖学金,包括加州理工破天荒给她增加为全额奖学金;其中布朗、约翰·霍普金斯、波士顿等三所大学给了她八年全额直升医学院的奖学金;而著名的宾夕法尼亚大学更是给了她四年生化工程系和两年MBA(四年大学连同两年研究生)的两份全额奖学金。经过评估,伊丽莎白选择了极热门的宾夕法尼亚大学,上她最想读而最难读的生化工程系。

"你又创纪录了!"贾丝琳问,"可是,为什么选宾夕法尼亚大学?"

伊丽莎白说:"未来人类改变世界的重大突破在生命科学。"

贾丝琳想说什么,却张了张嘴没有出声。她知道,伊丽莎白的故事不会完,因为不论在哪里,不论什么时候,伊丽莎白一直记住惠特曼的诗句:"啊,航行,驰向更远、更远、更远!"

六

伊丽莎白仅是陈国教授的高徒之一。陈教授的得意门生不少,故事足可写一本书。光是由陈教授指导的"比爱因斯坦更进一步"科研组的学生,就取得如下成绩:

＊2005年,David Lo获得"美国物理奥林匹克杯"冠军。

＊2006年,Samantha Fang因"非正统复数"进入哈佛大学。

＊2006年,Guangxiang Ye因"非正统复数"改进国际单位SI制获得Intel

奖（小诺贝尔奖）暨加州 UC-CAL 奖学金。

　　* 2007 年，Yuan Yuan Bao 因"非正统复数"进入麻省理工学院。

　　* 2008 年，Mathew Pi 因"非正统复数"进入加州大学。

　　2009 年，Elisabeth Sum 因"非正统复数"获得 17 所大学奖学金，进入宾夕法尼亚大学。

　　2010 年，伊丽莎白的妹妹 Jocelyn Sum 因"非正统复数"进入纽约大学。

　　2011 年，William Yu 获得"美国物理奥林匹克杯"亚军。

　　2011 年，Michael Wells 入选"美国物理奥林匹克国家队"，并因"非正统复数"进入剑桥大学、英国帝国理工大学。

　　……

　　这批"研究生"的一串串生动的故事，像 Michael Wells 和他的哥哥 Alan Wells，都因研究"非正统复数"，被英国有"当代爱因斯坦"之称的霍金博士召去。虽然这位科学天才成了"渐冻人"坐在轮椅上，却破例接见了 Wells 两兄弟。这两兄弟被英国剑桥大学录取，后来因为专业原因，又转入全球闻名的英国帝国理工大学。这两兄弟的父亲是英国裔工程师，母亲是华裔，北大毕业，比"虎妈"更"虎妈"，专职在家辅导儿子。

　　惠特曼的诗句——"啊，航行，驰向更远、更远、更远！"都是他们的座右铭。

给儿子留下一本书

琳 达

琳达·马（笔名）　浙江杭州人，出国前是上海一家研究所的工程师。90年代初到美国伊利诺大学做访问学者。1996年移民加拿大，在一家建筑钢结构制图公司工作。2005年12月患白血病，在战胜疾病期间，用六年多时间完成著作《风雨移民路》。

2005年12月，我躺在温哥华总医院的病床上。我得了急性淋巴白血病，经过化疗，我的头发掉光了，身体极其虚弱。经过多日的思虑，20日早上，我给儿子拨打了电话。他在美国哥伦比亚法学院读J. D.（博士）学位，那天他刚考完第一学期课程。电话通了，我告诉他："妈妈病了……"我听到电话那头有抽泣声，他哭了。

儿子从懂事起很少哭，我感到自己这样做有些残酷。但是虽然知道他会伤心难过，我还是决定亲口告诉他这个不幸的消息。因为世界不仅是美好的，也有险恶残酷的一面。我想：人生的路很长，他今后还会遇到许多类似的事件，我不想隐瞒，希望孩子能承受住这不期而至的生离死别的痛苦。

儿子说："我这些时间心里很不安，给家里打电话没有人接，我想肯定有什么事。"是母子连心？是心灵感应？我不知道。当时我并不知道我能不能战胜疾病，能不能活下来，那时我萌发了一个念头：给儿子留下一本书。

2005年12月到2006年7月，我四次进出医院，共住院一百多天。由于化疗药物等等的副作用，我的手指是麻木并颤抖的。我写了经历、家庭、儿子的成长。2006年6月21日，我进行了骨髓移植，儿子主动休学一年照顾我，他说："我晚一年毕业没关系，但是这一年，对妈妈来说，却是极其重要的一年，现在，妈妈的康复是第一的！"当时我说不出话来，热泪盈眶！孩子用爱的行动回报了我!

现在我基本完成了书中"我的儿子"这一章。我愿拿出来跟大家一起分享。

1990年代初,我到美国做访问学者。我有个20多岁的室友小孙。他告诉我,他们全家刚到美国时,租了个小房子,地上铺的是捡来的旧床垫。父母每天打十几小时的工。后来,他们拿到绿卡,开了小餐馆,生活逐渐好起来,兄弟三人都上了大学。

小孙说:"那段艰苦的日子对我教育很大,我懂得了节俭,吃苦耐劳。"他上大学的部分学费是自己打工挣的。小孙在谈到父母时,眼睛里充满了泪水,他对父母充满了感激和尊重。他那感恩的话语震动了我的心。他说:"父母为了撑起家,肯做最低工资、最苦的活,他们是我心中的英雄!我要努力地学习,才对得起他们!"

他的话对我启发很大,我想到中国的独生子女(包括我儿子),从小在优越的环境中长大,对做人要感恩的道理理解不深。现今国内还出现一些成年后不肯出去找工作的"啃老族"。

成人比成才更重要!想到这里,我决心争取让儿子来美国,让他从小学会在各种环境中生存和成长!在这之前,关于让不让孩子来,我很犹豫,还征求过别人的意见。有的人带了孩子来,回国后,孩子功课跟不上,留了级;有的孩子交了坏朋友,吸毒打架学坏。小孙的话让我把心里的天平倾向了让孩子出国学习的一边。同年,我先生和儿子获得签证,12月我们全家在美国团聚,那年儿子10岁。

美国是个崇拜白手起家价值观的社会,在这里,人们认同的英雄是那些在贫困中成功的人。海外中国人的"不怕吃苦"和"节俭"精神,常常使自己的子弟获得特别的精神鼓励,保持着自己的梦想,在美国获得了超出其他种族的成功,这不仅是每一个海外中国人,也是所有中国人都应该保持的品德!

儿子从小学到中学的十二年间,在三个国家(中国、美国、加拿大),换了九所学校(全部是公立学校)。大学毕业后,他考上哥伦比亚法学院,现在在纽约曼哈顿律师所工作。

在儿子临上法学院的前几天,我们全家谈了很多。他感谢我们让他喜欢读书,感谢我们让他有向上进取的精神。我们是怎么做的呢?

让孩子在"爱"的环境下成长。在儿子幼年的时候,我们给他讲故事,让他带着微笑睡觉。上学后关心孩子的学习,并且逐步培养他的自学能力,教他不要太计较分数,现在的分数不代表将来。除了孩子的身体健康和学习方面,我们还从小培养他懂礼貌爱劳动的好习惯,并且培育他的基本生活技能,注重心理健康,培养自信心。

我们教育孩子不要怕失败,不要怕摔跤,不需要事事完美。因为山外有山,天外有天,不可能永远做第一。如果完美是不可能的,或者因为完美我们变得很不快乐,那么,我们就接受,甚至拥抱一下"不完美"吧!

许多父母为孩子铺设坦途,挑最好的学校。天下父母心,可以理解。但我们没有为儿子这样做。

刚结婚时,我在上海工作,先生在外地。儿子小学一年级时只好把他放在杭州外婆家。一次,外婆去接他,发现他没有从教室里出来,原来他被老师留在教室了,因为他的拼音只考了 50 分。后来,我们问他,他说:"我不是最差的,还有一个同学考了 30 分。"我们告诉他:"要向好的同学学习,不能向后看,如果向后看,永远不能进步!"没想到,当时的一句话,他牢记心中,并且成为他学习的座右铭,一直鞭策着他的学习和进步!那年,他六岁半。

儿子经过努力,一个月后,拼音测验得了 100 分。二年级时儿子就读上海丰镇小学。10 岁到美国后,他先上的是 ESL(就是英语作为第二语言)的课程,他从 ABC 学起,不到一年就从 ESL 毕业了。后来我们移民加拿大,就这样搬家、移民,以及学制不同,他先后在三个国家,上过不同的四所小学和五所中学。

由于我们移民生活的迫不得已,所以让孩子这样的辛苦,否则他是否会学习得更好? 这个已经没法验证了,但让我欣慰的是:就是在这样一个频繁变化环境的学习进程中,他始终保持着努力向上的学习精神! 同时,也造就了他的适应能力和自学能力,并且门门功课优良。因为他知道学习不是为父母、老师,是为自己。我儿子说:"我喜欢读书。"他在学习中找到了快乐。在读书的过程中,吸收好的文化精髓,使其一步步地进入心田,形成思想、灵魂,进而分辨好坏善恶、是非曲直,这对孩子的人格、思想和成长都大大有益。

儿子在上学期间，没有上过补习班，我们从来没有给过他任何压力。每当孩子考试前，我们都要让他早点睡觉；他的考试成绩如何，都会告诉我们。考得不好，我们告诉他：找出问题，发现错在什么地方就可以了。在八年级时，他的英文写作得了"B"，他说他会努力的。上大学时，他选修了英文高级写作课，他的文章被作为范文。

有人说：学习成绩的好坏，和他的专心程度大有关系。我儿子他是如何拿到如此好的成绩呢？因为他读书的时候很专心。在他读高中的时候，有一次化学考试，全班大部分同学都没有及格，大家都抱怨老师讲得不好。老师说："那为什么 Zen(我儿子的英文名字)考得那么好？"(他考了 100 分)。后来我问了儿子，儿子说：实际上考试的题目老师在上课和复习时都讲过了，但只讲了一遍。如果认真听，不会不及格的。所以"专心致志"是成功之道。

在十一年级(高中二年级)时，他已经学完了高等数学，并且以 98 分的成绩通过了全北美的考试。在十二年级(高中三年级)时，别人忙得要命，他已经选修完了中学必修和学校开设的所有课程，他主动提出学钢琴。

想当初，当我每天下班回家，听儿子优雅的琴声；吃完晚饭后，我静静地坐在他身边，听他弹琴，疲劳的身心得到放松……这个幸福的时刻，我终身难忘！

我们不反对孩子玩游戏。儿子上学后，我给他买了"任天堂"的游戏，刚开始我们让他自己写个学习计划，每周可以玩 30 分钟。后来他能自觉地学习，我们就没有规定玩的时间。他在考试前，为了放松甚至在考试的前一晚还在玩。他说游戏是休息，也可以锻炼智力。

儿子在律师事务所工作后，和同事们聊天时，还把讨论游戏作为一个话题。通过游戏，增加了同事之间的共同语言，促进了彼此的关系。这也算是玩游戏的一个良好的副产品吧！

是呀，在父母能为孩子做的事情中，最重要的是：让他们拥有孩提时代的快乐回忆，给他们一个健康的身体和心理，以及快乐的人生！

我们鼓励孩子多交朋友，帮助别人，教会孩子与人融洽相处。当孩子通过和小伙伴们建立友谊，逐渐学会友爱、热情、容忍、原谅、宽容，孩子的社交和自信感等情商(EQ)也会逐步提高；而情商的高低在成年后的生涯中更是成为能否取得成功的一个重要指标。

我们鼓励孩子敞开胸怀,诚实开朗,保持内心世界的光明,并带孩子接触不同年龄、性别、性格、职业和社会地位的人。移民加拿大后,和朋友聚会,我们都带上儿子一起去。虽然他和我们的朋友在年龄上有差距,但熟悉后,选一些话题,一起讨论。儿子告诉我,在和这些大朋友的接触中,他学会了怎样和不同类型的人融洽相处。后来证明这对他的职业生涯有很大帮助。

在孩子成长的过程中,我们常带孩子走出家门,看看外面的世界,从大自然中学习在书本上学不到的知识。中国古语道:"行千里路,读万卷书。"旅游对孩子的早期智力开发、心理健康都有好处。把大自然作为活的教材,让孩子在旅游和玩的当中受到教育。童年、青少年对每个人只有一次,让孩子在这个时期多玩玩吧!

在中国的时候,儿子没上学之前,我们每周都会带他去公园玩,有时还去动物园。上海的公园很小,人又多,每次回家后,大家都很疲惫。但是我们仍旧坚持。通过去公园玩,他知道了玩滑梯要排队,要爱护花草,懂得了要注意公共卫生,果皮和垃圾要丢进垃圾箱里。每次到动物园参观,他都非常兴奋和高兴,他喜欢看猴子,并模仿它们的可爱动作,这些给我们带来了不少欢乐的时光!

我们带儿子去过杭州、广州、北京、青岛、无锡。到北美后,虽然生活艰苦,我们还是存储了一部分钱去旅游。我们去过圣地亚哥、洛杉矶、芝加哥、纽约、华盛顿、旧金山等地。在旅游中,我们增长了见识,增进了全家人的感情。相隔10年后,儿子到纽约上学、恋爱、结婚、工作、安家。当时我们去旅游时,怎么会想到这一切呢?人生就是这样奇妙!

在家里,我们和孩子之间就像朋友,所以儿子有什么事情都会告诉我们,征求我们的意见。我想跟大家分享的是:尊重孩子的选择。孩子看书多了,知识丰富了,他就会有自己的主张和选择。我觉得父母要尊重孩子的选择,让孩子用自己的双脚走自己的路。

儿子上温哥华的卑诗大学(UBC)时,选的是计算机专业。大三时他提出想读法律,他认为法律更适合自己。这是一个很大的挑战,因为这是两个完全不同的领域,计算机是理科,而法律属于文科,就像人的左右脑,是完全不同的。

要读法律,首先要通过法律 LSAT 入学考试,儿子通过几个月的自学,以比99%的人考得更好的成绩通过。儿子收到了八所顶尖法学院的录取通知书,他选择了美国常春藤学校——哥伦比亚法学院。这一年,加拿大共有 4 个人考进这个学校。在这届法学院近 400 名学生中,学理工科的仅占 10%。那年他22 岁。

我们不应该要求孩子按照家长的想法去成长,而应该帮助他们发现自己的特长,创造条件发挥他们的特长,这样他们长大了才会有自己原始的学习工作动力。也许你的孩子没有成为医生、律师、工程师,也没有选家长希望他们做的职业,但孩子一定会在他自己选择的职业生涯中感受到幸福。

儿子工作的办公室可以看到曼哈顿的景色,当雨过天晴时可以看到彩虹悬挂在空中,美丽极了。他经常加班加点,有时会连续工作 20 个小时,非常辛苦。可他告诉我们,他很快乐。他说:"做自己喜欢的工作,多么好,我觉得自己是世界上最幸福的人了!"

关心孩子,倾听孩子的声音,让孩子感受到温暖和关爱是最重要的,我们要用尊重成就孩子的一生!家长不要随波逐流,别人认为好的,不一定适合你的孩子。我们要让孩子选择他们最喜欢的、最适合他们的,要尊重孩子的独立人格,这才是最重要的。因为"热爱"才有热情,才有创造力,才有不舍不弃的精神,才有不断前进的动力!

儿子上法学院时,他的同学中有很多硕士、博士,或者是在美国著名的公司里工作过。他们每天的作业是读 100 页左右的文章,然后理解分析。每当老师提问时,同学们都争先恐后地举手,抢着发言,真是令人惊讶!

同学中有许多聪明又用功的人,有的同学写的文章,教学多年的老师都说,连他们都写不出这样的文章。第一学期,儿子觉得压力很大,当他打电话告诉我们的时候,我们鼓励他:不要怕!我们相信你一定可以!在三年的学习期间,他取得了很多好成绩,成为前 30% 的学生。在取得好成绩的同时,他还参加学校的法律杂志的编辑工作和一些公益活动。

在儿子不凡的学习经历中,他应用东西方不同的学习方法,并且将好的方面发扬光大。如中国注重基础知识的学习和训练;而北美的教育是培养学生自学和持续学习的能力，并且让学生通过上网、找资料和团队合作（即几个同学一起做一个题目）的方法，提出一些课题让学生思考、讨论、感悟，"举一反三"地得到知识，而这样获得的知识会变成智慧，智慧也就是我们常说的创造力。

法学院毕业后，儿子考取、宣誓成为美国纽约律师。在工作了九个月后就与另外一名律师合写了关于墨西哥湾石油泄漏的法律方面的文章，被刊登在一家著名的经济杂志的重要版面上。那天，他给我发来邮件，告诉我这个好消息，他在邮件中说："Mom，I love you!"

工作不到一年，儿子得到独自一人去签署2亿美元合同的机会。要知道，他们的事务所，光纽约总部就有700多位律师。而签这么大的一个合同，是合伙人推荐他去的，并且把决定权交给他。之所以派他去，是因为他能说流利的中英文，他接待的是一个中国代表团。在签约的过程中，儿子充分发挥了他的双语优势，不需要翻译就能正确地表达和解释委托人的意见，维护他们的权益，在一次次的商谈中达成共识，完成了任务。所以掌握双语（英文、中文），真是大有裨益！

一直以来有很多人移民北美，作为第一代移民，许多家庭首先面临的是"生存"问题。像我们90年代初刚到北美时，因为那时大陆的工资很低，买了机票后，所剩无几。所以一下飞机就要想办法打工，解决吃住问题。在美国，我们和别人合租房子，省吃俭用。移民加拿大后，虽然也艰苦，但是我们努力地创造条件让孩子有个学习的好环境，我们凑齐了首期，贷款买了房子，使孩子有自己生活和学习的空间。

就像我期望的那样，儿子在跟我们一起经历贫穷艰难困苦后，耳濡目染父母的节俭，懂得了节约，学会了理财。在美国时，一次我们去超市，问他："喜欢吃粗面条还是细的？"他说："哪种便宜我们就买哪种吧。"那年他11岁。

在他上中学后，我们每月给他50加元，这是他的午餐费，他用节省下来的钱买衣服，做家教再挣一些零用钱。儿子工作后，虽然工资不低，但是扣去税、房租、吃饭等等，还要还上法学院的十几万美元的贷款，经济上是很紧张的。可是他每次回温哥华，都给我们带礼物，衣服、电子书、照相机、手提电脑等等。我说："你回来就好，这些东西这里都有。"他说："美国的东西便宜。"节俭已经成为他的习惯、性格，更可贵的是礼物中包含着对父母的一片孝心。到北美18年过去了，我们从一无所有到有了汽车、房子，儿子从10岁的小学生成为了美国曼哈顿的律师，这怎能不让我自豪呢?!

我告诉儿子：这只是开始，你仅仅迈出了成功的第一步。前面还有很长的路要走，在前进的路上，摔跤、失败、头破血流，都是不足为奇的。摔跤了，爬起来再向前跑；失败了，还敢再尝试；头破血流了，包一下，继续前进！这才是勇士，才是成功！

2011年是我骨髓移植后的第五年。我用笨拙的笔、谦卑的心、真诚的语言，讲述一个移民家庭的故事。我怀着感恩的心写下这本书，感恩我活着，活着见证上帝的奇迹！如果有一天我离开了这个世界，我不会遗憾！因为我留下了一本书，这本书留住了我的爱和祝福，这本书将永远陪伴着我的儿子！

校园内外篇

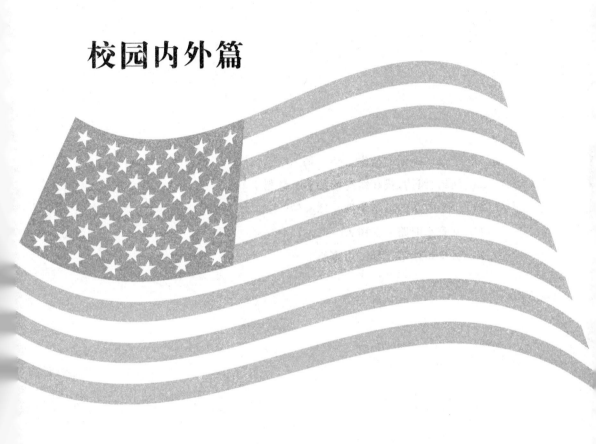

一条红绳子的故事

毕　鹏

毕鹏　山东人,中国国家一级运动员,现任科尔尼管理咨询公司(A.T. Kearney)高级咨询师。

2011年6月,我从俄亥俄州立大学费舍商学院MBA硕士项目毕业。毕业典礼的那一天,天蓝得让人想随风荡到空中去,我们MBA两百多个毕业生,站在绿地上,背后是砖红色的商学院大楼,准备照毕业照。一律黑压压的硕士服,头顶黑帽,唯有些人稍与众不同,脖子上挂着一条鲜红的长绳——我脖子上也有一条。这红绳子代表着额外的荣誉:凡是在读书期间成为社团领袖的,才有资格佩戴。

细细的红绳子轻轻搭在颈上,于我却觉得分量很重。对我来说,这不只是一份单纯的荣誉,而是一种承认,来自这个曾经陌生的国度的承认。我这个当初在异乡不知所措的小子,终于扎根了下来,不但脱颖而出成为了社团领袖,还顺利地找到了咨询管理的工作,即将奔赴美国西岸展开新的人生旅程。

这条细细的红绳子,凝聚着两年的梦想与奋斗,牵引着我回到了两年前……

萌生创建"球拍协会"的念头

"布莱德,我要去参加这个协会,你也会参加吧?"还有几天就开学了,在商学院的休息室里,我正埋头在一堆英文资料中,冷不防印度同学韦诺走了过来,拍拍我的肩说。

"什么？对不起，请再说一遍。"我抬头，抱歉地说道。刚来美国，我就吃惊地发现，以前我在中国引以为傲的英语，读写没问题，听说却不够用，不但美国人说快了我听得吃力，像带了印度语、日语等口音的英语，我听着也总有些费劲。趁着没开学，我就加紧练习起英语来。

"运动协会!"他摇了摇手里的宣传单。我这才恍然大悟。在商学院，大家都很注重参加社团活动。尤其是 MBA 的学生，毕业以后大部分都是到企业里去成为中层管理者，因而特别要在社团活动中积累人脉，并培养与人沟通、处理突发问题等实际能力。

"我会去的!"我笑着对他说。我以前是运动健将，曾受过乒乓球专业训练，拿到国家一级运动员的证书，也擅长其他一些体育项目，因此在各种社团中首选了学院的运动协会。

然而，开学后参加了两次协会组织的活动，我却颇有些失望，协会组织的都是美国人的运动，像美式足球、橄榄球、手球、飞碟等，不但没有乒乓球，也没有羽毛球、壁球这一类亚洲人爱玩的运动。

好些亚洲同学也有同样的想法。韦诺无奈地说："我以前在印度每周都打两次羽毛球，来美国就没打了!"韩国同学东炫说："我喜欢打网球，但现在这么忙，不是找不到对手，就是租不到场地，难啊!"几个中国大陆和台湾地区来的同学也纷纷附和。听着他们的对话，我忽然萌生了一个念头：何不自己创立一个协会，专门吸收对此类运动有兴趣的会员？

我把这主意一说，他们异口同声说："好主意!"一个日本同学还告诉我，其实有些美国人也喜欢玩这一类运动，只是没人组织罢了。说干就干，于是我开始在学院内"招兵买马"，组建一个包揽乒乓球、羽毛球、网球、壁球四个项目的"球拍协会"。我一边准备种种前期工作，一边向学院打报告，申请成立社团。

申请被拒后的"力挽狂澜"

就在我初步确立球拍协会的各个骨干人选时，却传来了一个晴天霹雳的消息:申请失败。院方给出的理由是,学院已经有运动协会,球拍协会有重复之嫌。我去申请学院复核,却有学生会负责社团工作的中国学生私底下告诉我,学院今年的社团活动经费紧张,复核也不大可能得到批准。

就这么放弃么?当然不。我给负责社团活动的迈克老师写了封恳切的信,又亲自去他办公室向他请求,让他给"半路夭折"的球拍协会一个机会,复核我们的申请。所谓复核,就是由几位老师和商学院学生会的代表举行一场"听证会",听我陈述建立社团的理由,最后结果由他们投票决定。

"你很有热情。"一脸严肃的迈克老师最后对我笑了笑。我心下一喜:有机会!果然,老师最后让我回去准备复核申请的内容。

一出办公室,我马上召集了协会各骨干,宣布了这个好消息。大家原本低落的情绪又振奋起来,七嘴八舌出了不少好点子。真正的准备过程琐碎而繁杂:向全体学生发送调查问卷、收集和分析调查结果、做好当天陈述的幻灯片、私下征集学生会代表的意见……

当然,我也没放松练习英语口语,每天一个小时跟读听力材料是少不了的。虽说当时我的英语口语已突飞猛进,但我仍然坚持练习,"把英语说成母语一样"是我的目标。很多国际学生都觉得英语只是一个语言工具,能用就行,但我却觉得英语不只是语言,它更代表了我的形象。我可不愿意一张口就是"中式英语",或者别人提问时不能流畅地回答,如此和别人交流,先别说别人的看法如何,自己的信心也会大打折扣。

复核社团申请的那天,我和协会的骨干都穿着正式的西服出席,以表重视。经过我们的大力宣传,一众来"旁听"支持我们的同学,也把教室挤得满满的。我打开制作精美的幻灯片,开始陈述报告,把组建球拍协会的初衷和条件用英文娓娓道来。陈述完毕,几个学生会代表并不客气,连珠炮弹似的向我发问:"球拍协会真有必要吗?""为什么不能并入运动协会?""你怎么证明它没有和运动协会的功能相重叠?"

然而这些问题是我早已料到的,于是我不慌不忙地回答:"首先,我刚才已经在陈述报告中指出,在面向全体学生发送的调查问卷中,有超过30%的学生对我们表示希望加入我们协会,这超过了很多社团吸收的会员人数。其次,运

一条红绳子的故事

动协会的项目和我们协会的具体项目没有一个重叠……"

列出了一条条的充分理由后,针对开学典礼时我们院长所说的商学院的努力方向,我不忘使出了"杀手锏":"最后,我想说的是,我们商学院的目标是'走多元化道路,迈入世界顶尖商学院的行列'。而我们'球拍协会'的成立,正是为这个目标所服务的。球拍协会不但能吸收来自中国、韩国、日本、印度等亚洲国家的学生,也能吸收对这些项目感兴趣的欧美学生加入,这就是把多元化落到了实际交流中。而顶尖的商学院如芝加哥大学商学院等,在运动协会以外,都有类似球拍协会的组织,我们既然要向人家看齐,就更要建立球拍协会了!"

杀手锏一出,果然见效,我看见迈克老师抬起了头,眼睛里亮了一下,几个学生代表也不再发问了,小声地讨论起来。趁热打铁,我邀请其他骨干也上台来,他们从各自的职责分工,详细陈述了协会的发展构想和活动模式。最后老师和学生会代表投票,结果出来了:复核通过!

我们几个协会的人兴奋得相互拥抱,来旁听的同学也纷纷和我握手,表示祝贺。我刚要和大家一起出去吃饭庆祝,迈克老师却把我叫住了。我以为还有问题未解决,但老师却只是微笑着说:"布莱德,恭喜你——我只是有个疑问,我每次见你,你的口语都说得更好了,今天应对提问赶得上本土学生的水平了。你是怎么办到的?"

"谢谢夸奖!"我也笑着说,"就是反复练习,坚持呗——像我申请成立协会一样。"

老师赞许地点点头,又从桌上拿起了我的申请报告。"很好!我现在想给你一个小建议——"他指指申请人姓名那一栏,"你以后写名字,最好不要只写汉语拼音 Peng Bi,应该把你的英文名也写上去,也就是写成 Brad Peng Bi。"

Brad(布莱德)是我自己取的英文名,我的正式证件上都只有汉语拼音的名字,所以我填写正式表格也只用汉语拼音。

看我满脸疑惑,老师坦白地道出了理由:"你加上英文名字,无论对以后社团申请外面的赞助,还是对你自己在美国找工作,都会有帮助的。如果只写汉语拼音,别人一看就知道是中国人,而中国人普遍英语口语不好,无论你别的方面多么优秀,人家很可能不会细看其他内容,就连面谈机会也不会给你。如果加上英文名字，别人就以为你是美国本土长大的美籍华人，口语没有问题——事实上你如今也有这个水平了，这样就给你增加了机会。"

我这才明白过来。我一边连连向老师道谢，一边心里却不是滋味：凭什么中国人就说不好英语？为什么我们给大家这种印象？我们一定要争气，改变偏见！

文化碰撞中大胆表达自己的意见

球拍协会成立以后，我们每周末在学校体育馆定下场地，根据会员的要求协调好"球伴"，让大家在繁忙的学习之余放松身心，并"以球会友"。我们定期举办不同球类的比赛，还专门联系已经毕业工作的师兄师姐，邀请他们回来参加。赛事之余，用协会的经费给大家提供午餐，并请师兄师姐们谈谈毕业去向和工作经历。"面试时该注意什么？""如何融入公司文化？""国际学生回国还是留在美国发展更好？"

师兄师姐们根据自己的经历，对这些大家关心的问题一一作了详尽的回答。后来还有两个中国女生特地来感谢我们，她俩面试一家大公司的实习职位，刚好我们邀请回来的一个师兄就是在那家公司工作的，不但为她们介绍了公司的情况，还传授了面试的诀窍。她们俩最后顺利进入公司实习。

我自己呢，当然也收获不少。我在协会的活动中广交了许多国际朋友，日常的英语会话已经应对自如了。此外，在乒乓球活动中我遇到了越来越多不同国籍的挑战者，不过我可是在"乒乓球国度"受过专业训练的，因此一路所向披靡。后来我打乒乓球的名声传到了学院以外，学校运动代表队邀我加入，我和其他三位同学代表学校参加美国中西部乒乓球大赛，获得了冠军——当然，这些是题外话了。

创办球拍协会以来，让我印象最深的事情是一次开会。第一学年的年末，商学院召集了各社团领袖，讨论学院以后的社团发展方向。这些社团领袖中以美国本土的白人居多，亚裔的学生加上我一共只有三个。迈克老师在会议中提及，社团的多元化发展没有开学初的情况好，要大家分析原因。

白人学生们耸耸肩，七嘴八舌地开始说起来，普遍反映就是其他国家的学生，尤其是亚裔学生表现不积极，很多来社团参加了几次活动就退出了。一个白人女生说："特别是有些中国学生啊，他们连上课都自己组成一个小组做项目。"

　　我再也按捺不住，她话音刚落，我便起身发言："关于多元化的问题，你们给了我们亚裔学生很多建议，我非常感谢。现在我也希望你们听听我们的心里话。坦白说来，我发现很多本地的学生，并不愿意敞开心胸去了解我们。社团活动的时候，他们对我们不理不睬，我们本就在语言上有差距，加上文化的不熟悉，几次难堪之后，不免知难而退。甚至在课堂分项目小组的时候，很多本地学生早早组建好小组，不欢迎我们加入。这就好比主客之间，客人空有一腔热忱，主人却冷若冰霜，责任到底在谁呢？"

　　会议室里一片寂静，大家都抬头看着我。我顿了顿，听着自己平静的声音继续在会议室里响起："我们告别父母，不远万里地来到这里，花费大量的时间和金钱，除了学习深造，就是想体验你们的文化。将心比心想想，我们何尝不想融入你们当中？我们在这个陌生的国度，用你们的语言，和你们一起学习生活，这是我们能为学院多元化发展做出的努力；而你们作为主人，是否曾反省过你们自己的态度，是否也能做出你们的努力呢？"

　　一口气用英语说完这番话，我也不看他们脸色，径自坐下了，反正是不平之气一吐为快。由于已经快到会议结束的时间，大家并没有就我的话继续展开争论，只是老师作了总结发言。

　　开完会，我从会议室出来，两个白人男生追过来，把我叫住了。一个叫亚当，另一个我连名字都想不起来，平日也只是点头之交而已。我以为是刚才我说的话并不能使他们服气，特地找我理论的，便心下做好"迎战"的准备。没想到亚当拍了一下我的肩膀，颇为激动地说："你刚才说得好极了！开始一帮白人坐在那儿，自顾自地讨论多元化，真是可笑！你的发言，才是一针见血，指出问题的所在！"另一个男生也友好地伸出手来，和我握手道："谢谢你坦诚地说出你的感受，这对我们很重要。我以前没有站在你们的角度去想问题，这是我需要反省的。"

我愣住了，心下泛起一阵热潮。他们又邀我一同去吃午饭，进餐的时候我们继续深入探讨这个话题，聊了很多。后来，我和他们俩都成了好朋友。

这件事也让我体验到了不一样的美国文化：在中国，大家总觉得表达不同意见就是好出风头；然而在美国，大家心态比较开放，社会鼓励个人表达不同意见，大家也喜欢个性张扬、有自己想法的人。从那以后，无论是课堂学习还是去参加社会活动，我都变得更加自信，也能更勇敢地表达自己的想法了……

临别的球赛

"布莱德！"有人亲热地拉了拉我胸前的红绳子，把我从回忆拉回到现实。我定睛一看，原来是韦诺，他笑着说："毕业了，你这个协会主席羽毛球还是打不赢我！"我也笑了，不服气地说："但我乒乓球左手也能打赢你！""我不跟你打乒乓球，我就跟你打羽毛球！"他说。"好，待会儿再去切磋切磋！"我说。"我也去！""我要观战！"正在我们打嘴仗之际，球拍协会的会员们纷纷围拢了过来。置身于这些不同肤色、不同国籍的球友之间，我既有一种熟悉的亲切，更有一种依依不舍的感觉。

"咔嚓！""咔嚓！"迈克老师不知何时走到跟前，把嘻嘻哈哈、搂抱成一团的我们照了下来。于是，我们的青春，我们的欢笑，还有两年来难忘的点点滴滴，都定格在这张蓝天丽日为背景的照片里……

纽约，纽约，我在纽约的故事

陈犁书

 陈犁书　上海人，2007 年赴美国纽约大学读书，2008 年教育学硕士毕业并取得纽约州商业英语教师资格证，曾任英语老师。现就职于一家律师事务所。

一直很想写点东西，写点关于自己在纽约四年多的点点滴滴。但真的对着 Word 空白页时，我才惊觉自己文字的苍白和贫乏。四年来，每走一步都是一次转身，不华丽，撕开外面的表皮，只感觉一段阵痛和几分无奈。所以，请不要介意我那只言片语的拼凑。

2007 年 8 月 6 日，我拿着 New York University 新闻系硕士项目的录取通知书和 I-20，第一次踏上美国。但和大多数人不一样，我的第一站不是自己的学校 NYU 所在地，而是另一个海岸的旧金山。从这点上就可以看出，我来美国其实不全是为了读书，相反，玩性很重的我，想去美国的各大城市转转，不枉此行。我在国内做家教时认识了一个在旧金山开公司的 single mother，她邀请我到旧金山住一个月，她负责吃住，我负责帮她带 3 岁的儿子。于是，我在 22 岁生日前一天，神兜兜地踏上了美联航的飞机。

在旧金山我过得不是很开心，毕竟我从没当过 baby sitter。两个星期后，当我身上出现了被 3 岁孩子踢出的乌青块时，我的委屈终于爆发了。我买了张机票不顾一切地逃到了洛杉矶，在同学 Andy 的帮助下，混进 UCLA 的女生宿舍住了四天。

回想在加州的一个月，我非常感谢 Andy，是他在洛杉矶陪着我逛了好莱坞星光大道，陪我玩遍了 Universal Studio 里的所有过山车，虽然下来后他脸色苍白上吐下泻，我内心充满了抱歉。他还和我倒了几趟车去 Santa Monica Beach 用沙子堆城堡。后来在我去机场的路上，Andy 忽然问我："我们还会见面吗?"我告诉他一定会的，虽然我自己心里也很难过。当然，我们后来在上海见了一次，又在纽约见了一次，这是后话了。

从洛杉矶回旧金山不久，我就要去 NYU 报到了。整个加州给我的印象就是：很温暖，很干净，很明媚……但我总觉得自己在挣扎，因为语言，因为生活习惯，因为那种漂泊不定的飘零感。旧金山到纽约的飞机上，我其实心里很怕，不知道纽约会不会和加州一样让我迷失，后来我才知道，加州的那种挣扎，只是一切痛苦的序幕。

飞机降落在纽约 La Guardia 机场。我在降落前抓拍到了日出后的纽约，画面定格在那么多的不顺，一下子向我涌过来——哦，纽约! 通过朋友找好的房子，原来能破成这样，根本没法住人; 我拿起箱子就走人，在纽约的街头无家可归，扮演流浪女孩的角色，尝到了流落街头的美国滋味。由于到学校晚了，注册、办学生证、选课、买课本、办手机、开银行账户、买电脑，别人一个星期完成的事，我用了一天全部做完。去 Union Square 买书，摔了一跤，膝盖肿到不能走路。唉! UPS 把我的课本给寄丢了，由于英语不好，我给 NYU bookstore 和 UPS 打了无数电话愣是没打出个结果，双方责任推来推去，眼看都上课一个星期了，我连书都没法看……

如果说膝盖肿了能去医院，书丢了可以再买，这些能用钱解决的事都是小事，那我的 last straw 来得这么猛烈，让我几乎崩溃了——开学两个星期左右，Reporting New York program 因为写作原因劝退了一个台湾女生。作为 Reporting the Nation program 里唯一的一个国际学生，我的直觉告诉我：下一个就轮到我了。

果然，新闻专业的那个参加过朝鲜战争、痛恨亚洲人尤其是中国人的无良教授，每天都把 kick you out 放在嘴边，时刻提醒我——现在我还能留在这个专业是因为他一直在"暗中保护我"，如果我惹他不高兴了，他马上就能把我踢回大洋彼岸的"Red China"。我竟然没有胆量和他争辩，我所求的，只是能平平安安度过这个学期，再度过之后的学期，然后顺利毕业。

拿着 NYU 的文凭回想那段时间，我不知道多少次夜晚在噩梦中惊醒，醒来的时候，胸口疼得厉害，枕头都是湿的。同时，我反反复复梦见在中国大学读本科时住的那间寝室，还有那段无忧无虑的时光。那幸福的回忆和苦难的现状，多么强烈的对比，多么强烈的反差，令痛苦变得更为痛、更为苦。记得有一天晚上下课后，大概是 9 点多的样子，我一个人在等地铁，当地铁开过来的瞬间，灯光照得刺眼，我脑子里升起了一个念头：跳下去吧，从此就解脱了……至今想起这段，心有余悸。留学，我经历了脱胎换骨的磨难和绝处逢生的再生。

2008 年 11 月，我迎来了人生的转折点。那是一个星期日晚上，我踌躇了整整三个小时，然后把修改了十多遍的 E-mail 发到了教育系主任 T 教授的邮箱里。我想：如果被拒绝了，反正他也不认识我，不算多丢人；如果能被录取……这种幸福，实在是我不敢想象那是一个转折点。一年多后，我和 T 教授谈起我们的第一次见面，我认真地告诉他，当初他几乎是救了我的命，他却一头雾水。是的，这就是天意，你以为你做了一件不经意的事情，却改变了别人的一生。

拿到教育系录取通知时，我如释重负。我们新闻系最后一次聚会是去 Newark 看城市规划，那个新闻系的教授很 high 地说：我们下学期会经常来这里采访。我却靠着车窗玻璃，看着窗外明媚的阳光，心如止水。

再见了，新闻系！再见了，我的美国记者梦！

2008 年年末的那个冬天很温暖，我在憧憬中度过了那个寒假。我去了华盛顿看了很多博物馆，又去佛罗里达看米老鼠和 Key West；回纽约的时候，还顺带给自己找了一份暑假去北京、香港和曼谷免费旅游的肥差。

2009 年的春季开学了，虽然好心的 T 教授给我转了 8 个学分到教育系，但面对教育，我是一张白纸。我第一次如饥似渴地读 Chomsky 和 Kreshen 的二语习得理论，那是一种发自内心的渴求，因为我真的想学好这个专业。同时，为了结束这种只进不出的日子，我想找一份 on-campus job，顺便能办 SSN。一开始眼高手低，总是找薪水高的工作，碰了几次壁才知道国际学生要找 TA/GA 是多么不容易。

于是我决心脚踏实地，在图书馆找到了一份时薪 7.25 美元的工作，一周工作 20 个小时。后来一个在图书馆工作的小师妹告诉我，图书馆的老板一直感叹我是她见到过的读书最轻松的学生,每天都要工作四五个小时,晚上上课,考试居然还都是 A。她只是不知道我在新闻系的挣扎罢了,我心里如是想。如果说新闻系是一场苦难,那也是一份经历,熬过了,以后所有的事情都是那么简单透彻。

2008 年 5 月中旬,我从 JFK 机场离开了纽约,飞回我的故乡上海。这次回去其实不是为了看爸妈,而是身兼了两份 overseas program 的工作———一份是给 University of Miami 的亚洲采访新闻课程做 program coordinator,另一份是给 T 教授在上海举办的 summer 课程跑腿。短短两个月,我从上海窜到北京,再窜到香港,再窜到曼谷,再窜到西安,顺带还去了上海周边的几个城市。当然,我也了结了一个萦绕已久的心愿——在上海吃一顿麻辣烫,放很多很多的辣椒,就像读本科时经常吃的宵夜一样,辣到我泪流不止,却解释不清泪水为哪般流淌。

2008 年 7 月 31 日,我的悠长假期结束了。那天中午,爸爸妈妈一起送我去机场,结果爸爸开错了路,眼看着飞机就要赶不上了,我埋怨爸爸,爸爸却说:"赶不上才好呢,你就可以不走了。"后来到了机场,我和爸妈告别后进安检,保安说我箱子里有可疑物品,硬是打开我的箱子检查。检查完了,妈妈从外面冲了进来帮我整理箱子,她一边整理一边说:"这箱子是我整理的,只有我放得回去。"

其实那时候 T 教授已经答应等我毕业后会帮我在纽约推荐找工作了,所以那次走,我也知道一旦开始工作了,下一次回家的计划就渺渺无期。但是爸妈是为我骄傲的,因为他们所希望的只是我在美国平安,最好还能顺利拿到 NYU 的文凭。至于我一个没有绿卡没有关系的小女孩能否在美国找到工作,他们从没奢望地去想过。

回纽约后,我又在图书馆做了一个月。暑假里允许一周打工 35 个小时,我每天 7 个小时泡在图书馆里工作,为了赚 50 块钱而干得不亦乐乎。一到周末,我就去东北部的各大城市玩。直到开学前,我收到了 T 教授的邮件,说他很欣赏我在上海时的工作态度,所以他决定从下学期起雇我做 TA,一周 20 个小时,每小时 15 元。

最后一个学期，我只需要修两门课。剩下的时间，我就一直在 T 教授那里工作。没事还会加加班，帮他剪一段漂亮的 DV，或者设计贺卡，或者教他用PPT。久而久之，T 教授误以为我是个勤奋的人，给我介绍工作时估计说了不少好话。当然，希望越大，失望越大，我后来的老板一定对我心灰意冷，而我也在失败中渐渐明白——其实不是我工作能力强，而是因为我喜欢在 NYU 的那份工作。记得 NYU 毕业前，我和 T 教授道别，他对我说："我再也不会让别的assistant 坐在我办公室里用我的电脑，偷吃我的零食了，因为没有人能超过你。"那一刻，我相信那是真心话。

我几乎是哽咽着毕业的，那种心情，既不是本科毕业时那种对未来的憧憬，也不是离开新闻系时的解脱，而是一种不舍。我一直相信，在 NYU 最后一个学期的好日子，是我用第一学期的痛苦换来的，命运就是这么公平，你苦过了，自然会甜一下，然后，继续苦一下。好日子终将结束，吃完了最后一顿 farewelldinner 后，我带着 T 教授送的礼物，连滚带爬地开始了人生第一份工作。

曾经幻想过这份工作就是在 NYU 工作的延续，我会一直这么顺利下去，所有的人都会很疼爱我，对我的错误宽宏大量既往不咎。但生活不是韩剧，我也不是剧中苦尽甘来的女主角。生活就是：我，一个 23 岁揣着硕士文凭毫无工作经验的女孩，被一下子推到了 30 多个学生面前。他们中年龄最大的也属牛，比我整整大了三轮，还有人 1980 年就来了美国，而那时我连投胎的资格都没有。我不是那种天生具备威慑力和亲和力的老师，被学生气哭过，被老板骂得狗血淋头过。我每天都在叫苦，但每次叫完苦，我会想想在新闻系的日子，然后我走上讲台，继续微笑着面对学生，直到有一天，或者我崩溃，或者我存活。

关于爱情：来美国后谈过恋爱，痛过一次。他是在我最无助的时候出现的，刚到美国时受了那些打击，我觉得自己什么都不是，所以当他追我的时候，我在不知道自己是谁的情况下就开始了。本来以为我们可以这样相安无事平淡无奇地走下去，可他又在我生活开始顺利的时候背叛了我。我大哭了一场，然后，不再流一滴眼泪地离开。后来，又遇到了现在的他，在我们俩一穷二白的时候，他让我下决心走进 City Hall。这没有隆重仪式的婚礼，还是让我感到高兴和珍惜。

关于友情：我在新闻系有过一个很好的朋友，也许是因为惺惺相惜，她被劝退的时候，我比自己被劝退更难过。但后来她剽窃了我的论文，我第一次明白了在利益下没有朋友，所有的人都本着生存第一的准则。我理解她，但我不能原谅她。后来在教育系，我遇到了三个最好的朋友，一个是和我一起从上海外国语大学到 NYU 的同学，一个是和我一起帮 Teaching & Learning 工作的同道，还有一个是我现在的同事。很庆幸，我们没有利益冲突，所以一直玩得很好。我们自封为四个"小主"，从新泽西 BBQ 玩到尼亚加拉大瀑布，从 St. Mart 的 Grand Sichuan 吃到 Flushing 的火锅。后来，一个小主走了，剩下三个小主疲于奔命，只剩下无忧无虑的学生时代不时地在心底回荡一番。

这就是我这四年来走过的路，仅仅四年，却好像和我过去十年经历的一样多。这条路，我要继续走下去，不管开心或是忧伤，不管希望还是绝望，我只是想看看：我的美国路还有多远、多长。

一个吃货的留学生涯

冰 清

冰清 在美国获食品营养学硕士学位,现任某生物公司高级研究人员。在北美网站一些征文比赛中曾夺冠,曾为多家报刊写专栏。科普特约撰稿人。作品收录在《白纸黑字》、《硅谷浮生》、《他乡星辰》等书中。出版《美味人生》。新浪微博美食名博,粉丝超过40万。腾讯微博粉丝70万。

从小好吃的我,终于在大学毕业之后,如愿以偿地考到全额奖学金,赴美留学,攻读我最喜爱的食品营养学专业。

到了学校才发现,这是个偏僻的大学小城,我的心一下子冷了不少。不过开学第一天的迎新会就把我的胃抓住了。进了大礼堂一看,这分明是先搞定我们的嘴啊! 面前摆了一桌子的美食,肉丸子、炸鸡翅、沙拉、面包、玉米片……虽然只是些前菜,但这么丰富的见面礼就足以让我喜欢上这里了。

正式上课更让人兴奋。实验室就是个大厨房,里面锅碗瓢盆,油盐酱醋,各种调料,应有尽有。老师给我的第一个课题竟然就是做豆腐。豆腐是我中华瑰宝,怎么才能让老外也了解呢? 我的演讲课题就要从如何做豆腐开始。从种子店买来黄豆,用水泡起来,用搅拌机捣碎,煮开了之后用纱布过滤,再放一些氯化钙沉淀蛋白质,拿纱布包好沉淀物,用砖头压在上面。

过了几个小时,我的美国自制豆腐就做成了。演讲那天,我前面摆了一排豆腐美食,炸豆腐、拌豆腐、豆腐乳、豆腐干,再做上一瓶白豆浆、一瓶巧克力豆奶……老外看得眼花缭乱,口水直流,咱用流利的英文把豆腐的起源和营养好好“白活”了一番,老美们掌声如雷。演讲一结束,他们就直奔前台品尝豆腐美食,有吃有喝,你说,咱的课题能不得高分么? 老师说就差没给 A+ 了。

食品科学的学生就是搞食品研究的,包括研制新食品,平时我们自然也少不了好吃的。这个组做了新式饼干,请你去品尝,给出专业的意见,那个组做了新的饮料,请你去支招,还不断有食品公司出了新产品,拿来给大家试吃。这一年四季,嘴就没闲着过。再加上同一个学院酒店管理专业的同学整天做各个国家的大餐请我们去鉴定,今天意大利菜,明天法国菜,后天墨西哥菜……不用花大钱就有机会尝遍世界各地的美味佳肴。

因为食品系属于农学院,我们上课有时会和农学专业的人碰上,互相帮助也是免不了的。他们精心培育的特甜大西瓜,让我们去评价。地里拉回来十几个大西瓜,只抽几个取样测定,其余自然是抱回家慢慢享用了。这科学种植的西瓜,用了最好的肥料,个头巨大,肉红沙甜,比店里买的好吃太多。他们种的还不止西瓜,什么花生、白薯、茄子、番茄等,只要求我们去鉴定,自然这个季节的菜钱就省了。东西都是农场里当天现摘的,那个水灵就别提了,味道岂是店里那些加了催熟剂的蔬果可比的? 不但是新鲜的时令蔬果,就连罐头也不差,做完草莓酱的点评,从此早餐抹面包的酱就有了着落。

农学院不仅有大田作物专业,还有畜牧专业和养鱼专业呢! 学校农场里养着土鸡让人垂涎,几个同学就结伴去买,吃土鸡很麻烦,要自己宰杀拔毛,但辛苦之后,喝上那鲜美的土鸡汤,赛过神仙,一切辛苦都值得了。学校里有不少穆斯林,看上农场的羊了,大家合伙买来一只羊,按照伊斯兰教规,念完经,手脚麻利地杀了羊,剥了皮,一家分得一份。傍晚,留学生院子里就飘出阵阵烤羊腿的香味,再加上印度人家里浓郁的咖喱羊味道、中国人家里的萝卜炖羊腩,汇成一餐国际羊宴。

学校里的鱼塘不可不提,养鱼专业的同学们为我们提供了鲜活的鲤鱼和鲶鱼,不但价格比市面上便宜很多,买的时候还是现从塘里捞出来,活蹦乱跳的,这样新鲜的鱼别处哪里能找到? 鲶鱼和鲤鱼都是一元一磅,比猪肉还便宜,虽说要自己杀,但外面店里杀好的冷冻鱼和这个能比么?

有时候鱼塘过于拥挤,需要捞出一些小鱼苗扔掉,养鱼的同学要给农场动物当饲料,给咱们老中拦下了,那些可爱的只有巴掌大的小鲫鱼,做成桐庐香辣烤鱼得多香啊! 于是,一年里,总有某些时候,渔业系的人就把我们老中留学生请去帮忙,处理掉那些令人头痛的美味小鱼苗。

虽说是鸡鸭鱼肉、时令果蔬都齐全了,但是这毕竟在美国的国土上,再怎么丰富,也难挡相思的胃。自己种菜吧!美国的土壤肥沃,阳光充足,种子撒到地里,就像吸了魔法,蹭蹭往上蹿,小白菜都能长到大白菜那么壮,再加上农业系的同学不断指点,并提供新研制出来的优质肥料给我当实验用,我的菜大丰收,自己吃不了,送都送不完。周围中国人看到我的劳动成果都动了心,不少人也有样学样地种起了家乡的菜,韭菜、茴香、木耳菜……一片绿油油的菜地让老美们看傻眼,那都是些什么古怪的菜啊,怎么超市里从未见过?

鉴于老美们对菜园子的贡献,收获的季节也要请他们分享我的劳动果实,请他们过来品尝我做的小白菜锅贴、清炒木耳菜、茴香饺子、韭菜炒鸡蛋……结果除了锅贴,其他老美都吃不惯。虽然如此,我做饭的名气在学校里可打响了。打那以后,经常有老美找我换饭吃,他说,我送你一个必胜客的大 pizza,你给我做一餐中国饭,材料我准备,好么?一个中式午餐便当,烤鸡腿,炒什锦蔬菜,换了一大张十几元的 pizza,我真赚到了。

留学生奖学金不高,每一分钱都舍不得花,外面的麦当劳等快餐,再便宜也不如自己做饭省钱。平时大家都舍不得吃,等到老美要换饭时才能打打牙祭。再后来,我的名气越来越响,不但有人找我换饭吃,还有人办 party,请我过去帮忙准备。其实打发老美很简单,一盆沙拉、一盆炒饭、一盆烤鸡腿,足以让他们吃得满意。

快毕业时,咱已经名震全校。不少不会做饭的老美也会找到我问,想吃牛舌了,可知怎么做?我说那简单,红烧啊!于是老美买了两个牛舌要我做,我拿中国的卤包加酱油冰糖,卤得红亮亮的送过去。扑鼻的香味把老美馋到了,他说,牛舌分你一个,下次找到好东西还你做。

在食品营养系读书的日子是清闲而舒服的,功课不累,都是日常生活中用到的,学起来不费劲儿。所以有空闲时间钻研厨艺。人的潜力是无穷的,在没有条件的情况下,创造出了不少奇迹。我学会了自己灌香肠,熏腊肉,做泡菜,腌咸蛋。厨房里的十八般武艺样样精通,体重也节节攀升。毕业时,我从刚进美国的 90 磅,吹气似的涨到了 120 磅。但是衣带渐紧终不悔,谁让我那么爱吃呢！

　　带着全 A 的成绩和获奖的论文,还有无数关于吃的美好回忆,我结束了留学的日子,恋恋不舍地离开了这里,开始了我全新的工作生涯。

　　这就是我——一个吃货多姿多彩的留学生活。

回首来时路

李树人

李树人 台湾大学毕业。1958 年秋留学美国，在奥勒岗大学攻读建筑美术，获硕士学位（该专业没有博士学位）。在道格拉斯飞机制造公司任结构工程师 40 年。现已退休。

第一次踏上美国国土，是 1958 年的秋季。在台湾大学毕业后，受过预备军官训练，服过兵役，怀着海阔天空的心情，奔向这新大陆，追求美丽的前程。那时雄心万丈，仿佛整个世界都展现在我眼前，广阔的天空，任我翱翔。

在台湾读的是文科，选择科系是一个大问题。由于自幼爱好艺术，我选择了建筑艺术系。一连串六年的课程，以设计为主，同时有机会去选读一些美术系的课程。以前在台湾上美术课，老师在桌子上摆一盆花或几个水果，让大家比着画，谁画得像便得高分。美国老师告诉我们，艺术是活的东西，是不受任何限制与约束的。不但要画你看见的东西，还要去画你想象到的；不但要用手去画，还要用你的心灵去画。

有一次，一位素描老师看我画得太死板，命我去买了一本宽十二英寸、长十八英寸的练习画簿，告诉我每天至少要画一张，要随心所欲，放胆去画，但要注意布局之完整，色彩之调和。某日我看见一只小松鼠在树上爬来跳去，我顺手在画簿上将松鼠行动的轨迹画了下来。松鼠的身体变成一条长蛇，松鼠的头有六七个，有的上仰，有的俯视，有的左右张望。配合错综的树枝与树叶，形成一幅抽象画。

又一次，我用各种颜色的粉笔在纸上狂笔乱涂，题了一个名字叫"梦幻"。学期终了时交给老师，他给了我一个 A 的总成绩，而且加了评语："你僵硬的手终于放松了,你的视野也开阔了,希望你继续画下去。"

当我学到一些以前从未听说过的新观念与理论,直觉得从内心感到高兴,几乎要疯狂了。我选修了各种艺术课程,包括油画、水彩、素描、板画、绢印、雕塑及木刻等等。

为了读书,为了生活,当然要打工。每日下课后打扫教室,周末便去当地中国餐馆洗碗打杂。每当春夏之交,暑假开始的时候,一群来自台湾的留学生们都摩拳擦掌,计划着到各处去打工,好筹备下一年的学费和生活开销。

在我就读的奥勒岗大学,中国留学生有七八十人,清一色都是从台湾来的。那时中国大陆尚在大炼钢铁的时代,几乎没有人能出国留学。

有人北上到华盛顿州罐头工厂找零工,还有人冒险到阿拉斯加去捕鱼,但大多数同学都南下到旧金山各大城市中谋生,其中找餐馆工作的最多。餐馆中洗碗最辛苦,薪资最少,多半人都找收盘碗的工作(Bus Boy),但是僧多粥少,真是一职难求。

那时在旧金山唐人街有一家职业介绍所叫中央接工所,专门介绍各种餐馆饮食业工作,其中以厨师的需求量最多。当时的厨师以职别分有唐厨、番厨、唐番厨,以阶级分有大厨、二厨、三厨、煎厨、三明治厨等。

找不到工作,真像热锅上的蚂蚁。在面临绝境,走投无路之时,我把心一横,跑到中央接工所,自称有一年番厨中煎厨的经验。老板一听大喜,立即打了一通电话,写了一张条子,把我介绍到旧金山城外约20英里的一家"国王快餐"(The King's Drive-in),约好第二天清晨到任上班。

当时居住的地方是由华侨开的金门旅馆,房租低廉,是大多中国留学生的落脚之处。老板姓陈,是多年前跳船(从前在中国的货船上工作,在美国码头定泊后,留在美国不走)的厨师,为人和善,我马上去请教他各种三明治、汉堡以及沙拉的做法。

上工那天,早半个钟头我就到了。同事美国厨子都很客气友善,对我一一指点,我却忙得一头大汗。午餐时,顾客一拥而来,大家忙得团团转。大厨突然走过来大声对我说:"你能不能帮我一个大忙?"我连忙称"是"。大厨又斥责说:"请你站在一边不要动!"我连忙退后三步,一身大汗再加上一头冷汗,心里想:

完蛋了！

下工的时候，老板对我说："你工作很努力，只是经验太差了，我把你介绍到我们一家分店去，那里不太忙，你愿意去吗？"我连忙称谢。

新地方以卖早餐为主，美国早餐，不外鸡蛋、火腿、香肠、咸肉片、煎洋芋及土司等。单单鸡蛋，在大餐馆中据说有上百种做法，不过一般做法只有五种，那就是：单面煎、翻面嫩、翻面中熟、翻面老及搅炒蛋。那天同事们手法敏捷，将两个蛋放小锅中稍煎，轻轻向上抛起，鸡蛋翻身，蛋黄不破，煎油不溅。

我自称不会翻蛋，做些杂事。好心的同事劝我说："你若不学翻蛋，老板不会用你的。"于是鼓起勇气，按照他们的指示，将两个蛋很小心地打开放入小锅中，约半分钟左右，抓起锅来向上一丢，只见两个鸡蛋，一个向左，一个向右，一个落在炉台上，一个落到地上，顿时引起哄堂大笑，结果是，又被开除了。

在旅馆里闲待了一个礼拜，决定再去试试，由一家美国介绍所介绍我到"喜童快餐厅"（Happy Boy Drive-in）去工作。当天便向老板坦白说明，我不会翻蛋，没想到老板说："只要你肯做、肯学，没关系，我教你。"那天下工的时候老板对我说："明天见。"真是喜出望外。

谢天谢地，在这里居然做下去了。除了在餐馆中努力学习外，回到旅馆自己还要恶补一番。我买了一个小煎锅及三五打鸡蛋，每天在旅馆的公共厨房里翻练起来。下了工的同学们都来参观试吃，不到几个礼拜，手艺果然长进，算一算时间，也该是开学返校的时候了。

第二年暑假，我充满了信心，重回到旧金山，在金门大桥对面一家"李陀餐厅"（Cafe Lito）找到了工作。上工第三天，午餐刚忙过了，侍女传话来说经理要找我。我心里想又完蛋了，无精打采地走进经理室，连口也懒得开。经理先请我坐下，然后说："你做的鸡蛋太漂亮了，客人们一直称赞，希望你能带动我们的生意，一定会给你加薪。"

又一天，经理对我说："有一个顾客前些日子吃过我们的早餐，今天带他全家，开车20余英里，穿过金门大桥，专门来吃早餐，他说你是加州最好的早餐厨子。"满心得意回到旅馆，自然向同学们吹嘘一番。从那天起，他们给我一个封号："加州第一唐番名厨"。

1960年代初，内华达州的太浩湖（Lake Tahoe）的确是龙蟠虎踞、英雄聚集之地，是中国留学生打拼谋生的乐园。留学生多半来自加州、奥勒岗州、犹他州及亚利桑那州。各大赌场暑期需要大批临时雇员，包括清洁工（Janitor）、换零钱工（Change Boy or Girl）、二十一点发牌员（Black Jack Dealer）、白鸽写票员（Keno Writer）以及做厨房中各种工作的人。

我凭着两年来磨炼的两手绝活在哈拉大赌场（Harrah's Club）做了早餐厨、自助餐厨、晚餐厨等，得到经理的赏识，最后让我主持中式餐饮，手下有两个帮厨我因此洋洋得意，自称是中餐部主任。

多数男同学都做清洁工，因为不需要什么技术，拿着扫帚与簸箕在赌场东转西走，工作轻松。他们对地上的香烟头与碎纸都不太注意。两眼像探照灯般扫描，专找赌客丢失的筹码与银币。偶尔看到一个，手疾眼快，用扫把扫入簸箕，就变成了自己的收入。

沈同学做清洁工，当时他在柏克莱大学读机械博士，对吃角子老虎（Slot Machine）的结构研究得精通。他发现在吃角子老虎背后有一个缝隙，可以看见银币进入钱槽的通路。若将一张明信卡片塞进去，部分银币可在进入钱槽之前流落到地面上。在一个阴暗的角落里，他找了一台机器试验他别出心裁的"设计"。果然财运亨通，每天他的簸箕里，垃圾很少，多半是雪花花的银币。有一天，赌场发觉这台机器不赚钱，找技工打开修理，沈同学知道东窗事发，赶快洗手不干了，那时他已经赚够下年的学费。

熊同学来自犹他州，做换零钱工，他曾学过魔术，双手特别灵活。换钱人腰系一个布袋，内中装着各种硬币。按赌场规定，换钱人两手不可放在袋中，只有当赌客要换钱时方可用手取出硬币。1960年代，一元及一角硬币都是银子做的，而且包装的纸套是用手折叠，不是用机器紧封的。熊同学的绝技是，当赌客要换钱时，他能在二十秒之内一只手将一元硬币纸套打开，用大拇指弹出一元硬币再封好交给赌客。换句话说，当赌客给他二十元纸币，拿到的硬币只有十九元。他要清楚地记住弹出的数量，将同量的钞票用胶纸贴在布袋的内壁上。下班交账时，将布袋倒入预定的钱槽中，用手抖一抖，银币尽数出来而贴在布袋内壁上的钞票不会掉下来。账房清点银两，分文不差。布袋由换钱人带回放在自己的锁柜（Locker）中，换下了制服，轻松愉快地回到寓所，自己口袋中多了百元以上的收入。

在赌场工作的男女同学中，免不了有些感情来往与纠纷。李同学与张同学同时追求一位姓高的女同学，他俩早已相互恨之入骨。一日做工时，二人在厕所中狭路相逢，三句话不合，打将起来。李同学当年在台中当过小太保，是小五霸之一，练得一身肌肉，而且学过拳击。说时迟那时快，李同学仅出一拳，张同学应声倒地，而且鼻流鲜血。被一位赌客看到了去报了警卫，说厕所中有两个穿制服的员工在打架。当警卫进入厕所时，李同学早已溜之大吉，张同学正在擦洗他脸上的血迹。他是学数学的，聪明机灵，自知若承认打架，当场就会被开除的。于是佯称地上有水，不小心滑倒碰到洗手台以致流血。警卫见无他人，无可奈何地走了。张同学只好哑巴吃黄连，有苦难言。

吸毒、酗酒与赌博都有相当的魅力，会使人上瘾。宋同学与席同学，一个学教育，一个读经济，二人都已拿到了硕士学位，正准备再修博士。只因来到赌场打工，着了赌魔，把打工的薪资下班后都送回了赌场。开学时变得身无分文，无法返校，只好留在赌场，边做工，边赌博。不知何人密告了移民局，二人锒铛入狱。最后由移民局买机票将二人递解出境。回到台湾，英雄不提当年丑，以归国学人身份出现。那时政府重用海归学人，宋同学做了职位不小的官员，席同学外放英国，做了外交官。少年荒唐之事便石沉大海，永无人知。

毕业了，我南下洛杉矶投奔几个老同学临时栖身。确曾想到归国谋生，只因没有博士学位，无颜见江东父老。殊不知在美国各大学建筑系中，没有一处授博士学位的。奥勒岗大学的建筑系，偏重理论，讲一些形而上之学。自觉学到了一些新观念，也自信稍有创新能力，但只是英雄无用武之地。走访了四五十家建筑师事务所，能找到的职务仅是一个小小的绘图员，难以糊口。

偶然一个机会，受雇于道格拉斯飞机制造公司，做了结构工程师，薪水增长了四倍。为了生活，为了金钱，放弃了当年的理想。工程是死板的，飞机结构设计几乎没有发挥个人创造想象的空间。一混就是四十年，当年的雄心消失了，所学的各种理论都泯没了。在飞机设计的领域里，不敢说样样精通，但确也曾学到，也做过很多东西，举凡各种民航飞机、军用战斗机、轰炸机、运输机、直升机以及太空梭等,都曾参与设计,也曾得过一些奖章、奖状,但心中总觉得有很大的遗憾,没能成为艺术家,没能成为一个出色的建筑师。

退休后意志更加消沉,身为炎黄子孙,一生却流落在美国,未能替祖国尽一分心力。在美国主流社会混了四十多年,他们说我是中国人;回到中国大陆,他们叫我台胞;到了台湾,又被认为是外省人。生在大陆,成长在台湾,老死在美国,却到处不是人。

年逾八旬,生命已走到了尽头,自知不是天才奇人,不曾立德、立功、立言,是一个与草木同朽的普通人。曾有过一腔热血,也曾有过美丽的憧憬,到头来感到无限怅惘。可以自慰的是,由于美国启发性的教育以及民主自由气氛的熏陶,将一个在孔孟礼教思想拘谨的框架中铸造出来的规规矩矩的年轻人,改造成一个放眼四海、宏观开阔的成熟人,对人对事对物都能以客观科学的方法去分析,遇到任何困难,有勇气也有信心去解决。

我怀念祖国,我热爱台湾,我也感谢美国给我的一切。作为一个普通人,对社会、对人类,我也曾尽了一分心力,想起来也应该是无怨无悔。我悄悄地来到这世界上,也会默默离开。太阳仍然会从东方升起。

人生可以不一样

卢惠娟

卢惠娟　台湾人，2004年至美国沙凡那艺术学校研读动态影像设计，2008年硕士毕业。现于电视台从事节目制作工作。

放下一切跨出国门

留学从来就不在我的人生规划中。英文基础没有打好的我，就职也找和英文没相关的领域，尽量不和英文碰面。研究所毕业后老师曾介绍一个不错的研究工作机会，但要考英文，我放弃了，选择挑战另一个领域："国会"助理。经过一连串的训练及考核，我开始"国会"助理的工作，每天写文章为民喉舌，协助委员为民陈情，草拟法案，觉得自己在做一件很重要的工作；但毕竟一个小小的助理力量有限，即使文章再犀利也不能改变什么。

我想做有实质贡献的工作，我想做可以让社会变得更好的工作，写文章虽然可以唤起社会的共鸣，但我想用图像表现，幽默有趣的图片或影像，可以不受语言限制，传播得更远，可以使人更容易接受，可以把快乐分享出去，可以让社会更温暖。

基于这个理念，我开始晚上去补习多媒体课程，跨越不同领域学习新软体。我像个笨蛋，严重落后；如果想要突破，我势必要花更多的时间。于是我辞去优渥的助理工作，全心学习多媒体课程及英文。放下这一切，或许是我的转机，也可能是我的危机，如果花光积蓄，毕业后还找不到工作，到时两袖清风，什么都没有，再加上艺术类是一个全然陌生的领域……可是我如果不去试，我想我会后悔。希望在我还没老到失去努力的勇气前，去尝试不同的领域，去挑战自己。就给自己一年时间吧，加英文最多两年。

我没想到后来我花了四年，这个 MFA 比在台湾读的研究所要多出一倍时间，要了我半条命。短短四年，毕业后好像老了十岁，值得吗？人生只有一次，不能重来，我很感谢我的父母及阿姨对我的支持及鼓励。

国外的月亮真的比较大

到了美国发现这里的月亮真的比台湾大，这是我在 ESL 曾写过的文章，ESL 课程可以说是进入美国文化的小菜，每个 ESL 的老师都很友善，很能体会留学生到新环境的不安与恐惧，说话也刻意放慢速度，这是我后来上研究所课程才知道的。老师也很有耐心地批改我们的文章，刚到新环境总是感触特别多，最深的感触是，地球的另一半，住着不同语言、不同文化、不同生活形态、不同饮食习惯、不同上课模式的人，以前只用于读写的英文，现在要真正说出口了。

"千万不要住宿舍，又贵又要吃美式食物，你一定会受不了的！"留学生在生活经验看板上这样分享着。但为了省钱不想买车，而且想多认识美国朋友，还是选择住舍。在台北市骑惯机车的我，刚开始有点不习惯搭车、等车的感觉。而且那个城市治安不是很好，亚洲人最容易被抢。所以每天的生活就是宿舍、学校两点一直线。

渐渐和同学熟了，有些有车的同学会带我去华人超市买东西或是到校外的餐厅吃饭。我也会请他们吃学校的餐点。由于是自助式的，他们都会很高兴可以吃到饱，同是留学生，很容易拉近彼此的距离。当时和一位年纪相近的韩国同学还成为很好的朋友。她每天下了课开车送我回宿舍，一起在宿舍写功课，我从她身上学到了什么是对艺术的坚持。

上 ESL 课程时还有一件令我印象深刻的事。有一次考听写，考完后一位韩国同学在哭。我安慰她不要难过，大家也都考不好。她说我已经来了一年，每天回家都和家人说韩文，英文一直没有进步，考得不好，要怎么面对家人。要想学好不同国家的语言，在学习期间至少要半年内不说母语。这是一位会说多国语言的 ESL 告诉我们的。

可是要打入美国朋友圈有时并不是那么容易。当我前一天还在日记里写室友很友善，隔天她竟告诉我，她想搬去和她同学住。当时心里真的有点受伤的感觉。我在台湾读书时都和室友成为好朋友，而且还因为热心公益被推举为宿舍干部。即使到澳洲游学也和寄宿家庭及室友打成一片，没有室友还是头一遭。不过有时得与失就在一念之间，这样我就不会睡觉后又被迟归的室友吵醒，或是早上她要洗澡我没法用卫浴。没有了室友，我却多了更多朋友到我那K 书；我们不用特地去图书馆，也不用担心找不到车位。

学设计没有不熬夜的

经过半年 ESL 课程，开始可以上研究所预修课，突然发现老师讲话速度好快，一开始有录音，但大量的课业实在没有时间回头听，每天下了课就是回家一直做功课，总要到半夜两三点才休息。由于 ESL 课程减少，原 ESL 的同学就比较少聚在一起。一天晚上，我正要休息，突然电话响起，是那位韩国朋友。她要清洗大块玻璃作为专题的材料，需要帮忙。那一晚我们把玻璃正面反面，每个角落都洗得非常干净。

正要抬起时，我的手滑了一下，隐约听到破裂的声音，边角掉了一小片。我安慰她那一点点没有人会注意。她却盘算着再订一片的可行性，但是新玻璃可能要一周后才能寄来，无法如期完成作品这门功课就会不及格，只好就用这块玻璃。接着她还要为明天的报告制作看板，正确说法应该是当天早上的报告。眼看已经快四点了，她每一个步骤都很仔细，位置及落点都要计算好，贴前要先定位再沿着胶纸贴。

当时虽然觉得她太挑剔，不过我也很敬佩她做事的态度。由于她对许多小细节很注意，所以做出来的东西很有质感。也由于语言上的弱势，所以她比别人更认真。从一开始创意的发想就做了很多功课，不但做成投影片，还把报告的重点做成看板。学期结束后我看见她的作品，真的是非常杰出，但我的眼光却很自然地去找那个碰撞的瑕疵,我渐渐明白艺术家为什么要那么吹毛求疵。

放弃还是继续

"你知道这个系不好念,这个系的学生,没有不熬夜的。"这是开始上设计课时和期中成绩检讨时,老师一再告诉我的。自那之后,我也开始随时随地在想创意。但我毕竟大学读的不是设计相关领域,所以我的创意理念经常被打枪。即使我非常努力,也开始熬夜,但东西总是没有其他同学的好,觉得很累。

很羡慕有些大陆同学,设计的东西很有创意又能在图书馆打工。一次询问他是怎么做到的,他一语道破,在进入高中艺术学校前他就已花了很多时间在学画画。他表示不应轻易放弃,学不好就该花更多的时间去学。后来,修完预修课前我申请将 MA 转为 MFA,学习更多课程而且最后要写出论文才能毕业。

我想如果没有深入,将来我很难靠所学的吃饭。为了打好基础,我选择修较严格老师的课,上课总是特别紧张,功课也特别多。但老师非常认真,每周六可以预约 10 分钟,将作品给他评鉴,经过一次次的修改,我完成的作品和一开始有了天壤之别。选修严格老师的课,上完后剩半条命,总平均成绩还因此被拉下来,为此还收到学校警告信。研究生如果连续两个学期成绩平绩在 B 以下,奖学金就会被取消。但我没有后悔,因为我真的学到很多。只有放慢修课速度,让自己对每一科有更多的时间准备。一直到毕业我的成绩虽然没有科科A,但都在 B 以上。

分享座右铭

四年后,我顺利完成论文毕业了,但正逢美国经济走下坡,许多公司开始裁员或是人力冻结,一个留学生想进入美商企业更不容易。回台湾还是留下,我没有答案;就像要继续坚持读完,还是放弃,我也没有答案。后来,我留在美国了。我知道,在每一次的转折点,我必须全力以赴,成功与否就交给上帝;在还没全力以赴前决不要轻言放弃,人生可以不一样。

校园心路篇

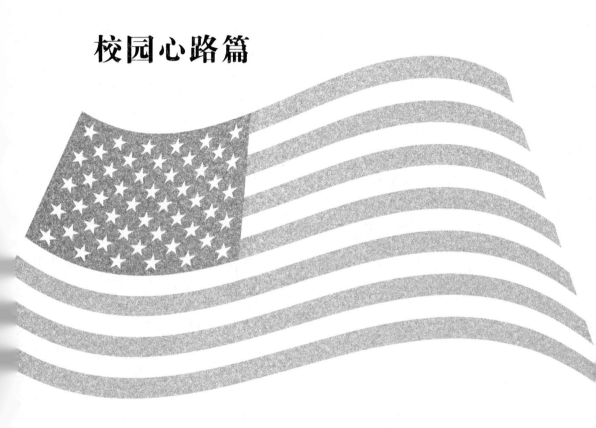

留学美国散记

方　醒

　　方醒（笔名）　生于台湾。1979 年留学美国德州理工大学，1981 年商用电脑专业硕士毕业。现任美国加州钻石吧高中中文教师。

学习的战场

　　预备负笈来美留学的路程十分漫长，从大学四年的刻苦学习到参加各种留学的考试，不断通过层层关卡，终于美梦成真，但是在圆这个美梦的过程中，也有险滩和湍流，并非是一帆风顺的。

　　当年一心打算出国留学，学了十年的英文，美国好像是个理所当然的目的地。其他绝大多数同学也都打算来美国，所以也就盲目地上了同一条船。现在回想起来，觉得自己真是有些懵懂无知，怎么会对一个一无所知的地方如此向往呢？

　　我飞了十多个小时，转了三次飞机，才来到美国德州西北角的一个大学城，当地生活费用以及学杂费用都很低廉，这经济条件是一般学子最热门的选择。但是我并不知道高地沙漠气候是多么具挑战性。

　　冬天会下雪，地上结冰，开车十分危险，我们得穿上两层卫生衣裤外加雪衣外套才能步行上学。顶着雪花片片，一步步走向教学大楼，那段路程十分辛苦。一进室内扑面而来一股暖气，我们就得以最快速度冲进厕所脱掉卫生衣裤才能上课。上完课当然还得再回到厕所，重新穿上所有的装备再走路回家。回家的路上冰天地滑，跌跌撞撞，一不小心摔个人仰马翻是常事。

春风送暖，草绿花开。除去了冬衣，手脚终于可以灵活运动了。可是花粉满天飞舞，原先有过敏毛病的人整天喷嚏鼻涕眼泪不停，就是原本没有毛病的人也难免开始犯病了。难的是吃过敏药物，整天昏昏沉沉的，头脑不清；而不吃过敏药物的话，鼻子都给纸巾擦破了，红通通的，连睡觉也不得安稳，其痛苦真是难以名状。

春天一过，花粉过敏不药而愈，所有过敏现象一夕骤止，真是神奇。夏天空气像是大烤箱，干燥酷热的天气很快把皮肤烤干失水，阳光如热的针刺，不论撑伞还是戴帽子都没有用。而让我们大开眼界的沙尘暴也滚滚而来。一看到半边的天空彤云，房东就早早发出通知要我们千万记得要时刻关紧门窗，尽量待在屋内。

可是上课和打工是不能不去的。出门前得戴上帽子、安全保护眼罩、口罩，穿上长袖上衣、长裤、长袜子和皮鞋。而且要记得千万不可以说话，否则满嘴的沙尘实在是不好受。好在大家全身武装之后，谁也认不出谁来，打招呼的事也就省了。

秋天是全年最为舒适的一个季节，大家忙着迎接新生，或是搬个新的住所，感到时间过得特别快速。

不同类型天气的挑战虽苦，却比不上那上课方式大不同所带来的冲击。从小到大所受的教育方式虽不全是死记硬背，但是记性好的总是多少占些便宜。上课听听讲记记笔记，回家做做作业准备好，考试也就万无一失了。到了美国上研究所的情况可就完全改观了，上课前教授指定的阅读研究可不能不认真完成，否则上课时回答不上来就糗大了。好的教授大多不会讲课本上的，总是天马行空口若悬河。那时还没有手提电脑，只能靠一双手记笔记，还得边听边记边提出个人心得，并尽量适当地回答问题，参加分享和讨论。每次上课都巴不得自己有三头六臂，变成超人来应付这堂课程。

一学期好几次的口头报告也不简单。别的同学报告的时候，我们得提出恰当的问题，应该是有些深度的而又是同学能够回答得了的问题，这才能达到在表现自己的同时也不难为同学的双重目的。自己报告的时候当然要做完全的准备，因为百忙中的教授经常是以口头报告的表现来定成绩高下，轻慢不得。

所以上台之前要一再地练习控制时间，沙盘推演各个可能问题的精确答案，预备好投影片放给大家欣赏，准备一份完整的书面报告交给教授，另准备多份报告大纲分发给其他同学参考。

在台上更要力求镇静，放松心情并面带微笑，最好能够口齿清晰、音量适中，把握时间好好表现一番。碰到练习过的问题要多花时间详尽回答，碰到生冷问题也应机智地临场应变轻松带过。报告完毕，拿出预备好的点心饮料请教授留步，多加指教，并请同学参与分享心得，营造出和乐圆满的学习气氛，才不会功亏一篑。所以一次研究报告对我来说就像浴火重生，这种历练是极其珍贵的！

来到美国，与人交往的模式也大不相同。美籍人士见面亲热友好，"甜心"、"亲爱的"不离口，但是这仅是礼貌而已，不可全然当真。而我们的反应也应视情况而定，没有一个准则可循。在人际交往中虽不至于是见人说人话，见鬼说鬼话，但是练就一番八面玲珑、面面俱到的本事，对科目评分、奖学金及日后的工作的申请都有实际的好处。所以在还没有步入社会以前，就应学会应对进退、待人处事的本事。当然偶尔也有人情冷暖，事与愿违让我心里不太舒服，但是这种求生存和社交的技巧，是迟早得学习的。

更激烈的战争发生在奖学金的争夺上，为争取奖学金互相猜忌厮杀的大多是众多的华裔留学生。因各种资源都有限，奖学金名额也不多，在僧多粥少的情况之下，明争暗斗不可避免，其中又以暗斗居多。眼明手快的同学早早打听到哪些教授下学期会有奖学金名额空缺，就先下手为强，不时和教授话家常，建立私交，逢年过节再奉上各式贴心礼物，讨好逢迎无所不用其极。

对一些名额已满或根本没有奖学金名额的教授，学生的态度大多视而不见，较少往来。不过这也不一定就是万全之计，有时候原本冷门的教授突然接获大笔资助，能够提供奖学金了，那些押错宝的同学捶胸顿足，后悔也来不及了。争取奖学金的战争经常是悄悄地在进行，有时候自己成了牺牲品都还不自知呢！世道之崎岖，有时真令人举步维艰呢！

我当初绝对不是所谓的草莓族或是温室的花朵，但是留学期间的各种挑战对我就像是新兵上战场，几番震撼教育，使我终于大开眼界，深知自我修养之不足,之后怀着一颗谦卑的心努力学习,在学习的战场上不但拿到了一张学业的文凭,更历练成一个能够冷静面对不同生态社会的老兵,这该是令我感到安慰的成长吧!

打工杂忆

想当年凭着一股年轻人的冲劲,拎起行李,大胆远渡重洋来美国留学。经过数年苦读打拼,终于修完课,通过考试,得到了梦寐以求的文凭,甚至谋得了称心的工作。这些年来能够学以致用,成家立业,每每午夜梦回,仍难免心海波澜轻拂,不敢相信自己有多么地幸运!

留学期间,多姿多彩的打工经历,是我此生一页难以忘怀的记忆。

1979 年的美国德州悄悄地开始了巨大的变化,汽油价钱冲破了八毛钱,其他生活费用也都跟着飞涨。外子和我初来乍到,都还没有拿到奖学金,眼看着父母给我们带来的美金一张一张减少,心中不免惊慌。于是我们开始计划,打算让外子尽量多选课,以期早日毕业;我呢,则边选课,边打工赚取生活补助。从此,我们天天把学校报纸以及公寓附近电线杆上的招贴广告,一字一字地仔细研读,寻找适当的打工机会。

感谢主! 我终于看到了一则老妇人寻找"陪住"的广告,管吃管住,另有报酬(已不记得报酬的确实数目),而且我也不用做任何家事。面谈时,我见到了那位慈祥温柔的七旬老妇人,我们相谈甚洽,立刻被录用,我准备妥当了简单行李,外子送我过去。

那栋住宅中型大小,三房两厅,有前后院,屋内家具齐全,整齐清爽,十分舒适,只是离学校太远。

那时我还没学开车,而且我们也只有一辆旧车,所以由外子每天早上七点来接我回校上课,到傍晚六点再送我回去工作。上工第三天,我见到了老妇人的儿子,他是一个高大英挺的中年男士,对母亲十分孝顺,一再感谢我对他母亲的细心照顾。他还关心地问我喜欢吃什么,说他会在周末的时候去采买给我们送过来。

没想到,过了两天,老妇人在后院栽种花草的时候,不慎跌倒,伤及腰部,必须以轮椅代步。我看她不良于行就特别尽量多做些事,每天都帮她把早午饭做好才去上课,下午也会赶回去做晚饭。有一天晚上,老妇人在浴室大声呼叫我,我赶去为她穿好衣服,扶她上床休息。

真没想到,原来健康快乐的老人才跌了一跤,就不能自理生活了!她的儿子立刻为她安排了安养院,以便医疗人员就近照料。我的第一份工作就此画上了休止符。我打包回家的那一天,看到老妇人坐在轮椅上发呆,她对我摇摇手,苦笑着说她也收拾妥当准备搬走了。她一脸无奈,令人鼻酸,我强忍着泪水,默默地祝福老妇人有一天能够康复。

才搬回家,一个清扫房间的广告就吸引了我的注意:"一周三天,每次四个小时,每小时三块半。"因为我当时只有周二及周四有课,就前往面试。那是一个很大的房屋,有之前老妇人房子的两倍大,四个卧室,两个客厅,还有一个儿童游戏室。那位主妇有自己的事业,非常忙碌,没空料理家事。

她很有耐心地教导我如何使用各种清洁工具。她说床单和衣服要分开洗,衣服还得分不同的颜色及质料,用不同的水温及清洁剂来清洗;烘干机则需要看东西的质料和数量来选择不同的循环和时间长度;杯盘在放入洗碗机前必须浸水刷洗,再依次放入,不可重叠,也不可使用过多的清洗剂;用吸尘器依木地板、胶地板,以及地毯之不同,而有不同的波段,不可轻忽,否则事倍功半。我把林林总总,各种设备的相关教导用笔记录下来,每次都依照指示,按照次序完成。每次从头到尾,我没有休息一分钟,刚好工作四个小时,这位女主人真是精明可敬!

那位太太虽然对工作要求严格,但待人也挺和善的。她给孩子买点心,经常也都有我的一份。我有做不好、不对的地方,她连眉头都不皱一下,自己再做一次给我看,告诉我有什么地方需要注意。到了圣诞节,我当然也收到了一份礼物,那是一张 20 元的支票。她告诉我她知道中国人喜欢收红包(钱),所以就省事,没有另外给我买礼物了。只可惜我第二个学期的课不允许我继续一周三天打工,所以在四个月之后只得请辞。说实在的,我那时所学的一切处理家事的本领到现在还受用不尽呢!

第二学期的课虽然比较繁重，但是我的周末仍旧有些空闲，我就又找了一份周末做家事的工作。我按地址找到那个住家。那栋房子挑高屋顶，圆柱白墙，和美国总统住的白宫没有两样；房屋四周老树盘枝，花圃如锦，既气派又高雅。原来他们是当地一位成功的房地产经纪。因为我只在后院的洗衣房工作，所以未得一睹豪宅的内部陈设。

他们的长子在上小学的时候遭遇车祸成了植物人，20多年了，必须由医护人员一天分三班，全天候地照顾。他们请了厨子烧饭做菜，请了管家打扫清洁，星期一到星期五有一名洗衣妇人，我则在周末负责洗衣。由于前面那段工作经验，我知道如何使用洗衣机和烘干机，驾轻就熟。每天我只工作三个小时，每个小时五块钱。外子也经常带着功课和我一起去上工，我们在洗衣房内说说笑笑，时间过得特别快，那种甜蜜的滋味，冲淡了我打工的疲累。

这位女主人平易近人，十分贤惠，有时她也会来到洗衣房使用清洁衣物的用品。有一次，她亲手熨平一件十分精美雅致的洋装，原来那是她亲手缝制，给她女儿穿去参加大学毕业典礼的华服。

在我和外子结婚纪念日的当天，我向她要求早些上工，以便早些下班去小小庆祝一番，这时我看到她的眼神中闪过一抹哀凄，但又很快地恢复了和颜悦色，原来那一天正是她的长子发生车祸的日子。她轻声叹息道："人世真奇妙，同样的一天，为什么有些人会欢庆，有些人则痛苦得刻骨铭心却只想把它忘掉呢？"那一刻，我看到一个慈爱的母亲，内心虽仍有着伤痛，却选择勇敢面对未来，对我而言，她真是一位可敬的勇者。

第二个学年，我和外子都有幸争取到了助教奖学金，为了专心学业，我把这份周末的洗衣工作介绍给一位好友。后来听说，那位朋友做了两年之后，在离开学校之前，也把工作介绍给了她的朋友。好工作和好朋友分享，也是人生乐趣之一吧！

回忆起那段打工的日子，至今仍令我怀念感动不已；第一位老太太教导我重视生命，珍惜健康；第二位职业女士表现出待人以诚，爱心与耐心的智慧；第三位太太面对艰困，永不退缩。那些年我的打工经历帮助我体会人生，认识人生，学习到日后在美国生活应有的态度和技能，一生受用无穷，而那三位女主人的不同风采和待人接物的态度,则在我记忆中永远鲜活。

谁给我们"家"的感觉

回忆留学北美的那几年,真是十分辛苦的。在教室里有语言及专业的挑战,夜以继日,还得在教授面前练就喜怒不形于色、处变不惊的本事。在同学朋友之间也有明争暗斗的险恶,或是为了争取一份奖学金,或是为了追求一位心仪的对象。而且日常用品、饮食交通,各个方面,能省则省,所以物质和精神生活都极度紧张。好在有幸遇到许多好心人,帮助我们平顺地度过清苦的留学生活。

当年一到学校,首先张开双臂欢迎我们的就是学校的华裔同学会。在会长的带领之下,所有的老生通力合作,为我们打造"家"的感觉。外子和我飞了20多个小时,头昏脑涨,拉着行李,举目无亲,心情好不落寞无助。没想到那些同学会派来的同学举牌欢迎我们,为我们提行李,把我们安顿在自己家中,并且警告我们千万不要谢他们,只要明年做接机的志工就好了。

同学会除了接机送行以外,逢年过节,也必定会举办联欢会。那时候没有政党蓝绿之分,连两岸三地的留学生也都捐弃成见,同舟共济,把同学会建立成一个大家庭,每个留学生都是这个大家庭的一分子,只想着互助合作,努力创造美好的未来。

参加的第一次迎新时,我们是新生,除了尽情地白吃白喝一番,同时还有机会认识各路英雄好汉。有人介绍买旧车的门路,有人告知买二手用品家具的方式,有人安排周末上超市买菜的便车,有人简报各个教授的怪异习性,对单身的同学还有红娘服务想为他们速配成对。所以虽然当初没有现在的资讯网路系统,但是华裔同学会提供的多种帮助相形之下,毫不逊色呢!

到了第二年的秋天,新生报到的季节,我们依约加入了志工的行列。外子不分早晚,经常到机场接机,迎来新生。我们的破旧居所也有幸接待了不少位新生,短住几天,等待学校宿舍或公寓。在迎新的餐会上,我被分配烘烤蛋糕,一式六大个,前后一共花了一整天的时间。到了会场,大伙儿把在家亲手制作的佳肴饭点端上饭桌，看着同学们大快朵颐，心中感到特别踏实。一点儿小小的贡献，让我们成为这个团体的一分子，我们是一家人，不是客人。

异文化的交流也给我们紧张的学习生活注入了新鲜的感受。在留学生办公室的鼓励之下，我们大多参加了"接待家庭"的活动。原来只是想虚应故事，捧个人场，没想到在美国德州偏远地带的德州佬却是来真的。接待外子和我的家庭是一对年近半百的本地人，有四个年长的子女和一大群孙子女。我们第一次应邀去他家喝咖啡，他们夫妇二人穿戴整齐，并由太太亲自烘制苹果派，色香味俱全。见面之后，我们奉上一个从国内带来的七彩纸制小雨伞吊饰作为小礼物。那位太太当场爱不释手，并且带领我们参观他们所有珍藏的小礼物。

二十多年前，他们的长子留学德国受到接待家庭的照顾，有一次他生了重病，也是在接待家庭的悉心照料之下才得以康复。他们心存感激，下决心把家的温暖带给留学当地离乡背井的学子。在过去的许多年里，他们接待了来自世界各地不同族裔的留学生。他们谦虚地说："其实，我们能做的很有限，却能在年轻人身上学习到不同的有趣文化传统，更加佩服他们努力向上不畏艰苦的求学精神，我们所得到的比付出的多多了！"

在那两年的每个重大的美国节庆，我们必定受邀参与他们的家庭聚会，不是在家中享用大餐，就是在公园内烤肉，都是在欢乐的气氛中度过。那位先生还带着外子和他们的儿子一起去打高尔夫球，耐心地把小白球的技术倾囊相授。可是他们也不只是盲目地宠爱我们，在适当的时候他们还是能恪尽为人长辈的责任。

记得我们第一次拿到交通的超速罚单，心中十分不满，便找他们想方法来逃脱罪名，避免受罚。他们听明白前因后果之后，一反常态，收起笑脸，严肃地告诫我们：若是我们真有超速，若是警察的言行合法合理，我们就应该接受惩罚，并且从中学习，记取教训。我们当时觉得有些不满，有些受伤，但是后来冷静思考，这不正是我们的父母会告诉我们的吗？于是我们不禁心生感激，他们真把我们当成自己的儿女，提供最正确的教导，虽然不太中听，但绝对是正确的。

另外一对令我们难忘的好心人是我们的房东夫妇，他们年过60，在我们20

多岁的学生眼里已经是老人了。也是凑巧，我们由一对即将毕业的香港同学介绍，得知一栋由车库改建的一房一厅一厨一浴的公寓，租金便宜，包水电瓦斯，可步行上下学。我们就立刻打电话约定时间去面谈。这一对老人非常随和，先生粗壮，声如洪钟，太太细瘦，小家碧玉，看似完全不同的两个人，牵手40余年，膝下并无一男半女。他们童心未泯，想尽办法和年轻人交流，就自己动手把后院一角的车库改建改装一番，以极低的租金租给学生。我们相谈甚欢，立刻签订合约，月租仅120元，比我们原本的公寓省下了快一半呢！

我们搬进车库公寓去以后，更发现房东先生的能耐，不论是屋顶墙壁，还是水管电线，各种大小问题，他都能够手到心到，一一解决。三天两头的，房东太太会打电话请我们过去吃晚餐或点心，若是我们功课忙，没时间过去，她就会把餐点打包妥当，给我们送过来。他们两人每日用至少四个小时整理前后院中的花草树木，一年四季，园中各色鲜花盛开。他们鼓励我们摘取鲜花装饰点缀室内环境，于是我们家中经常鲜花不断，满室生香。

外子是学习工程的，但是他对音乐颇有兴趣，会拉一点儿小提琴。他的这个特殊才艺一被房东夫妇发现，就引起了他们极大的兴趣。原来他们两位身体力行"老吾老以及人之老"，隔周六下午会去一所养老院拜访并表演音乐节目，房东先生演奏手风琴，太太弹钢琴，他们邀请我们共襄盛举。从那时候开始，只要我们有时间，就和他们一起去做义工。

那所养老院坐落于小城的郊区，地广人稀，林木茂盛，十分清静。我们先在活动中心内排列桌椅，用鲜花点缀一番，并冲泡咖啡冰茶，最后才拿出香味四溢的自制糕饼。外子随着房东先生游走院中，用手风琴和小提琴的乐声邀请老人来参加我们的小小音乐会。我则随着房东太太欢迎老人，一边闲话家常，一边奉上茶水点心。大约一刻钟之后，活动中心也有八成满了，房东夫妇和外子在众人掌声之中开始表演，一首接着一首的诗歌，乡村音乐，甚至国语歌曲，其中最受欢迎的是《德州黄玫瑰》一曲。我则眼观四面，耳听八方，随时欢迎新来的听众，并且一边给大伙儿添加茶水，送上点心，要是有老人要提早离开，我就过去帮助开门和推轮椅。

表演分上下两个部分，各有30分钟，中场休息时间，老人们有的说些赞美的话,有的提出曲目的要求,有的闭目养神。等到第二部分结束,老人们依依不舍,并且千叮咛万嘱咐,要我们常常去看他们。在感谢鼓掌声中,我们满心欢喜地步上归途,房东夫妇总会说:"感觉真好,真舒畅!等我们'老'的时候,希望也有人会来看我们,和我们聊天,为我们表演!"在一般人眼中的一对平凡老人,竟然能够为那么多老人带来如此多的欢乐和盼望,真是不可思议,也真是我们的楷模。

回想我们的留学生活虽然辛苦,可是能有华裔同学会的陪伴,有接待家庭的帮助,和那对房东夫妇的照顾,使我们能够平顺地度过一切。就在我们离家最远的时候,最想念家人的时候,他们适时地给予我们"家"的感觉,让我们的赤子之心得以满足,这真是留学生涯中最宝贵的经验。

有得吃就是福

年轻时候的我,细瘦轻盈,身体不是很强壮。办好了留学北美的手续后,妈妈送我上飞机的时候,她两眼通红,像是一夜未眠。她依依不舍,叮嘱我要照顾好自己,并悄悄地把一块生姜交给我,要我煮汤的时候用,说这样才能保护我性寒的脾胃。我把那块生姜放在夹克口袋里,在飞机上,只要手一碰到它,我的泪水就流个不停,想家想得厉害。

在檀香山入境美国的时候,移民官员质问我有没有带植物及肉类食品,我心虚地交出了那块生姜。移民官员招来了农产品专家来检定那块生姜,他们说要等两个小时才能够化验出那块生姜有没有带病菌,为了赶飞机,我只好放弃。回到了飞机上,我不禁泪如雨下,好像比在机场和家人话别还难受。外子轻声地安慰我,并且拉着我的手放在他的外套口袋里。哇!我真是太高兴了,我的手摸到了另一块生姜!原来老妈使出狡兔三窟的手法,也给了外子一块生姜,移民官员没有查问外子,这第二块生姜就成了漏网之鱼!

从檀香山我们又转了两次飞机,才到达美国德州西北角的陆别克市,我一路晕机,茶饭不思,但因为手里握着那块幸存的生姜,心里感受到父母的慈爱和家人的支持,这给了我极大的力量,使我精力充沛。下了飞机,学校的华裔同学会派来学长把我们安置在他的家中。学长夫人第三天带着我们去买菜，我一进超市就看到架子上摆满了硕大的生姜，真是喜出望外！回去之后立刻打电话告诉妈妈，美国也有生姜，她可以放心了。

美国的超市既干净又舒适，在留学的两年之内，每周一次上超市购物成了我们期盼的一个活动，在添购食品的同时，还可以散心解闷。只可惜当年财力有限，生活费用除了房租和汽油之外，所剩无几，必须小心花用，才不至于捉襟见肘。经过一段时间的观察，我们发现肉类以鸡肉最为经济，菜类以高丽菜最为实惠，水果则以当季特价品最新鲜便宜。于是无论我们在超市溜达多久，吹多久的冷气，我们的菜篮里永远都是两只全鸡、四颗高丽菜和一大袋特价的水果，这些食物我们大概可以吃上一个礼拜。

回到家后我们得尽快把鸡肉处理好，把鸡腿、鸡翅卸下来，用盐巴、胡椒和姜丝腌上个把小时再蒸熟冷藏备用；把鸡胸肉卸下切片，用酱油、生姜和芡粉快炒冷藏备用。高丽菜则一分为二，剥片风干，一般可以醋溜小炒，有客人的时候可以和鸡肉片大炒。剩下来的鸡骨架可以放入生姜炖汤，用来下面条或是煮面疙瘩都十分鲜美。所以虽然有半年多我们食物的材料总是鸡肉和高丽菜，但是因为配料调味以及烹饪方法的灵活应用，让我们和客人都吃得津津有味，不觉得腻味。

碰上大考或者要赶交报告的时候就没有时间自己做饭了，我们必须向学长们请教生存之道。他们建议买一种名为"阿比"的法式汉堡裹腹，那是两块汉堡面包中间夹着薄如纸片的烤牛肉片，因为没有生菜、番茄，也就不会出水，易于冷藏，经常减价，一美元一个。同学们在考试期间都会大肆收购，外子和我一买就是 20 个，如此一来，两个人一个星期五天的午餐和晚餐就都解决了。配上生菜和水果食用的"阿比"汉堡简单美味，营养健康，是我们功课特别忙碌时期的食物，也是一种奖赏。

记得学校侧门对面有一家墨裔家庭开设的汉堡店，那只是一个小木屋的外卖店，没有座位。外子和我若是遇到值得庆祝的大事，例如考试得到高分或是报告得到教授的赞赏，甚至我们的生日或是结婚纪念日，就会驱车前往购买整套的汉堡餐。然后我们会开车到一个市立公园，冬天的时候就坐在车内，春夏秋天的时候则坐在野餐桌椅上享用汉堡、薯条和汽水。我们一边慢慢地吃着，一边聊着未来的计划、心中的理想，在宁静中享受两人世界。

若是华裔同学会举办活动就一定少不了一顿吃食，我们是一定会去参加的。除了同学们各自表演的拿手菜以外，还有同学会会长从各大中外餐馆募捐来的菜肴点心。会场里满桌子的佳肴，中西菜式、点心，色香味俱全，令人食指大动。留学生们欢聚一堂，大吃大喝一顿，说说唱唱，满足口腹之欲之外，更能一解思乡之苦。固定的聚餐有一年三节配合迎新送旧，其中以中国新年最为盛大热闹，有时还有抽奖发红包的压轴节目呢！

后来我们申请到了助教奖学金，凭着助教证，可以用优惠的价格购买饭票，在学校的宿舍随你吃到饱的自助餐厅用餐。当年没有现在的网络资讯系统，只有靠着住在宿舍的同学通风报信。若是当天的主食是烤牛肉或炸虾之类的高档菜色，我们就会一呼百应，花三块半买张特价餐券，下定决心要吃个够，来来回回吃上十盘八盘是家常便饭。我们十来个留学生分坐两张饭桌，边吃边喝，又说又笑，一直吃到下午三点打烊时分。当然我们当晚的晚餐，甚至第二天的早餐也就都省了。

同学之间互助互惠是天经地义的，华裔留学生之间更是如此。我曾经在学校的学生活动中心打工，开始工作的时候体重才区区 90 多磅，等到半年后辞工的时候体重已经飙升到 110 磅，增长速度惊人是有原因的。一般餐饮部上工的时间是下午四点，在点心部打工的华裔同学会为我们免费做一份点心，而且会为我们自动加料，多两片起司，多一个蛋，多许多肉。打工的时间和下工的时候免费的汽水薯片任我们拿取食用，若是有多做的主食或三明治，也会要我们拿回家，而且是多多益善。在食用过多的高热量美式食物之后，如果没有大量的运动来消耗过多的卡路里，结果是不堪回首的，不但我的腰围大了好几号，连外子也连带遭殃，长了不少赘肉。

俗话说得好，"能吃就是福"，我则认为"有得吃就是福"。在留学的那两年，我们经历了不少挑战，受了不少罪，但是在"吃"的方面却是一帆风顺。可见外子和我还真是很有福气的人。

忆 南 卡

陈碧玉

陈碧玉　生于台湾。1981 年获美国南卡罗来纳州立大学公共卫生硕士学位；1996 年于北加州圣荷西取得护理系学位。现任北加州 Santa Clara Kaiser Permanente 医院血液肿瘤科病房注册护理师。

在大二时刚听到有些同学提到托福及 GRE，这些名词对我来说有如天方夜谭。大三那年，在美攻读博士的姐夫返台和姐姐成婚后，一起返回俄亥俄州。之后姐姐附着俄州迷人枫色照片的家书，让我对留美生活产生了遐想。大学毕业后，随即在父亲的安排下返乡任教国中。在乡间教书是令人称羡的铁饭碗，不过，我始终不能忘怀北国那片枫红梦土的异景。于是我利用寒暑假到台北补习托福及 GRE，顺便打听申请学校的事宜。70 年代末美台汇率是一比四十。即便是州立大学最低廉的学杂费，一年也须五千美元。这对初任教职而且家境不富裕的我是极大的挑战。我一边存着大部分的薪水，又积极赚外快，一边请姐夫准备帮我出具财力证明的文件，以便日后能通过签证。

1977 年寒假我在上托福课时认识外子。他已有印第安纳州立大学电脑系的入学许可。因为我没有申请外子的学校，只得选了已给我入学许可的南卡罗来纳州立大学（University of South Carolina）。双亲标会为我补足学校规定的五千美元汇款，次夏终于与外子一同踏上留美之路。

到南卡的那天，中国同学会会长带着两个男生来接机。他们安排我暂住在一个单身女学长的宿舍里。她很热心地领我去见研究所所长，熟悉环境及了解宿舍申请的进展。最初我不明白为何每次当会长因关切新生打来电话时，她与他攀谈的语调显出格外的兴奋。之后我孑然一身走在校园时，巧遇单身中国男同学，他们都会主动和我打招呼，问我有没有事需要帮忙。

有一天，我正在整理行李，这位女学长，见到一只相框中我与外子的合照。她惊讶地得知我是罗敷有夫，像除掉一个竞争对手般的快慰，旋即打电话给会长："……人家已经有先生了……"后来有人告诉我，原来她爱慕英俊潇洒的会长，愿依会长之意接待新生。我已婚的消息很快传开，到了我急需要人协助时，男生不再那么热心。踟蹰徘徊时，反倒是另一位高姓女学长像及时雨般出现，伸出援手，陪我走出一次又一次的困境。事隔多年，我心深处仍存着对她的千万个感谢。

难忘的大学部女生宿舍

因为研究生宿舍有限，我被分到大学部的女生宿舍。这栋宿舍里的年轻女孩们，叽叽喳喳的十分嘈杂。

开学后的一个夜晚，我正在念书，忽然从楼下传来阵阵铮钺的吉他和叫嚣声，宿舍里的女孩们争先恐后地扒在窗台呼应对叫，有的还开窗往下掷东西。住在隔壁的凯茜告诉我：这是南卡大开学后传统的校园文化。足球队员领着男生们绕到一栋栋大学部的女生宿舍对女生们示意。有些女生们就会把写有姓名及联络电话的胸罩或内裤往下丢。等着捡到这些"信物"的男生来约会。对我来说这是一个震撼，也是我接触到中美文化差异的第一次洗礼。是热情？是开放？

我的室友南茜是个年近60、刑事犯罪法律系(Criminal Justice) 的博士研究生。这个友善的白人大方无私，和我分享她租来的小冰箱及打字机。宿舍里的女孩们似乎与她有代沟，常有人好奇地问我："你和一个老女人住在一起感觉是不是很古怪？"而南茜也嫌她们嬉耍笑闹而经常不在宿舍。

由于房间里经常只有我在，学教育的凯茜有机会来串门子。凯茜说话有浓浓的南方口音。她来自南卡的乡村，正是经典电影《飘》(Gone with the Wind)中故事的发生地。她说她家附近还有南北战争时南军备伙食的炉灶遗址。她古道热肠，像小老师般指导我写读书报告，并作修改。还教我在公用的厨房里烹烤美式食物。

有一次南茜出城不在，我次日要交报告，可是打字直到午夜都没打完。突然凯茜来敲门，她说她听见我还在打字，为我焦急而辗转难眠；她说她打字比我快，是特意过来帮我打报告的。看着金发垂肩，专注打字的她，胸前的一个红痣正如善良的一颗心，宛如下凡来救苦救难的观世音菩萨。报告打完时已近凌晨三点。那幅温馨感人的画面一直深刻地留在我的回忆里。

未来的出路及转系

社会福利问题和政策是社会工作学系研究所的必修课。第一天上课，我却发现自己是班上唯一的外国学生。

在自我介绍时，得知班上的同学都是有经验人士，有的任职于政府社会局，有的在社会福利相关机构工作。老师是用研讨（Seminar）方式上课，又不允许在课堂录音，令我十分困扰。眼见同学们个个对社会政策和社会福利法案了如指掌地侃侃而谈，而我却相形见绌，在这方面的知识概念仅停留在大学时代的层面，遑论去解析美国社会政策对社工界的冲击了。再加上初来乍到的语言障碍，几乎无法参与讨论及写笔记。下课后同学们都匆匆赶回去上班，无法把笔记借给我。为了要配合下堂课讨论的主题，教授指定预习阅读的章节，总是多得令我恐慌。我还要顾及别科的读书报告及考试。这条荆天棘地的道路，令我每踏进教室就痛苦难堪。

我与外子新婚燕尔，万里相隔的思念在所难免。但是"读书求新知和拿学位"就是留美生涯的全部，在这个前提下，我甚至无暇与外子闲话儿女情长及写缠绵的情书。浑浑噩噩地过了半学期，学业渐上轨道。但我却揣度着社会工作者必须在实务的领域中与相关司法体系互动，并要持续关注因社会变迁而调整的社会福利法案，才能为弱势族群谋取最大的福祉，这些都需要语言沟通的技巧，对于一个外国学生未来就业时，埋藏着隐忧。于是我决定在尚有选择余地时转系。

当时校园里弥漫着修电脑的热潮，因为它的前景亮丽，感觉手中拿着电脑程式卡的人特别威风。中国同学圈中,甚至有人津津乐道女生倒追电脑系男生的趣事。由于电脑系的中国人多,旧生可提供修课的经验,并且考古题耳耳相传,也鼓舞了文科学生转念电脑。甚至来陪读的太太们跟着学电脑的先生修电脑也蔚为风潮。有人劝我不妨改修电脑。可是学电脑要有逻辑观念,绝非我未来理想中的职业。

我从小对医护有兴趣,但因台湾的联考制度,未曾如愿。于是我去 College of Health 打听进护理系的消息。可惜因误解要有绿卡才能修课而错失良机。退而求其次,在同一所学院进修公共卫生学系的课。春季班开学前外子转学来南卡与我团聚。他幸运地拿到了在当时算是高额的助教奖学金,每月五百美元并免去学费,教大学部的微积分。我们住在已婚学生宿舍,从厨具到沙发床,都是接收毕业生带不走的家当,一点一滴地经营温馨的家。南卡冬天难得下雪,我却有幸在那年严冬里,第一次见到雪花纷飞。天寒地冻时,窝在自己的小巢欣赏皓皓的雪景,备感有家的幸福。

南卡中国之夜

以宣扬中华文化而举办的南卡中国之夜,是一年一度的传统盛会。晚会主要是表演及美食两部分。所以凡是身怀与中华文化有关的技艺如民族舞蹈、功夫、中国乐器演奏、剪纸及画国画的人,不论技艺娴熟与否,都有可能在半推半就下,上台表演。有过餐饮业经验的人则负责筹备菜单、采买、烹调至上菜等工作。

在会长的统御下,不论是主动或被动,每个人都有不便推诿的差事。为顾及个人的课业及打工,各小组长就分时段派工作。由于这是义工性质,所以没有约束力。记得有一次,有人临时实验出状况而不能来接班。这事引来"不能来怎么不事先请假?"的抱怨。后来也传来当事人回呛:"笑死人了,不能来剁洋葱也要请假?"令人莞尔。

凡是去帮忙的人都有两张免费的晚会入场券。大家都爱邀请指导教授及美国友人。为使节目精彩,同学会向亚特兰大文化办事处借来环肥燕瘦的古装服饰,借由历代中华服饰的演变,把五千年悠久的中华文物介绍给外籍师友。不论他们是仰慕中华文化,或是对东方文化存有好奇心,都会共襄盛举,欣然赴会。

或许因经费有限,那时美其名的中国宴(Chinese Banquet),连番茄炒蛋也上了宴席,真令人叫绝。

校园轶事

南卡的华人留学生绝大部分来自中国台湾,少数来自香港和东南亚。因为有中国同学会每年举办的迎新烤肉及中国之夜的活动,异地打拼的游子有了一分凝聚的归属感。血浓于水的同胞爱使大家都能在生活及学业上相互激励,分享忧喜。

当年大家普遍过着省吃俭用的生活。然而,若奖学金有存余,或打工赚到钱,清苦的留学生最想做的事就是买车。谁若是买了一部车,就立刻引来别人羡慕的眼神,大家不约而同地带着好奇心去瞧那部车。大家虽然手头不宽裕,只能买几百块钱的旧车,还要彼此揶揄比厂牌,引人发噱。

我在南卡时,中国同学圈里的女留学生多于男留学生,风吹草动,频传着男女互动的流言:风闻有些女生对心仪的男生会主动制造机会,如做实验晚归而打电话给男生护送回宿舍以培养感情。更传有一个前卫胆大的女新生,一到校园就要了中国同学会的名册,所有男生都接到她自我介绍的电话,生怕漏掉任何一个让男生认识她的机会。有些女生还会注意到居留权的问题,不断地营造气氛来接近有身份的男生,以身相许,终于成了美国公民。

另一位电脑系的女新生,并不知道读电脑也要下一番苦功,以为可以仰赖班上的单身中国男生过关。没想到虽然可以指点她跑程式及讲解,但无法保证她考试过关,男生们也不想再浪费时间而纷纷走避。她到了火烧眉睫时,甚至晚上打电话到已婚宿舍,接到电话的太太们质问她:"我是他太太,你怎么老是找他?"听说她到处碰壁,不久就转到别州去了。

而每逢迎新烤肉时,在校多年仍待字闺中的女生们,更是精心装扮,个个都比平日妩媚。调皮的男生会竖起大拇指打趣地夸赞道:"你们今天怎么特别的水当当啊!"只可惜落花有意,流水无情,青春一年又一年地流逝。她们有些悄然离开南卡,转去他州校园,寻觅新的机运。

南卡中国同学圈里的佳人才子、英雄美人,的确促成了几对姻缘。不管是因日久生情、被人起哄成对,或是爱苗初萌即奉子成婚的,都是有好结局的喜事。

相形之下也有一些分手的憾事,尤以一桩最令人费解。有一位有奖学金的男同学追求一个女同学。他经常邀她到系办公室陪他做实验,她也欣然赴约。后来系主任发现,系办公室有一笔为数不小的长途电话费,清查电话账单才揭露,原来是这位城府深藏的女生所为。她去男生系办公室的目的,是为了接家人打来但由对方付费(collect call)的电话以便闲话家常。后来她知东窗事发,一卷铺盖,逃之夭夭。只留下无辜受害且前途未卜的男同学为她背黑锅,真是情何以堪。

打工的日子

领有奖学金及在校内长期工读的留学生,并不急于打工。但其他同学多多少少都有打工的经历。我除了在开学注册期间在校内找到临时的工读机会外,有时也帮已婚学生夫妇看顾幼儿。功课较轻松时,我会到校外的中国餐馆当服务生端盘子。那时的时薪只有一美元。如果没有小费,扣除坐公车的车资,实在微不足道。不过在餐馆打工,有机会亲身体验中国人在美从事餐馆业的艰辛。

第一学年的春季班结束前,听闻有些中国同学要在暑假结伴到外州打工。我和外子因彼此皆有姐姐定居纽约,所以学期一结束就坐灰狗巴士直奔纽约。外子当收银员,我在中国城的车衣厂车衣。在车衣厂里又接触到另一行业苦干奋斗的中国人。我们有幸由姐姐们提供吃住,两个月多少存了一点钱贴补学费。打工省亲快乐的时光稍纵即逝。暑假结束,我们依依不舍地挥别了纽约,回到南卡继续学业。

寒窗的苦乐

按说我从文科转到理科岂非苦上加苦？事实上，我对所修的流行性病学、环境卫生等学科有着浓厚的兴趣，忘却了辛劳。夜深人静正襟苦读，寒灯挑尽独不眠。虽然都是新科目，也都能在钻研之后豁然而通，内心喜乐尽在不言中，也使我对考试和毕业都有了信心。

这时的我们，终于有能力花 700 元买了一辆二手车，才得以忙里偷闲开车出游。我们在纽约省亲时，曾在哈德逊河畔钓过鱼，重拾钓竿的兴味盎然。在南卡钓鱼需要执照，一支鱼竿每年要缴六美元。我们只要一考完试，就会去有半小时车程的马瑞湖（Lake Murray）钓鱼。我们常在大地迷蒙的黎明，到达马瑞湖畔。环湖人鸟声俱绝，给人一种恬静和平安的幸福感。虽然一眼望向汪洋浩淼的湖水，拂面的清新水汽，能瞬间涤洗课业的压力和忧烦，但是凝神握竿待鱼上钩，思潮云涌时，又不免会跌入未来何去何从的迷惘里。唯独收竿时，满桶鲜活的鱼跳，可为日子搏节的餐桌添加菜色，那才是我们最大的乐事。我们更远赴 Charleston 市，凭吊南北战争的古战场。看着与电影《飘》里似曾相似的景物，思忖着女主角赫思嘉顽强而坚韧的生命力，这些对刻苦的留学生有不少的鼓舞。

就业之路

70 年末半导体和电脑业在北加州矽谷①（Silicon Valley）相继崛起。公司求才若渴，使矽谷成了高科技工程师就业的摇篮。很多南卡电脑系的毕业生趋之若鹜，一个个被林立的公司以高薪延揽，踏上了淘金的宝地。1981 年外子在毕业前两个月亦接到几家矽谷电脑公司的面试信，并提供所有行程费用。面试后不久，就接到聘书。令人意外的还有公司负责搬家、运车、机票及三个月的住宿生活费等。待学期一结束，我们就穿上借来的硕士服在校园拍照留念。在公司

①　即硅谷。——编者注

频频催促的来信中,顾不得毕业典礼在即就飞去矽谷上班。尚未来得及对留美的学生生活挥手说再见,便匆匆踏上了留学生就业之路。

在美国的生活总是马不停蹄。一别南卡,已经三十多年。寒暑飞逝有如轻舟激流急闯万重山。我虽已实现了当年看来似乎遥不可及的美国梦,但是那不能不归功于在南卡留学时的知识充实和刻苦生活对自己毅力的磨炼。魂萦旧梦里常出现这三十年急流的源头和南卡。而今孩子们已长大成人,日子渐渐回复平静。我和外子又回到清静的两人生活,较有空闲读书、写作或回忆。回忆中的南卡岁月是那般遥远,但是当年读书钻研之乐还清晰如昨。朱熹说:"半亩方塘一鉴开,天光云影共徘徊。问渠那得清如许? 为有源头活水来。"

实现梦想的开始

黄美惠

黄美惠　台湾高雄人，2012 年毕业于纽约市立大学社会科学研究所。曾任台湾高速铁路股份有限公司兴建处英文秘书一职。

2010 年 8 月 25 日是改变我人生最重要的日子，在丧母的一年后，我选择来美国纽约留学，完成我人生最大的梦想。这一天我背着沉重及错综复杂的心情，踏上了美国这片土地。记得那天早晨，我的男友送我到机场，离别时的不舍让我在机场红了眼眶。我俩望着登机板显示的时间，那天正好是他的生日。我回头跟他说："今年我没有送你生日礼物。"他回答："你有。你出国念书，就是我最大的生日礼物！"

此时登机的广播声声催。我拿着行李站在海关入口时回头看了他一眼，他说了一句"不许哭"。我强忍着泪水，边走边看着他，目光一直没有离开他身上，直到海关的墙阻挡了视线。我回过头后，泪水如水龙头般的水奔流而下。我知道这场泪水停不了，我任由它泄洪。别了，家乡！别了，亲人！航厦里，游客人来人往。而我却感到此时此刻没有任何人跟我一同走在这条时间的长廊上；在这条约十分钟的航厦长廊中，我的步伐沉重到感觉好像走了十年。

在飞机飞往美国这漫长的十几个小时里，我在整理我的思绪。我来自台湾，一个从小生长在中下阶层的乡下小女孩，我的父母亲都是在工厂上班的工人，每天他们回到家的时间几乎已经是半夜。在我的记忆里，他们永远都在为生活拼命。长大后，我在一个因缘际会的工作场合，认识了来自纽约回台湾创业的华裔商人，因而开启了我留学之梦的大门。我在他创办的补习班里工作，我和他认识已有十年之久。

记得有一次在上班时，老板问我："我下星期要回美国，你有什么想要的礼物吗？"我回答："帮我带一瓶美国买的可乐。"他说："去超级市场买就好，为何要我去美国买这种东西？"虽然他这样说，但他还是帮我带了半打的可乐回来。看着我收到可乐时的表情，看着我喝了第一口可乐，他问我："跟台湾的可乐有什么不一样吗？"不知是心理因素还是真实的感觉，我说："比较甜，气泡比较多。"心里想，月亮也是美国的大。

从那时候起，他每天都会跟我说一些美国的趣事。他在大学时的生活，美国的种种及点点滴滴。他从我的眼神中得知我对美国生活的渴望，因为他从可乐的事件中了解到我这个小女孩要的不只是这些，于是乎他想要让我一点一滴地了解美国，帮我完成我的梦想，所以慢慢向我灌输美国的一切。

他形容的美国在我脑中不断地浮现出天马行空的想法。当他形容走在冰冷的冰天雪地里时，那股急促的呼气声，让我想起这种感觉就好像当初我在超市打工，在冷冻库里排饮料时那股颤抖的寒冷。台湾的天气不曾如此寒冷。渐渐地这赴美留学的欲望越来越在我心中燃起熊熊烈火。应该说，他是我能来美国念书的一个贵人。没有他，我今天不可能坐在美国的课堂里。后来，他告诉我，他从来没有怀疑过我的毅力，他相信我终有一天会留学美国。

因为童年困苦的环境，我从来没有奢望过要跟别人过一样的生活，更不用说是出国留学。可想而知，留学美国对我、对我家，甚至是全村，是多么大的一件事。我带着许多人的期盼、梦想及责任独立来到纽约。这一路走来分外辛苦，这当中有欢笑也有悲伤，有反对也有支持。当时想要出国就是为了不想在当地贫困平庸地过一辈子。这是我挣扎中的梦想，为了这个梦想我努力了很久。曾经有过很多冷嘲热讽，我根本没有放在心上，我秉持着一股毅力，努力跨进美国大学的校门。

准备留学考试及申请学校的种种是留学之路中很煎熬的一个过程。这个心路历程是我觉得最艰辛的一环，找到适合自己的学校更是关键。我并没有足够的资金来美国留学，于是我着手申请台湾教育行政主管部门的留学贷款。从2006年起，我开始找寻我可以负担的美国学校。我抛开名校迷思选择纽约，因为我评估这将是最适合我的地方，从生活、人文到学校。而 2008 年起，为了能够顺利取得留学贷款，我经过的大大小小的留学考试共有十几次之多，过五关斩六将，终于拿到了留学美国的入场券。

我永远记得我收到学校录取通知的那一刻，所有的思绪和激动从心底蜂拥而上，百感交集，不由得泪如雨下，所有的辛苦及煎熬，在那一刹那间全部化为乌有。因为身体的劳累可以用休息来恢复，但是心力交瘁难以抚平。这条留学之路，我走了整整十年。这十年里，有四年的时间我母亲重病瘫痪在床上。

这段时间，我完全不敢提起我想要出国念书这件事。她的行动不便使得我们全家人要全力地付出来支撑这个家。我无法挥一挥衣袖地离开，我必须跟家人一起奋斗来打败母亲的病魔。然而，那时我的心很痛，我夜夜梦见我无法实现我的梦想，梦见我无法摆脱贫穷。我以为我要放弃了，放弃赴美国留学的梦想，但是心里有股莫名的任性，常常在午夜梦回时涌上来，提醒自己不能放弃。

现在我终于来到了美国，渐渐能体会"老天自有安排"的道理。孩提时代，我常常觉得为何生活总是那么苦，现在看来，正是因为这样的环境，让我学到很多别人不会的事，培养了不怕面对困难的韧劲。童年的苦难经历，让我能够很快适应在异国他乡的生活，在别人眼里认为很难的事，我都觉得微不足道。这样的领悟让我不会怨天尤人，反而能面对留学的艰辛而感到庆幸。我是不会被打倒的小草。

许多朋友担心我贷款来念书会不会压力太大。我从来没有后悔贷款来求学，因为追求自己想要的东西是无价的。我很想把自己的经验告诉大家，我想大声说，如果大家有想要做的事或是梦想，就不要轻易放弃，要勇于尝试。人生只有一次，很多事不能重来。不要让自己有太多的遗憾。我出国前，因为传统思想的缘故，许多人认为依我目前的年纪，所要做的人生规划应该是走入婚姻、组织家庭。但这并不是我要的生活，为了留学这个梦想，虽然我失去了很多，但我得到的更多。有些事错过了就没有办法重来。

于是我选择我想要走的路。我也很感谢支持我的家人。在美国的这段时期，我体验到台湾无法让我体验的东西，所以我每次到郊外游览时拍照的时候都非常认真。美国的同学们都好奇地问我在拍什么东西，我对他们说："在台湾,我的朋友中有许多人像我一样,抱着梦想,却基于种种因素,没办法完成。我希望可以通过我的镜头,告诉大家这里所发生的事情及环境,给他们一点启发和鼓励。"

我不知道我这样做有没有帮到别人,但至少影响了我大侄女的想法。我出国前,对她说鼓励她认真读书的话,她都会反驳。现在,我的照片感染和激励了她,她开始认真读书了。我希望我的朋友们也可以从我所拍摄的照片中,找到走自己路的勇气。回想当初在台湾,我为了存钱来完成留学梦,吃了几个月的白吐司果腹,站在冷饮店门口想着要不要喝这杯珍珠奶茶;更有过靠捏着大腿才能保持清醒、"撑"过高速公路到学校上课的情形,连骑摩托车等红绿灯时,都要小睡那片刻。跟同学逛街,看中一款戒指,不知来回走了多少次还是没有买。每天早晚兼课,一天只睡几小时,只为了多赚些旅费。当时就觉得为何要如此生活。现在,我也是一条吐司吃好几天,走了好几公里的路,只是为了省钱,但是心境是愉悦的。

留学生活并没有像大家想象的那样有汉堡跟炸鸡可以吃,尤其像我这样经费有限。可是,我会省下一点钱去旅游,增广见闻。我到美国是来体验生活的。记得我高中同学在圣诞假期来纽约找我时,我们坐在餐厅吃饭。她看着时代广场的跑马灯说:"如果你一直处在这种环境下,总有一天会沉沦。"我跟她说:"我不会,因为我知道我要什么;而一旦沉沦后,你就无法发现它的美。"

来到美国之后,我有一种重生的感觉。虽然我以前就很向往美国的生活,但是那种感觉是表面的,譬如爱美国的文化、生活形态或是音乐等等。但是生活跟体验是两回事。所以我才有一种重生的感觉,所有的事情在这里都慢慢地迎刃而解。在台湾,不管我再怎么努力,生活压力及经济压力是那么大。我每天都处在惶恐不安中,有一种无法解脱的沉重感。我非常想逃脱这样的生活。二十几年都是这样的日子,现在我终于在留学美国中得到了解脱。

然而在课堂上,老师问我们:"还有和父母一起住在家里的人,请举手。"顿时我脑中闪过从小到大的一切,看着这位白人老师讲着不同的语言,窗外吹来一阵带有花香的清风,操场上低空飞过的小鸟吱吱地叫着……一个穷孩子想到以前的一切和现在,我感到我真的很幸运。

在美国所经历的种种确实改变了我许多。其中让我印象最深刻、最惊心动魄的一件事是我找房子搬家时遇到的。那时，我刚到美国半年，在网上看到一则租屋条件很吸引、符合我预算的广告。我兴高采烈地打了电话去，电话那头的屋主是位老先生。他很热情地回答我所问的每个问题。但当我们约定好要看房子时，他却无法提供租屋的住址。他说，他不想让他的邻居知道他要把房子出租。

这个理由引起我的怀疑，但是想，美国可能有这样的做法。他用电话"指导"如何前往他家，我一边听他在电话中的指示，一边前往。宛如间谍片中的剧情，好像我是特务正在执行一项秘密任务。终于，来到了老先生指定的地点，我站在路口等着他的到来。老先生的穿着打扮令我吃惊，他的人和他的衣服像是许久没有洗过，他的打扮让我记起电影中徐志摩年代所穿的衣服。老先生站在对面的路口招着手叫我过去。当时，我很想要马上掉头就走。但是，老先生亲切招手的动作却让我走了过去，跟着老先生走到了大门口。从房子的外表看不出任何异样，但是他并没有让我由大门进入屋内，而开后门让我走进后庭院。

后门打开时，迎接我们的是一条夹着尾巴落荒而逃的小狗。这只躲在荒无人住的屋子里的野狗让我起了警戒心。当我走进后门时，老先生随手把铁门的把手扣上，这更增添了我的疑心。我开始走在老先生后面，但是他一直拉着我往前走。我数度甩开他，不敢走在他前面。

终于走到房门口，老先生把房门打开的一刹那，我看见门檐上刻着一排看不懂的中国字，门后有一道门帘。一阵风忽然间把门帘吹起，我从门帘缝隙中发现里面乌漆墨黑，伸手不见五指，屋里飘出阵阵恶臭味。此时我大叫一声，说："啊！这房子不适合我。"然后拔腿就跑。老先生见状试图阻止我，但是我突如其来的大叫声让他有些措手不及。我跑到铁门时，紧张的情绪让我开不了门。当时，我深吸一口气，冷静地告诉自己要处变不惊。这一秒钟间，铁门轻轻一扣就被我打开了。

开门后，我头也不回地拼命往前跑。老先生紧追在后，气喘吁吁地叫着："我的房子很好，你一定要看……"我边跑边说："我不要了。"他又说："这里叫不到车，我送你到车站。"我理也不理，拼命往前跑。人在被逼急时真的潜力无穷，我终于跑到街上。下意识的反应告诉我要寻找任何商店求救，但是方圆百里内都是住家，没有商店也没有行人。我继续往前跑，边跑边往后看，就怕老先生驾车出来追我。当后方的远处出现公车的车灯时，我拼命挥手，有如在大海中落水的人看到驰近的船只。

我一鼓作气跳上公车，电话马上响起，一看电话是老先生打来的，二话不说马上关机。我呆坐在公车上看着窗外，一时间还意会不过来刚才到底发生了什么事。微微颤抖的手紧握着电话，心中默念着，一定是在天堂的母亲在冥冥之中帮助了我，助我逃过这一劫。这件事让平常做事都小心翼翼的我，对人性又多了一层见解，也非常感谢那只狗提点了我。

在美国，改变我想法最大的是美国的教育方式。美国的教育方式很显然跟台湾大不相同，每天上课时，同学跟教授都会在课堂上辩论，双方会各持己见，谁也不让谁。在台湾我们从小被训练要尊师重道，凡是老师说的话一定要遵守，不可以狡辩。在课堂上，我是少数的亚洲学生，在这些东方脸孔中，老师看不出我的疑惑。在这样的学习过程中，我体验到很多在台湾学习不到的东西。教授指派给我们的功课都是需要自己去找答案，没有制式的规定，自己可以有主张和意见。不像台湾的教导方式，老师会有制式的典范及规格来教导我们，然后我们就要把它硬背下来及运用。

美国这样的教育方式，一开始让我吃尽苦头。我完全找不到头绪，不知道如何做，也无从问起。因为教授的重点就是要让我们自动自发地学习及发展。同学们的学习态度也让我受益良多，经过这样的洗礼，我受到很大启发。短短一年半的学习，让我了解到人生有无限的可能。

记得最后一个学期的最后一堂课下课后，我从学校阶梯往下走，心中忽然涌出莫名的惆怅。忽然间时光飞回到第一天我踏进校门的时候，一样的阶梯，一样的走道，仿佛是昨天。如今已经是我的最后一堂课，最让我有感觉的是最后一天教授上课时忽然没有句点地说："Now I want to say goodbye."该是说再见的时候了？刹那间我有点意会不过来，心里想着：就这样吗？我终于完成学业了吗？心中的怅然多过开心，因为再也没有课可以上，再也没有教授可以跟我说话。在我心里出现的词汇很多，但我不知该如何形容我的感受。

走回家时,脑中闪过从小到大的毕业心情。我打从国中毕业后就过着兼职学生的生活,没有认真地念书。一直以来,在我心中每一次的毕业都只意味着终于可以去找工作赚钱了,从来没好好感受成长的过程,只想要赶快迈向人生的下一步,多赚点钱。在美国毕业的时候,才知道没有好好把握年轻时的悸动。教授的这句话让我省悟,我以前浪费了许多时间在无谓的事情上。这次的留学是把我真正想要过的学生生活细细地品尝过了。

这一次的留学,我很感谢每个支持帮助过我的人,像是曾经借给我钱缴学费的高中同学,曾经为我介绍工作的大学同学,帮我申请贷款的哥哥,分担家计的妹妹,在背后默默支持我的男友……没有他们我没有办法走到今天这一步。我一直相信相同的付出,一定会有相同的回报。人生的十字路口,选择是一门很大的学问,我经常强迫自己站在人生的路口做选择,因为取舍之间分寸一定要拿捏得准,这也是最难的。

来美国之前,我一直有个美国梦,以为美国是块乐土,没有人间疾苦。留学美国后,每天路上都遇到流浪汉。有人告诉我,这样的生活是这些人自己的选择,没有压力,自由自在。但是我仍然很想帮助他们,却能力有限,只能强忍着恻隐之心。

有一天,我走在街上发现地上有许多的零钱没有人捡。这件事让我这个穷孩子觉得匪夷所思:为什么地上有零钱居然没有人捡?我想起那些流浪汉。一开始没有捡,只在心中默默地数着有多少钱在地上没人要。日复一日,当有一天我数到地上有三美元没有人捡的时候想,美金的三块钱等于台币将近一百块,为何要如此浪费金钱?又一个念头闪过脑海,假如我把地上的钱捡起来,然后把钱捐给流浪汉,那不就一举两得嘛!于是我就展开了拾金之路。

一开始,我也觉得非常尴尬,也会怕路人误会我们这个民族很贪小便宜。后来遇见一个只有上半身的非裔退伍军人,拖着他的上半身在地铁里行乞,看到他如此可怜,让我有感而发地想起我的过往。一直以来,我都以为只有我的成长背景是辛苦的,原来在世界的另一端也有人是如此辛苦地在生活。这个场景在我心里注入一股力量,使我鼓起勇气去做我觉得对的事。

因为这样的念头兴起我从美金一分钱开始捡,慢慢地有一毛钱,直到二十元……同学们都很诧异,为何我会捡到这么多钱。我解释:"因为只要做正确的事而且是无私的。我所捡来的钱不是要私用,而是要捐给需要帮助的人。因为是正义的事,上天便会允许你成功。"下次若你在法拉盛的街道上看到有一个亚洲女孩蹲在地下捡零钱,不要怀疑那个人的动机,也请大家能发挥自己的爱心,用自己的方式去帮助需要帮助的人。

我曾想过,有一天我要把我的故事写下来跟大家分享,因为每个人都是自己故事中的主角。每个人也都有自己美好的故事,不管是凄美浪漫的爱情故事还是励志的奋斗史,每个故事都会留给我们一些美好痛苦的回忆。或许跟别人比起来我的故事没有痛彻心扉,没有缠绵悱恻,更没有精彩绝伦,但是这是一个真实的故事,是我一个穷苦出身的女孩子留学美国的故事,是我实现梦想的开始。

我的留学生涯

程阳灿

程阳灿(笔名屋檐)　籍贯湖南蓝山县。1975 年
获得 Univ of Nebraska 化学博士学位。曾在美国很
多制药公司工作。现就职于旧金山 Gap, Inc. Senior
Database Specialist。

身为一个军人子弟,留学从不在我的人生计划之内。然而,我的大半生竟
然是在美国过的。

想当年大学毕业,被分到野柳去服兵役。当时真正高兴! 离台北这么近!
每个周末都可以回台北看女朋友,乐哉! 更棒的是,不到两个礼拜,我奉命调到
关渡。那离台北更近了。太好了! 女朋友也来看了我一次。我真是天下最快
乐的人了。我不抽烟,所以把配额的烟全送给连长。我的行动更加自由了。妙
极了! 可是,好景不长。两个月以后,我们那一师被调往马祖群岛。我从天堂
下到地狱了!

而我那正在帮我申请留美的女友,告诉我还缺少 GRE 的成绩以后,就送来
了"亲爱的约翰信"。我在马祖,也被调来调去,在西犬、北竿及高登之间,居无
定所。营长见我心神恍惚,好心地准我到台北去考 GRE。对我来说,这一趟回
台北不是有什么必要,也不是很开心的。反正是两个礼拜的假,而且吃住都是
公家包,这对预官来说就是大恩德了。

基隆港下船,就赶快去见女朋友。吃了闭门羹! 我的好友说:"你没搞
头……去考 GRE 吧!"考完回来,在师大旁吃牛肉面。好玩得很,又可巧得很,
居然碰到了另外一个台大的同班同学,于是去她家寒暄了一下。那时她正要出
国。这位同学还会在后来出现。

　　　　　　　　我的留学生涯

回凤山拜望了老父老母。老人家看见儿子哭，我也跟着哭。坐了洋字号回北竿去了。在此时，我还是没想到要出国这回事。退役的日子到了，马上跟着的就是找事糊口。走遍台湾南北，没想到每个接见的人事主任都说："你们台大的迟早是要出国的，我们不能用你。"要不就是："你不会说台语，我们不能用你。"台湾竟成了绝路！只要让我有个留身之处，我都待下来了，我压根没想过出国。真是天下之大，无容身之方寸。老爸爱儿，向朋友借了 2400 元美金，再贴上 800 元美金终身的积蓄，给我办出国了。因为我是在马祖当兵的，所以留考也免了。国家之恩，永生难忘。

就这样，我与一位湖南老乡乘华航 001 号到了旧金山。途中，空中小姐给了他一个洋茶袋及一杯热水。这位老乡把那茶袋撕开，弄得满身都是茶粉。这是我们第一回出洋相。在旧金山机场转机，要等六个小时。饥肠辘辘！时值午夜，四顾无店。那时机场尚未有快食吃店，见不到大 M。看见一台机器里有面包。老乡朋友经过了洋茶袋惊魂，已经睡了。我身上又没零钱。真是虎落平阳，连见到的都吃不着。这是受了第二次洋罪。正是东海黄鱼你不吃，来到金山食无鱼。

终于到了林肯城了。林肯城是美国的几何中心，是内布拉斯加州的首都。找了公寓住下，第二天就去打工了。我得赶快把钱还给老爸。我打工的地方是一个食堂。在礼拜六足球季时客人很多。头一天，女老板说："你把地擦干净，洗碗，洗厕所……"本人兢兢业业弄了一夜，打扫得一尘不染！第二天面包师傅诧异地说："这是我们的饭店吗？不可能！太干净雪亮了。"女老板马上就给我加薪，从每小时一块一毛加到一块六毛，还要替我申请绿卡。钱不容易赚。不过那时鸡蛋只卖到 11 分一打，汽油也只是 14 分一加仑。勉强可以过活，还钱是谈不上了。真是白读四年大台大，飞来林肯打小工。

在美国读研究所是很忙的。越没名的学校要修的课反而越多。教授拿不到研发经费只得教书，那么学生就要修更多的课。研究生都靠助教奖学金活的。我在一个印度教授那打工。由于我从小就喜欢做菜，对做化学品的准备，就好像是做菜，是顺理成章的。我做的产量更是别人的十数倍。老板很欣赏我，就给了我研究奖学金，比助教奖学金还好呢。我跟他学习合作，替他拿到了三个超大的研究经费。就这样我的经济问题也解决了。我就跟着这印度师傅拿了硕士及博士。

毕业时，他想留我下来，他付的工资也真好，比副教授还多。很可惜那时我不懂人事，想他太凶了一点，就没跟他做下去。不然，现在我也是名教授了。这是我留学生涯中的第一个转折点。在我拿到硕士学位的那一年，我跟着大家一窝蜂到加拿大去申请移民。去吧！先得去芝加哥加拿大大使馆面试。我带着太太，开着我们的新金龟车一路开向芝加哥城。路经阿灵顿的高速公路时，可恨的红颈白人把我挤到路外。幸亏小金龟蛮争气的，带的牛肉汤都没有溅出来。有福的人是有的吃的。

终于开到了加拿大大使馆。接见我们的是个心理学家。他百般刁难，说加拿大其实大部分是被冰盖着的，要在加拿大找生活是很难的……此君讲话奇快。最后他问我："我讲的，你都听懂了吗？"我说："先生，你讲得太快了，我一个字也听不懂！"不料这白先生大大高兴，说："你是第一个听懂我英语的中国人。太好了！你通过了。"

好了！这下得开小金龟车上多伦多了。我们是从温索尔入关的。那天是12月22号，已经快到圣诞节了。我想连夜赶到多伦多，第二天就可以去移民局拿移民登陆卡。不料才开了不到十来英里，一声脆裂尖声，不得了了！小金龟车出轨了！它滑出公路两百多尺，牛肉汤还是没倒！妙哉！老婆给吓坏了。四野无人，冰天雪地，可不要给冻死吗？我的心也开始哆嗦了。走到大路边，试图拦一辆车。哪那么容易？手都冻僵了。幸好，呜地！终于来了一台小卡车，上面坐了个老人家跟一个孩童。这简直是天使降临。他们停了下来，问我们需不需要帮忙。这位老人家名叫"Doug Smith"。他带我们回他的家，并请我们一同吃晚餐。他有八个女儿、一个儿子。全家高高兴兴地招待我们，还请我们喝了白兰地。吃完了，就帮我们叫了拖车，花了25块美金。拖车的老板问我们："Doug怎么认识你们的？他怎么会请你们呢？"我说："他请我们喝了一种白兰地，好棒呢！"拖车司机答道："你的福气真好！我们住在这一二十年了，都还没有喝过他酿的白兰地呢！"谁说他乡不如己乡？上帝的门是为爱他的人开的。

往前开呀。多伦多还有50多英里，我们就停下来住在一家客栈了。奇的是这家客栈是一个老广开的。没算我们吃的，房钱也打了八折。到底是同种的！现在大概也碰不到这样的好人了！

到了多伦多，马上拿了一个5分钱要打公用电话给 Lin Pin-Huan。他是从林肯来的朋友。不得了！他给我们的电话号码打不通！找电话簿！居然有23个 Lin Pin-Huan 在多伦多！怎么办？王子下山来点兵吧！点到了就打给了一个林炳煌。这位林炳煌居然欣然同意我们去他家！

这是个台南人，在民航局做飞机保养的。现在全家移民来多伦多。这家人对我们真好！把床让给我们睡，自己睡沙发。当晚叫了一些中国菜来吃。第二天请我们吃广东点心，带我们去意大利市场，买了一条超过25磅的大白鱼。而后我们去拿了移民登陆证。真是风水轮流转，台南也出好人呢！回到林肯请了众朋友来，把这偷渡进口的鱼大吃了一顿。以上是我来美国头三年的巧遇。

1985年我被邀请回台湾参加会议，为十大经济建设研讨而谏言。往后看来，蒋经国先生当时这十大建设是极有眼光的。现在台湾的交通、环保、全民保险、炼钢、造船等等都是受益于这十大经济建设呢！政府大力地争取我，安排了一个极好的工作机会给我。而我却左思右考，没回去。这是我留学生涯中的第二个转折点。

我在美国中西部的一家大药厂待了下来。之后，我与几个志同道合的科学家开了一家公司，专注老人痴呆症的诊断研究。科学家的素质都是很好的，有一个后来还得了诺贝尔奖。然而，一年半以后，投资的人被告入狱，公司瓦解。我就又没工作了。因为我会制作神经细胞，这也是另外一条路吧，我就自己开了一个制造神经细胞的工厂。市场销路还不坏，很多药厂及政府研究所都来订单。生意正要起步，正要转运了，天公却不作美，培养的神经细胞被污染了。公司马上倒垮。在十天之内，我掉了二十二磅。一年之内倒两次霉，天不我予。婚姻也破裂了。真是宋江到了清风山，处处是难，步步维艰。

往后，我走的路可是艰难的了。老爸爱儿，寄了一万美元给我。在台湾的兄弟姊妹们也寄了五千美元给我。真是烽火连三月，家书抵万金。我就用这五千美元学了一门 COBOL 及一点 C，八个星期以后，就开始在电脑这行打滚了。做的工，有的是全职，有的是临时的。我去过美国东部、东北部、南部、中西部和西部。

来美已经四十多年了。这是一段漫长的日子。我转了许多行，化学、癌症、诊断、制药、老人痴呆症、银行、保险、投资、情报、反恐……吃了许多苦，体会了不少人间冷暖，尤其当我在绝路时，连在美国的两个有钱的妹妹都一毛不拔，让我有看破红尘的感觉。从小以来，我都想要知道一个答案。我做了一辈子的科学家，看了很多发表的文章，上面的结论都说，"还有更多的工作要做"。然而在科学界，我得不到一点点答案。对人生，我只感到一片空白。

我前面不是提过我在台北遇到一位台大的同班同学么，后来我们又联络上了！她在大学时，也曾邀请我去过校园团契。现在，她问我有没有兴趣，我跟她说："是的，我想到上帝那儿去找答案！"就这样，我开始走上基督的灵路。我也受了洗，也去神学院上课了！我感觉到有上帝的爱及圣灵的感动，我觉得神还要我在这个世界上做些事。也许可以在医药上，继续研究糖尿病及老人痴呆症的治疗方法。

虽然我曾被台湾的医学院放逐，在美国的医药界吃瘪。然而，今后的路，有基督的带领，我将不再犹疑。主将带领我完成一些大事。阿门！

（外一篇）

留学"奇事"

程阳灿

虽然，我到美国来是不得已的，但是，既来之则安之。我就好好地体会了一下美国的自由、丰富和自在的生活。我在美国遇到一些常人难得碰上的"奇事"。虽然都不是什么大事，却为留学生涯增添色彩，令我一直难以忘怀。

话说我到了 Lincoln, Nebraska，友人送了我一部车。我就在四周漫游。首先参观美国的农场，看到了一望无际的玉米田。高高的玉米秆，每一株都有一个半人高，并有一二十只玉米生在其上。灌溉用的水管，长达一英里之远。如果不是亲眼看见,是无法想象的。

身为 Nebraska 大学的学生,占了一些便宜。原来,Nebraska 大的美式足球队是当时全美的冠军。我们的办公室就在足球场的西边,八楼,正好俯览全场的球赛。Johnny Rogers 在一场比赛中,在自边的场地,0 码,接到了 punt return 的球,一口气往前直奔,闪躲,100 码,直达对方底线。Touch Down! 这是我所见到的最精彩的一次 Touch Down 了。

"中华民国"友好访问团访问姐妹城 Ames、Iowa。我们去看张政芬女士平剧演出《齐天大圣》。由于与张女士有亲戚关系,我在后台帮忙,也在后台看戏。戏正演出,一帮人士大摇大摆地走进场地,正要作乱,我立刻向张女士报告,在旁演戏的人员一听,马上说:"不必找警察了,我们就去把他们带走。"于是,一场无谓的扰乱得以避免。当时,也有很多由台湾来的学生,热心地参加免费餐饮招待。真没有人想到,竟然有人来倒场。美国每年都在明州举行生化学会,有一年,我也去参加。正好有一位台大的同学发表演讲。演讲发表之后回答问题,由于太紧张,不但全身是汗,并且,将挂在身上的扩大器也扯断了。

毕业后,我到了 National Institute of Health(NIH)工作。由于住在 Washington D. C. 附近,经常有人来玩,我们就经常陪伴着他们,游博物馆、参观 Jefferson 塔等。当时,我的太太经常头痛,不能生育。我便带着她,到一位 endocrinologist 那里去看。他发现了我太太有 Pituitary gland(脑下垂体)瘤,prolactin 增高,脑神经及视神经都受到影响。于是,他们便利用了全世界第一个脑下垂体的 CAT scan。以后,便根据这结果,动了手术,医治了头痛的毛病,我的太太也就能生育了。这是我经历的一个奇迹。

有一年,NIH 的全国癌症年会在 Daytona Beach,Florida 举行。我们开完会,便到海边去闲游。见到有许多人开车到海中。我好奇,也把车子开到海中。正不出所料,我的车无法经历这样的刺激,它不肯发动了。我正在四处张望,不知应该怎样求救。说时迟,那时快,四位彪形大汉,全身古铜色,毛茸茸的,一声不响地来到了我的车边。我正以为他们可能是抢劫,他们抬起我们及车子,就往岸边走去。把车子放在较硬的沙地上,往前一推,我的车就又可以发动了。我吓得头也不敢回,赶紧离开这个奇异的海中之旅。

此后，我们由 Washington D. C. 出发到 Houston，Texas。出发前，油价是78 分一加仑，三天后到达时，油价已涨到了 1.50 元。那时，正值卡特总统在位，美国经济萧条，全国通货膨胀。虽说经济不景气，然而在这个旅行中，正是国庆纪念日，由 Mississippi 到 Tennessee 一路的高速公路上，全都是焰火漫天，好似白昼，喧天价响，美轮美奂。

另一年，我去了 Las Vegas，整夜灯火辉煌，夜不闭户，吃角子老虎、掷骰子、跑马、二十一点……白天搭飞机去参观 Hoover Dam。赌城到底名不虚传，无可比拟。在 Galveston，Texas，我们用钓鱼线挂着鸡脖子，就可以抓到螃蟹。但是，那天不知何故，我将肥猪肉炸香，用作鱼饵。没想到，上百只螃蟹接连不断地爬到我的钓竿上，让全部朋友都惊讶万分。原来，螃蟹们也爱吃肥油啊！

在 Houston，Texas 时，我们还开了一间冰激凌店，每天生意平平。一天夜里，我正要收摊，进来了一位小伙子，手上拿着一把 22 手枪。我就问他："你拿的是真的枪吗？"他说："是的，是真枪！"我就拿给他 22 块钱。他说："还有没有？"我说："我又不知道你今天要来，我就只有这些了。要不然，我还可以准备多一点给你呢！"他也无法，笑笑走了。事后，我才醒悟，我竟然已经被抢了！事后，我们决定将冰激凌店卖掉。一个星期天，一位买主驾到，那时，正好有一两百位客人来到店中。我有许多热情的客人，他们都很爱吃我做的 Banana Split，有的特地从老远的邻村来买。见此，这位买主立刻欣然买下这家冰激凌店。

这时经济仍然萧条，我就转身到了北边芝加哥去找事。家人却没有同行（造成以后离婚的隐因）。经历了一些飞行惊险记，因为那时每周，我都会搭飞机去休斯顿。一次，正飞在半空中，突然，飞机直线下降了 5000 尺。我正以为大劫难逃之时，空中小姐却安慰我们说："这是常事！"又一次，飞机在跑道上正要起飞，突然间，机门却掉了下来。好在飞机尚未起飞，还有机会停机，不然，多半没命了。

一个周末的晚上，我一人出去饮酒作乐。小喝三杯以后，我在回家的路上，被老警拦下。他问："你在 A 街，为什么闯红灯？"我辩解："我没有闯红灯啊！"他又问："你在 B 街、C 街，为什么也闯红灯？"我说："我不记得啊！"他又说："你为什么这么多次都闯红灯？"我就说："我今天是第一天上班，办公室都很歧视我这

留学"奇事"

个中国人。"他就说："对，我也不喜欢我的工作。"我说："有这种事？我们就去喝杯酒，谈一谈吧！"于是我们就去谈了一个钟头，喝了两杯老酒。他说："好了，以后别再闯红灯了！"他就送我回到家了。

1985年，我的老爸老妈来玩，我带他们到 Washington D. C. 去玩。走在高速公路上，被警察拦下。他说："年轻人，过来，到我车子上来。"我去了以后，他说："年轻人，你开的是什么车子？怎么可以开这么快？"我说："这是 Tredia, Mitsubishi。"他就与我闲聊了一阵子，就问我："我退休的时候，是不是也应该买这种车子？"我说："对，这种车很好，可以开得很快的。"他笑一笑说："年轻人，不要再开快车了！"就把我放行了。

这一类的故事，我碰到很多，要说也说不完了。现在，让我说一件在我生命中比较重要一点的事吧！

1987年，我开始发现自己有糖尿病的病症，我的体重也超重很多。而且，工作时间也很长。有一天，我走路上班，发现自己气喘如牛，累得不行。我就对自己说："我一定要每天走路，每天走 500 米。"以后，我又增加了每天 75 个伏地挺身。并且报名参加了第二年的马拉松赛跑。这是第一次。马拉松的当天，我看到了一位老太太，我问她几岁了，她说，她已经 100 岁了。当天，参加跑马拉松的人有三万七千人。如果五小时还跑不完，就有巴士来接你到终点。一路的街上，有种族各不相同的人们，替你欢呼、慰劳，每半英里都摆设食物、糖点及水。然而，却没有厕所，每个选手必须就地解决。我跑到第 22 英里时，就好像碰到了墙壁，路上也立起了"WALL"的牌子。这时，就要靠极大的毅力。终于，4 小时 42 分时，我跑完了。我感到我把一生要跑的路都跑完了。

2007年，我去 Morgan Stanly 做事，先要在 New York City 受训。每天中午必须经过 World Trade 广场及 Plaza One，感触良多，我就感叹地向上帝祈求世界的和平。

四十年来，美国的自由、丰富和自在都已经经历过了。虽然我自己仍然存在，美国却不再自由、不再丰富了。退休金缩水，汽油价格高涨入天，健康保险也难以负担，需要考虑在台湾的全民健保了。该不是到落叶归根的时候了吧？！

留学社会篇

何乐而不为

徐秋月

　　徐秋月　1988 年毕业于美国柏克莱加州大学交通工程研究院,获硕士学位。1994 年代表联合国发展国家总署,为中国培训工程师用计算机设计高速公路。1998 年创立美国工程设计公司 YXA。1999 年曾任奥克兰市长办公室外办主任。2005 年创办UCTC。

　　从加州政府预算出现问题以来,交通违规罚单的金额涨了三倍,警察的工作热情空前高涨,好像我每次驾车出行,都会有闪着一排鬼火的警车护驾。罚单吃得我饱了又饱,一年不吃饭也饿不死!

　　我在南加工作时,遇到长周末,就开车从洛杉矶回旧金山湾区的家。一次回家之前,有个纽约的朋友来洛杉矶看我,他在半月湾有会,我在奥克兰有会,我们回家兼开会,早早上路,两人边说边笑,开得飞快——五号公路,200 多迈的直线,不开快车真是既耗油,又浪费公路的质量!突然警笛长鸣,一张罚单,超高速。没什么了不起,我们又回到原来的话题上,从北京聊到美国,从纽约聊到旧金山,从股票市场聊到出书、拍电影、写自传……突然,我又看到了后视镜里的不速之客,星期天,大清早,警察怎么这么勤快啊?我心里不是滋味,摇下了车窗,恳求道:"我们赶去开会,你们今天已经给了我一张 ticket 了,这张就免了吧,我们一定不再开过 75 迈了,我保证……"那顶大檐帽下一脸严肃:"Miss,我会打电话给下一个 county 的 CHP(加州高速巡警),如果你今天再拿第三张罚单,你就不能开车了,我们要送你进监狱。"以后的几个小时,没了讲话的情绪,换我的朋友开车。因为车速太高,必须出庭。请假,来回开 300 多迈,住旅馆,交两张罚单的罚金,法官说:"……我知道你这辆车开 100 迈也没有感觉,可是我还是得给你开罚金……"那个 trip 叫我额外损失了两千美金,恨得咬牙切齿,至今难忘。

一天晚上从旧金山总领事家里的 Party 上出来。心情很好,一面开车,一面唱歌:"雁南飞,雁南飞……不等今日去,已盼春来归……"结果没有盼来应归的大雁,却在海湾大桥的尽头盼来了一位一身警服的"企鹅":"今天晚上就有二十几名巡警在这桥上等着你这样开快车的主,没看见施工慢行的路标吗?""啊?我只开了 65 迈啊!""现在只能开 45 迈!没看新闻吗?"后来我才知道,不久以前,就在前面 S 形的施工暂行桥上,一辆大卡车由于速度过高,冲出弯道,撞破护栏而跌入大海,并引起了一场官司。

有个一起跳舞的朋友要我送他回家。路上警告我,我们这里只能开 35 迈,你要小心。半夜一点,警察应该在梦里吧,我想。哪知下了高速公路没有几分钟,"老朋友"就又来了。"我的车速枪上显示,你开了 40 迈……"半夜一点矣!大山里,四周黑黝黝,静悄悄,我真想骂人。那位朋友很不过意,坚持要陪我上法庭,要以我行善事,半夜送他回家为理由为我辩护,说不然她头昏,会开车撞死别人。不管这理由成不成立,我倒也想去试试,第一次,面对法官,有理没理也硬是说了:"Not guilty."(我没罪)法官定了三个月后开庭的日子。开庭那天我忘了这件事,和朋友约好去他家唱歌,临行前,感觉这个日子在记忆里有点什么事,离开庭还有两个小时时,突然想起来了。"My god, today is my court date!"赶快打了一通电话,抱歉不能去唱歌了,又找到要为我辩护的那位朋友,要他一定准时赶到。

那个小法庭,只能坐大约 150 人,按规矩,只要那个警察不出席,我什么也不用说就赢了。我一排一排地看过去,只有三四个穿警服的人,我记不清那个"老朋友"长什么样子,看看哪个也不太像,心里暗自庆幸着!我的名字 X 打头,一般都排在最后才轮到我的案子。没想到法官第一个就叫我的名字。毫无准备,走上前去,站在那里面对法官,开始叙述那天晚上发生的事,法官阻止了我:"你说你无罪,今天你有什么改变吗?"我当然说:"No."法官又说:"那么你不要讲话,我又没问你。叫这位先生先讲。"这时我才注意到旁边站着一位没穿警服的警察,就是他,原来他来了!我的气又上来了。他的话讲得飞快,不到半分钟，就听见法官问我："你同意他讲的吗？""啊？他讲的什么，我连听都没听清楚。"法官笑了一下说："他要撤诉。你有意见吗？"当然没意见，我有病啊？

我回头看见我的朋友满头大汗的刚刚赶到。出了法庭，礼貌地谢谢那位撤诉的警察，又好奇地问他："你既然给我开了罚单，今天又是为什么呢？"他说："我把你签字的那张单子给搞丢了。"原来是这样！欣喜中我给了他一个拥抱，哈哈大笑地说："Thank you so much！"

我吃罚单的故事并没有就此结束，没有想到的是，后来的罚单给我带来一段值得回忆的经历，真是"何乐而不为"啊！

几个月前，半夜 12 点，也是跳舞回来，右转弯上高速，街上寂静无人，右转专用道，没有停车的标牌，我想是可以不停车就拐弯的。就在我刚转过街角，头顶上像拍电影的镁光灯"啪"的一闪。心想不好，鬼警车虽然不在，鬼摄像机可没有放过我！美国的设备实在是好得不是地方。一个小小的信封里，寄来了我的大照，照片拍得还不错，就是我，赖也赖不掉。那一"啪"就替警察局赚了 486 美元的罚金。

气也没用，还得动动脑筋。我给法院写了一封信，对法官客气一番，以交通工程师的身份，建议改善那个街口的交通标志；最后言归正传，表示没有钱交罚款，要求法官免单。免是不可能的，不合法。法官判我为非营利机构做 48 小时的工，并寄来了附近非营利机构的联系地址。一看，有一个是"Vallejo Music Theater"，太好了，大不了去收门票，去带位，不但不交罚款还白看演出。马上写 E-mail 去联系，并说明我喜欢唱歌。很快有了回音，比想象的还好，联系人说他们正在准备一个音乐剧，演员都是 volunteer，问我是否有兴趣？本因住得太远，哪个华人合唱团都去不了，这回不但不用交团费，不用每周过两个桥，来回开 160 多迈去练歌，就在家门口，和美国人的"艺术家们"一起，玩玩，唱唱，免去罚单，一举两得，何乐而不为？

说起来我也可以算是"老侨"了，来美二十六七年了。但讲到对美国文化的认识，却又是另外一回事了。来美国旅游、观光、开会、考察、短期培训等等的走马观花就不用说了，他们的收获不过是拍照、shopping 和一口袋回去之后不会再去翻的所谓"资料"，再就是 Las Vegas 灯红酒绿的繁华了。即使是在美国生活了多年的华人,由于语言、文化、机会等等的限制,也大多是生活在自己的圈子里,和美国社会没有真正的接触,即使是读了学位在美国人的公司里、政府里工作了许多年的,也是局限于业务上和生活中礼貌性的来往,在文化层次上很难说有什么深一些的感觉和认知。我基本上属于后者。

大多数的女性像水一样,对环境的切入和溶解是比男人要快得多的,作为单身女人,接触、了解的机会多了一些,又由于我以前参与的一些社会活动,我自认为,对美国人的了解,相对于大多数华人来说,还算是稍稍多一点点,深一些些的。

文化的力量是超出我们的想象的。就像人体的细胞液,默默地,无声地,而又无可抗拒地主宰着你的生命。初来美的五年中,像从压力锅里刚刚逃出来一样,除了经济的压力之外,主要的感觉是自由、轻松,看到的是蓝蓝的天、绿绿的树、红红的花。再过五年,生活就绪,更觉得潇洒、豁达,开始为自己的小成就骄傲。再过五年,有意识地拼命享受生活,结婚、生子、车子、房子,忙得不可开交。再过五年,基本的"美国梦"初见模样,再仔细看看电视、电影,开始觉得无聊、庸俗,音乐更是难以入耳,开始感到美国人的所谓性格开朗、不拘小节,不过是头脑简单而已,这是他们的文化造成的,一个不过两百年历史(两个百岁老人的经历),生活相对平静得多的民族,在文化上是不可能有多少深度的。我曾经认识一位 IBM 的高级主管,他和我交往的目的是拓宽他的视野,了解更多的人文,用他自己的话来说:"Every time, I met a person like you, I feel all my roots got shaken up, I have to rebuild myself afterwards. . ."我们交往了半年多,当我开始为他解释一些和历史、社会环境相关的人的心路历程时,这样的内容超出了他的理解能力,他的回答是:"You Chinese people are too complicated."他用了"complicated"(复杂)这个字,是稍带贬义的,如果说是"sophisticated",那就是细腻、丰富、深刻了。

这个"何乐而不为"的义务排演,倒是一个不打折扣的、实实在在考察美国社会,学习美国文化的好机会。我以前参加过为政治人物助选的活动,那种场合里,人们多多少少都戴着一层面纱,语言也好像是插着标签的,每个人说的话都像是事先录好音的,除了层层人物的神秘程度不同以外,你看不出任何人与人之间的区别。至于艺术界,除了在电视上看过奥斯卡颁奖——明星们浓妆艳抹,袒胸上闪着各种世上稀有的宝石的光彩,走过红地毯,镁光灯闪个不停,女明星们的拖地长裙常常令我担心,要是哪位不小心踩了上去,将会发生什么样的场面——别的也就所知无几了。这回不同,这是民间的、义务的,资本主义社会里,金钱权力无边,驱使一切,最难理解的怕也是这"Volunteer"的艺术团体了,他们会演什么样的剧目?什么样的表现形式?为什么要演?演给谁看?卖票吗?赚钱吗?演员们真的没有 pay 吗?我带着一大串的问题,眼睛里闪着好奇的光,来到了指定地点,报到。

Vallejo 是美国西海岸的一个海港,曾经是美国的海军基地。这个城市以 Blue Collar 著称,意思是居民大多是蓝领阶层,造船工人。美国城市的市政府实际上是和 Corporation(集团公司)一样,经济上自负盈亏的,他们的收入来自税收,特别是房产税,然后市政府用这些钱雇警察、市政工程师、消防救火队、图书馆工作人员,资助本市的学校教育等等为市民服务。作为海军基地时的 Vallejo 曾经红火过,后来美国削减军费,海军基地关闭了,Vallejo 的鼎盛时期也就一去不复返了。20 世纪末,这里开发了我目前居住的"Hiddenbrooke"小区,据说这个小区是经过 Vallejo 市政府 18 年的规划,终于于 2001 年建成的,正当电视台频频报道这一新建的,围绕着世上最难打的几个高尔夫球场之一的城市乡村式的漂亮小区时,纽约发生了美国历史上从不曾经历过的,好莱坞的恐怖片编剧也不曾想象过的"911"事件,投资者的信心第一次受到了无可言喻的打击,美国经济的崩溃也就随之不期而至了。"Hiddenbrooke"的房价经过了五六年的连续高涨之后,一再滑落,房主们纷纷要求降低房产税,Vallejo 的市政府再也无力支撑,成了加州第一个宣告破产的 City Hall。

"Vallejo Music Theater"坐落在离海边不远的一个 shopping center 里。出了 Hiddenbrooke,一路开过去,市容略见荒凉。第一个接待我们的是一位胖胖的女士,见到我们前来,非常热情,显然是有人已经打了招呼,说明会有新鲜血液注入他们的演出团体,而且是 Chinese。我们填了演员的表格,提供了身高、体重、鞋子的号码、衣服的尺寸等等,还拍了照片。接下来,一位很和气的女导演 Mrs. Adele Margrave 接待了我们,了解了一些演出经验之类的基本情况后,进行了声音的 audition。我不怯场，凭着一点点声乐的基础，唱了支英文歌，顺利地过关了。小小的排练室里，中间摆着长方桌，演员们三三两两地走了进来，年龄不等，形象不一，男男女女，还有小孩子。和我以前在中国见过的演出团体不一样，这些人都很随意，不修边幅，闲闲散散，语言上也是肆无忌惮，打情骂俏，也有演艺界那种特有的高傲。后来才知道，他们在一起演出已经十几年了，演出过不下十个剧目。

这次演出的清唱剧的剧名是"Vallejo Follies"，是写 Vallejo 的历史的，编剧就是那位女导演 Adele。她本是戏剧专业出身，现在在医院工作，为此剧，她花了三年工作之余的时间研究史料。说是清唱剧，但是没有作曲，选用了几十条百老汇歌剧和电影里的音乐，填词而成。剧本以一个记者和一个送信的报童为主要穿插人物，利用变换时空，把历史人物和现代人物同时放到一个舞台上来对话，基本上沿着历史的脉络，从不同的角度向观众呈现 Vallejo 的风貌。

序曲用的是美国人家喻户晓的"Maria"，来歌颂这个美丽的海滨城市。第一幕就从 Vallejo 市政府的破产讲起，小报童给名记者送来了一条消息，一条令人难以置信的市政府破产的消息，当然不相信，一通对政府财会人员的调侃，说他们经常出错，这次也不会例外……接着历史名人一个接一个地出现，西班牙绅士 Admiral Vallejo 曾经是 Napa 北至 Calistoga 的土地拥有者，一位军官 Captain John Frisbie 很得意地娶了他的大女儿，成了这片土地的主人，他用岳父的名字将这个城市命名为 Vallejo，他规划了城市的街道，并用美国五十个州的名字来为这个城市的街道命名。学校、教堂到处都是 Mrs. Frisbie 的设计，这位从坟墓里跳出来的将军夫人，在台上洋洋得意地赞美着自己的丈夫，并且和他争执社交的权利，最后被记者赶下台去……一位在旧金山大地震中失去亲人成了孤儿流落到 Vallejo 的舞蹈演员，用自己的一生为 Vallejo 的孩子们带来艺术的熏陶、美的享受……一位曾担任市长职务 15 年之久的女市长格外受到人们的尊重……战争爆发了，Vallejo 被选为美军西岸的海军基地，这里曾经创造过 17 天造成第一艘 96 米长的 Destroyer(海军攻击舰)USS WARD 的破纪录的奇迹，远方的工匠们慕名而来，Vallejo 为战争的胜利立下了奇功，战争也为Vallejo 带来了繁荣……

在众多的故事中，有一幕令我吃惊。"Lower Georgia Street"，海军官兵，造船工人高度集聚的城市，出现了应运而生的"红灯区"。海员们下船，到一种叫"Locker Room"的地方，脱下军装，换上便服，去酒吧喝酒，去舞厅跳舞，也去享受那千古不变的、天经地义的男欢女乐。"Lower Georgia Street"在几十年后的美国东海岸的什么地方，还在被人们津津乐道地谈论着，向往着。让我吃惊的是我们的导演竟然把这样一幕毫不修饰，甚至骄傲地搬上了舞台。对比于某些人对历史的肆意篡改，美国人一切为我所用的做法令人钦佩，参与这个活动以来，我第一次对美国人对历史客观、坦率、诚实的态度，和对人性的尊重以及对生活如此单纯的热爱，由衷地感到佩服。

导演兼编剧、编舞、歌唱演员、舞蹈演员、音响、服装、道具……所有的人都是 Volunteer，大家下班之后，不辞劳苦地跑来，兴高采烈地排练。就连我这个本来目的不纯的投机分子，也时时被他们热爱艺术的纯情所感染，尽我所长，帮助导演做一些事情。这些业余演员也有相当好的音乐修养。一个男女声四重唱，四个人拿着谱子，当场就完成了，和谐的美声，毫不费力。这里最引起我注意的是一家人家，年轻夫妇带着三个孩子，女儿大约 13 岁，儿子 9 岁，还有一个在地上爬的小 baby。先生饰演剧中的主角——记者，他的儿子演那个小报童，很大篇幅的台词、歌词，都背下来了，演得很好。和他们交谈后，才知道，小姑娘已经当过三次电影演员，演过多场各式剧目了。大家混熟了之后，这位漂亮的、年轻的太太 Sheala 骄傲地告诉我，她和先生是在这里相识的，是她先生把她从前男友手里硬抢过来的，三个孩子都是在这剧团里长大的；她也导演过一个剧，她离不开这个剧场，她的第二个孩子是剖腹产，星期一孩子出生，星期四她就回到了剧场……我听了，吃惊得睁大了眼睛，一句话也说不出来。他们全家每天晚上都泡在这个剧场里，我问她："孩子们不去学校上学吗？"她告诉我，他们不相信学校的教育质量，他们的孩子都是接受 Home education，他们认为自己有能力给孩子最好的教育，比如这排练和演出，孩子们受到的教育不仅是音乐、艺术，更有英文、历史以及社交能力的培养。

我是在北京长大的。以往的生活方式让我们习惯了，甚至于依赖"群体生活"，一方面我们不会像美国人那样"享受孤独"，另一方面我们也缺乏"独立"和那种绝对的、顽强的"自信"。

两个多月的排练结束了,演出很成功。但是我没能参加"Vallejo Follies"的演出,一方面我已经完成了48小时的罚工,更重要的是我要参加旧金山中央地铁的工程设计。想到这么多意外的收获,如果再有类似的机会的话,我还会去乐而为之的。

崇明知青

刘元本

刘元本　上海人,纽约大学理工学院电气工程硕士。1977 年开始任职于美国 AT&T 贝尔实验室。1998 年和 2003 年先后于 Telcordia 和 IBM 公司两度退休。

"好啦好啦,神经病,勿要再唱了。啥事体那么开心? 听侬唱,阿拉隔夜饭都要呕出来。"

陈建平接到爸爸来信,得知申请就读纽约语言学校的 I-20 表已经寄到。他喜不自胜,又唱又跳,对同寝室下放知青的取笑,毫不在乎。

他将目光对全寝室所有人扫视一圈之后,得意地说:"我要成万元户了。"边说,边学着样板戏《智取威虎山》里杨子荣那样飞腿、转身。

"不,不对,应该说是腰缠十万大洋的陈建平! 嘿,谅你们不懂,英文中没有'万'这个字,所以'十万'要说 one hundred thousand,'一百个千'。嗨,一百个千啦!"

这个陈建平在崇明农场劳动之余,靠一个半导体收音机跟上海教学电台学了三年英文,不时喜欢卖弄。

有知青机灵,轧出苗头,人从床上弹起,一把抓住建平的领子说:"小赤佬,给我讲老实话,阿是侬'洋插队'有消息了?"

建平笑了笑没有回答。因为他很快要和这土插队的地方说再见,而且是永远。

建平到了纽约。对他来说,读书是借口,最多不过是副业,打工赚它"一百个千"才是正业。他一脚踏进职业介绍所。

"懂英文吗?"介绍所工作人员问。

"懂点。"

"请随便说几句。"

"嗯……北京烤鸭叫 Peking Duck,上海春卷叫 Shanghai Spring Roll,东坡方肉叫 Braised Pork,左宗棠鸡叫 General Tso's Chicken。辣叫 spicy,酸叫 sour,但酸辣汤叫 Hot and Sour Soup,不叫 Sour and Spicy Soup。客人吃完饭,要问客人,菜都可以吗? Is everything OK?"说了一大堆,骤停,等回答。工作人员笑了,知道最后一句是双关语,意思是问:"我陈建平英文可以吗?"

"一切 OK。你菜单很熟啊。"

"哪里哪里。我把菜单当作唐诗,从上海背到纽约。"

"好! 明天上班。不过你不懂广东话,只能去外地餐馆打工。"

路远,多花点时间怕什么,有钱赚,"哪怕是火海刀山也扑上前"。建平全身真气流转,心里锣鼓铙钹齐鸣随京胡涌上一片豪情。

样板戏对那个年龄的知青太熟悉了。

找工作,顺利得不能再顺利,可是饭店营业不佳。建平上班第一天午饭时间,前后四个小时,只来了一个客人! 厨师久久没菜可炒,无聊,拿了炒锅和铁勺,用身体推开门,从厨房出来。一踏进外面饭厅,就嚷嚷:"怎么回事,生意那样差,连一个鬼影子都不上门!"边说,边用铁勺把锅敲得当当响,就像从前在街上卖艺的敲锣帮场子一样。

然而,那位仅有的客人,吃完饭,坐着看报,还没走。等大厨眼光扫到有客人在,太晚了。话已出口,弄得大厨自己、老板兼收银员、侍应生等都非常不好意思,全体僵在当场。

听起来好玩,实际很苦。侍应生是靠小费过日子的,工资只有一块钱一天。客人少,小费少,收入就少。并且收入少也只能忍着,没有工作经验,跳槽很难。初来打工的多多少少都受过这种苦。

一学期过去了。语言学校是季度制,每三个月一学期。第一个学期学费,是他舅舅在他来美前预付的,现在需缴第二学期学费了。以他的收入,在付了房租后,所剩无几,无力负担这学费。他想"正正好好",何不就趁这当儿,书不念了。人都 30 岁了,全时全力打工赚钱才是正道。

不读书光打工不是建平临时起意,而是他来美国前在崇明农场就和珊珊一起商量好的。打算在美国苦两年,存够钱,就回去。现在就等和舅舅打个招呼,到底拿的是 F1 学生签证,是舅舅给担保来念书的,想他不会反对。

正好舅舅打电话来。建平说了情况后,完全没料到舅舅根本不同意。"不念书了? 你来美不过三个月,身份就黑掉了,叫我怎么对你爸爸妈妈交代?

"舅舅,念书怎会不想,但我是 68 届初中毕业,实际上是小学毕业水平,不是念书、念学位的料。"

"但当时不是你自己书念不下去,而是大家都停学上山下乡去了。"

"我打听清楚,这里社区大学,可以补习中学课程,学费又很低。你应该给自己一个机会,先补完中学课程,其实只要补代数这一门课。至于之后学什么专业,你可选择,我也已经为你盘算过,等你来了再详细说。一点眉目没有的事,我不会要你去浪费时间的。"

建平还想说什么,马上给舅舅截掉了。"不要再讨论了,就这样定。你才来美,不熟悉情况,我说了算。一年后,一切由你自己作主。如念书,学费我付。你现在就去学校把 I-20 转到我这里的社区大学来。"

"这里有人去学校办理。只要没念满一年的,学校要收费美金一千。""一千就一千,那学校是做生意,辛辛苦苦把你从大陆弄出来,总要赚点钱。钱,我会马上寄给你。"

唉! 该说的说了,再多说也没用,等去了后看情形再说吧。

纽约市离新泽西州舅舅家开车不过一个半小时。美国交通发达,到处都差不多。只是新州外出要自己开车,不像纽约有很多公交车。

昨晚舅舅同他说了很多话,他最听得进去的是,等他考到驾驶执照,给他买辆二手车,由他自己开车上班上学,那味儿多好,说给崇明同学听,他们不要羡慕死。哦,珊珊来信说,崇明农场散了,上海知青都回城了。她在医院给牙科医生当助手。

学校离家只有两英里路,建平想着昨晚的事,骑着自行车,没多久就到了学校。办完转学手续,问清在学校打工的情形,觉得工资太低,不想干。他立即骑上车,去与学校相邻的苗圃。刚才来校的时候,看到那里有招工广告。想,我从农场来,别的不行,倒腾泥巴,一流。

进苗圃,说明来找工作。只见两个男人正欲挖起一棵相当大的树。那得将周遭泥巴和延伸出来的根都除去,让树根只连着一个很大的泥球。再用麻布包紧树根和泥球,将树拖出坑外,准备出售。

虽然已是初春,气温还是很低。工作着的那两位,猜来都有250磅以上,赤裸上身,阳光下,汗珠闪闪发光。其中一位,停下工作,说:"我们是要雇人。工作就是挖起这二十几棵树,有顾客下了定。时薪3美元。"说完,把建平上下打量一番。

建平5英尺10英寸,180磅。昨晚洗澡时,曾对着镜子,弯起小臂,像健美先生那样秀过肌肉。现在看到这情形,知道厉害,想还是乖乖地回去学校申请食堂那份工,时薪2.1美元,少点就少点吧。

转学注册、食堂打工都已搞定,看回家还早,决定上图书馆,做他最最喜欢的事——读新州交通规则,准备考驾照!

才进图书馆门,赫然看见一个东方人。他们同时问对方:"你是中国人吗?"那时,当地华人极少,看见东方面孔很亲切。交谈之下,建平知道他叫邓锦生,66届高中毕业,原是奉贤知青,算是"脚碰脚",同类人。

"你怎么会到这里念书?"

"叔叔住在附近,要我到这里念书。"

"打算学什么?"

"电脑。"

"电脑是新学科。你怎么想到的?"

"叔叔说的。他还说,现在电脑行业香。它不需要多少中学知识,离开学校久了,书忘了,不要紧。很多原来学中文、英文、营养,甚至政治、音乐的各式各样行业的都改行学电脑,很多都出了头。"

"你叔叔在哪里做事?"

"BBL实验室。"

建平听了,心想,我舅舅和你叔叔同一个工作单位,同一个思路,看来电脑真的不需要多少中学数理化,倒不是书呆子们自己书念得好,以为鸭子企鹅都应读电脑一试。

书念了也就念了,只是很辛苦。大专水平社区大学一般只要念两年,而今已三年半,建平尚差七个学分,利用暑期三个月修课补上,总算也可以毕业了。

建平想,学位快有了,尽管只是大专的,两万美元,合十万,就是一百个千的人民币,也有了,还是见好就收,回上海去吧。原来和珊珊说好的,两年,存够钱就回去,现在已经四年了。总不见得再用四年去读完大学本科,就算我愿意,珊珊也不会愿意啊。女人经不起"等"!

但事情发展比想的还顺利。珊珊来了信,说她来美签证批出来了。

在离开上海前,建平找朋友算过命。那时年轻人很风行这套,好玩,不收钱的。那位朋友说,照面相看,他初到美国会比较辛苦,34 岁后,转走眼睛运,学业、婚姻会有很大起色,叫他好好把握!

可不是让"算命先生"说中了!

珊珊的申请被美领馆拒绝过好多次了。一般说,被拒绝过一次,没有新的理由,是不会被批准的。这次,珊珊把他们三年多时间里往返的情书用七根黄丝带结成大大一捆,交进美领馆,说了黄丝带是她未婚夫寄来的,也许因此感动了承办和审批的人。

建平把珊珊从机场接回"家"。那时他已独立另租居处。房东是印尼华人,将一栋三卧室"分层"式的房子,分租给三个学生,建平是其中一个。建平没租单卧独门独户的公寓,无非是为了节省开支。

从第二天开始,建平就驾车陪珊珊游览了纽约一些景点像自由女神像、世贸中心、联合国大厦等,也去看了尼亚瓜拉大瀑布。他在高速公路上,把车开到时速 85 英里,让她感受飙车的乐趣。秀给她看,车有巡航系统,放开手脚车能自行按设定速度前进。接着又陪她参观了他所念的大学、他打工的饭店,并让她在那里做了两个小时工,当作体验生活。让珊珊看看美国,看看他在美国的生活。

他舅舅请了建平和珊珊在自己家里吃了龙虾大餐,红的龙虾、金黄的玉米,颜色好。用了吃龙虾的工具:钳子和钩子。这一切都很普通,只是表示诚意,想当时大陆出来的人,因为没见过,会喜欢。

珊珊来美的第七天是星期天。周末饭店生意红火,打完工,已很晚了,建平拎了她喜欢的"蜜汁火腿"回家,希望今晚能和珊珊商定一个结婚的日子。但在走到他自己房间门口时,他傻住了。只见房门开着,电灯亮着,里面没有人,但床上、桌子上、椅子上、地上到处都是东西,像被抄了家一样。眼光扫到枕头上有一封信,赶快拿起来读。

"两万美元是过去式。大学本科毕业,有绿卡,是我现在要的。我够狠,够美,有信心能得到。女人总得为自己多打算一点。原谅我不辞而别。不要找我!"

读完信,建平觉得背后好像有人,原来是邻室同学知道事情不太对劲,特地过来看看有没有什么要帮忙的。他轻轻地慢慢地告诉建平,怕刺激他,你女朋友,呃,珊珊下午被一个戴眼镜的男的接走了。

34岁,你走眼睛运!

建平迷失了。好,你狠! 来美后,为了你,我在这花花世界,不近女色。现在你找了你的,我为什么不找我的? 两个月不到,就和一位在纽约打工做侍应生的同行谈婚论嫁,女方家长请他吃饭。他们住在纽约布鲁克林的一个老楼里。楼梯上有痰痕,进门前就不爽。开始用餐,主人拿出一瓶啤酒,三个人分。建平见杯底那么一点点酒,心想这哪里是喝酒,就是以前在崇明当知青,穷成那样,啤酒也不是这样喝法。

他猛然想到他并不爱她,但图她是美国公民,结婚后,可解决他的绿卡问题。他谴责自己是"不要脸吃软饭的变种"。

认清了自己,他想起邓锦生。66届的邓是国内真正读完高中课程的,早就毕业,转去了四年制新州的M州立大学。向邓借到了他在M大的全部笔记讲义和平时测验或期中期末考试题,并再三落实了在M大,哪些教授给分松,哪些喜欢"当"学生。心想,他妈的,老子大不了再四年,总可弄到M大大学本科文凭。凭文凭找工作,搞绿卡。何必正路不走,走邪路,说不定哪天碰上鬼,永世不得翻身。

珊珊离他去了。多少辛苦挣来为支持和她共同生活的钱,好像也不再有意义了。他不打工了，愿把全部积蓄贴进去，早日拿下 M 大的大学本科文凭。

"个人奋斗"的意志和决心可激发出无比的能量！和大家一样，他两年就修满全部学分毕业了。在最后一个学期，公司派人来学校招人。他认清自己喜欢和"人"打交道，成绩不是很高，适合做电脑"销售"方面的工作，不适合做技术含金量较高的"开发研究"工作。明确了自己的长处，他成功地把自己推销了出去。一家电脑公司聘用了他，也答应给他办绿卡。

在毕业典礼那天，他舅舅参加了。正式的毕业典礼结束后，学生和他们的情人、家长、亲戚朋友一起散在校园各处拍照，以留下莘莘学子人生道路上这美丽重要的一刻。

其中之一的他，陈建平，36 岁，身边没有女人，账户上没有钱，穿着学士袍，带着学士帽，有一丝兴奋，一丝颓伤。舅舅同他说，你现在有大学本科文凭，有身份，有年薪两万的工作，是钻石王老五，去登个征婚广告，恐怕上海美女会像云一般涌来，任你挑啊！

话音才落，珊珊从树后走到建平前面，说："我应征。这两年我先在车衣厂打工，然后在牙科诊所做帮手，就等你这一天。""你够狠！""我心地够……""美"字还来不及出口，已给建平吻住。

作为长者的舅舅，为这来之不易的一幕，眼泪盈眶，背过身子，走开几步，好让小两口亲热得放肆点。

然而身后的他们松开了。建平两手按着珊珊双肩，眼睛对着她眼睛，问："你离开那天，把你接走那个戴眼镜的男的是谁？"

珊珊举手伸出食指刮刮他的脸说："男人都是小气的。那是你舅舅！还不快过去谢谢舅舅。"

建平被刮得不好意思，拖着，最后还是走到舅舅面前说了："谢谢舅舅。"

"不。该谢珊珊。编剧导演都是她。"

"不。平，要谢，先得谢你自己。从小学程度开始到大学毕业，这六年的书可是——你——念的啊！"

我的世界
——我们母女的美国魂

韦 薇

韦薇 助女儿留学美国,放弃香港事业。曾是中国作协厦门分会会员,从香港到美国是资深教育工作者,推广中文教学,现居纽约。人称"鬼才女"。发表过《月亮》、《一碗汤》、《深渊的梦》等。

你知道,我为什么非让女儿留学美国? 我也放弃了赚钱的机会,一心到美国?

《上海的红颜遗事》的作者陈丹燕在写这本书时,把自己反锁在与外界隔绝的招待所,三餐快速面。这本书后来在香港卖到断市。我的一位日本朋友打长途来求我帮他买两本,他说他父母是上官云珠的影迷。陈丹燕写完后一两年内都沉浸在上官母女的悲剧中。我亲眼看到无数游客在上官的纪念碑前鞠躬、流泪;我亲眼看到大小书店络绎不绝的客人排队买这本书;我亲眼看到图书馆里很多人在上百度网查找这位明星的风采……

于是,一股强烈的创作欲望产生了,我不仅是上官的后代,而且长得跟她极像。在上世纪70年代末,中国一个沿海小城市里,我真的是一个美女,唱歌第一,歌舞团主角,住的是全市最大的豪宅"莺歌楼"。慕名来我家又唱又跳又奏乐的人越来越多,比我大20岁的老骆接受不了,软硬兼施地求了又求。为了肚子里将要出生的女儿,我放弃了歌舞团的工作,当了外贸秘书。

没想到,被称为才女的我,乐极生悲。在当时的中国,出名不是件好事,一个可以置人于死地的罪名从天而降! 得意的我竟然想离婚,婚没离成,悲剧开始了。我遭到和姑姑一样的待遇,在大牢里,竟然和死刑犯关在一起。我吞钉、割腕又绝食,很快我成了一个思维混乱的疯女人。

雪上加霜,六岁的小女儿找不到妈妈了,还被人指责是"坏女人的女儿"。她经常在梦中梦见自己掉在洗衣机里,身体被搅啊搅啊搅……什么力量支撑我活了下去? ——我自己也不知道! 我亲爱的妈妈死了两年我才知道,牢狱中有几个干警知道我太冤,给了我具体的帮助,也是我活下去的一个原因。

我终于熬到了出头。中国的刑法删去了那条荒谬的罪名,我获得了自由。但六年多的损失找谁去要? 我满腔的悲愤,化成了强烈想翻身的愿望,祈求上天给我们母女公平和幸福。大难不死,必有后福,我不信我会永远惨! 一个名字一个电话号码在脑海里出现了! 肖元和陈小云用自己的力量,不计及我任何好处,给我办了去香港的通行证,是双程证。我激动地哭了,我的机会终于到了。如果在香港,我也不行,那我死路一条,命该倒霉!

四十多岁的我带着一万多元人民币去香港闯了。我很穷,但我的决心很大。想想吧,几乎死过一次的人,还有什么怕的? 我庆幸牢狱生活给了我超人的力量! 哦,我相信,我姑姑冥冥中在帮我。我刚去香港和打工族一样,每天干十二个小时,什么都要省。一天住观塘的陈医生开着车来找我,我们都是香港福建同乡会的,虽然我祖籍江阴,但我最后是从厦门出来的。他大声地笑喊:"你的好运来了! 陈玉书要见你。"他把我带到了尖沙咀宝勒巷。

大名鼎鼎的保良局主席注视了我一会儿说:"像,真像!"我说:"我不是上官云珠的女儿,是侄女。她也姓韦。"陈先生告诉我,他对上官云珠很了解,也很欣赏,更是同情。他说:"你是她后代,我当然要帮。"他请我在半岛吃午饭,讲了两小时。他是从五十元起家,现在是亿万富翁。他一手帮忙陈冲留学美国,又走红美国。我的心差点跳了出来,在他给了我一张支票的时候,他语重心长地说:"新移民想翻身就看头七年!"这句话成了我的启蒙金句,终身受用。我拿这钱在香港注册了公司的第一个项目——语言艺术节。

与此同时,我的亲大姐探亲去了美国。

我问在福建读大学的独女:"现在妈妈在香港路子多了,你有什么想法?"女儿说,她不可能对人一一解释妈妈是冤枉的;她受不了很多人的眼光,想离开福建,离开大陆。希望到美国或加拿大留学,当然最好是美国。往事让我痛苦不堪,我决心圆我女儿的美国梦。只有这样,才能渐渐赶走她童年的噩梦。我心中的愧疚也许会减轻一些。

留学美国的悲欢喜哀

我有钱了! 有车有房子有经纪了! 马上向美国的姐姐求援,她热情地一口答应:"我帮自己的外甥女,应该!"接着,她提出几个费用: 广告费、时差造成的半夜接电话辛苦费、车马费、茶费、像样些的衣服费……这个费,那个费,我记不清有多少名目的费用,我全都答应。我想,这不过分,心里只有感激。我绝不省钱,我不知道怎样才能让我女儿去美国。

老天不负我,真的,有一个美籍华人带着他的优秀儿子来香港找我了。我放下一万元的工作不做,买了三张飞福州的机票,请他们去玩两天。他们答应了。那个优秀儿子一见我女儿的长相、思维,又见她能讲普通话、英语、粤语、福建话,又是福大大学生,如痴如醉。他对我说:"非你女儿不娶!"

我以为万事大吉了。谁知,一场"战争"开始了。

我那亲大姐,先是叫我"考虑",她想参与我的艺术节。我向她工作的那个小小的中文台发了正式函。为了帮助她一个刚到美国又是新工作的人,我在艺术节的顾问一栏、在陈玉书及李娟赞助了艺术节十万元的两个人名旁,加了她的名字。可是,她又说她想真的来。我拒绝了,理由如下: 1. 她还没有美国的身份,出境麻烦。2. 她回去被炒掉工作,怎么办? 3. 来回路费吃住加报酬,是不必要的开支。六位评委已定,都是名人、公务员,不拿报酬,只拿纪念证书,而她又不会粤语和英语,挂顾问最好。

再说那优秀男孩,真的回美国办好了一切手续,交待了工作,就去中国了。他的外表、身材、学历、家庭条件,都无可挑剔。我女儿和他有缘有份,真有福气,苦尽甜来! 正当我以为大家都会为我高兴时,我接到一个令我终身难忘的电话,是姐姐激动的声音:"我今天遇到男孩妈妈,她怎么知道你坐过牢? 还说不认识你,只认她爸爸及她爸爸现在的老婆。你啊,他们很可能会在美国团聚,你一个人哭吧! 她儿子还带了礼金去,钱给谁? 给她爸爸? 那我的钱,我不知向谁要。你女儿来美国后,你要给我四万美金,这是行情价!"

我被这个极煽动的电话震住了,以前在牢里犯过的精神病发了。我不知怎样办,恐惧笼罩了我全身,七天没吃一粒米!当时的丈夫 Pete Ho 实在看不下去了,沉默了几个月,他爆发了,吼道:"你们的美国梦该清醒了!你坐牢是冤的,中国已取消了这条可笑的罪名,你姐姐难道不知道?不是她就是你女儿那边的人乱讲,讲到美国去,太过分了!还有,你姐姐帮自己的亲外甥女,是在做生意吗?再者,她只是帮登个征婚广告,已经给了那么多了,还要四万?这不是抢吗?足见美国的华人很惨!不去美国会更好。你忘了吗?你一切都是香港给的!拿香港身份要 650 万港币,拿美国身份是 50 万美金,不到 400 万港币。比一比就知道哪一个对你更有价值。你自己想想吧,再发美国梦,要出人命!叫你女儿也来香港吧!这样的姐姐不要更好!"

接着,他又写了一封长信,当然是责备我亲姐姐的。我又第二次大难没死。

那时,我开始为自己反省:为了圆女儿的梦,我差点把命搭上,不值!想开了。然而,亲情所在,我怎能不想。我怕女儿的婆家真的不认我,我晚年孤独,怕女儿离开我,又怕离了婚单身拿不到美国 VISA……太多的自私想法涌上心头,占了上风。千不该,万不该,我非常错误地写了我想女儿不去美国的信,并仍寄姐姐处。姐姐当然兴奋地把信送到男孩家,女儿就在这样的凄惨气氛中到了美国!除了男孩对她好,她的日子难过极了,被骂成是"骗美国身份的坏女孩"。

事后,女儿感叹:"妈写信,出于听人挑拨,因你出了钱的。但大姨为什么要这样破坏及诬蔑我,把刀子捅进我身,图什么?那家只会英语及粤语,大姨如何和他们交谈?全是她自己瞎编的!你没头脑?"我惭愧啊!女儿在医学院读心理系,成绩很好,唯受不了侮辱。忍无可忍,物极必反,女儿离开了富裕的家,放弃了医生而进了纽约"社会大学",一度是纽约很牛的摇滚女孩!

我理解她,她独自一个闯荡了五年,她自豪,没有一个华人能做这工作!她练成了极漂亮的美式英语,同时又没忘记汉语。我为她骄傲,她一张口,就让人感到她语言的功力。她在纽约已经是如鱼得水,她能教警察,也能教小孩,能组织摇滚乐队,也能在大公司当优秀翻译。美国最大的音乐节 Coacheiia,很多等

我的世界

购买门票的老外,在外面排了一条街长;而女儿一个电话,经理马上给她送来两张 VIP 的票!大家就这样眼睁睁地看着这个娇小的中国女孩背着书包大摇大摆地走进后台。

我继续在香港拼。听人说,去美国签证很难,女儿又不做医生了,没交税,也不能担保。她想了一个主意,替我登了一则征婚广告。于是很多大陆到美国,又好吃懒做的华人,跑来香港找我。一个叫高伟的向我求婚,为了来香港又要三万美金,花了我不少钱。我感叹,美国华人这么穷!为了去美国,为了看女儿,我决定冒险!可我刚给了钱,就碰到我学生的家长,一名律师。他说假结婚危险,又说如果那人要离婚。我的身家会少一半!又少了好多钱!律师又教我,先去欧洲、加拿大、日本走走,再去签。我照办了。

等我去花园道后,那天的签证官给了我十年 VISA。他断定我会回港的,因为在美国,我根本不可能一年赚这么多钱!我高兴极了。

有一年女儿白天在医学院做翻译,晚上在她所在的胖宝贝 Fat Baby 俱乐部上班。最牛的事,女儿曾当过格莱美音乐节的嘉宾。我向《世界日报》投稿,是她帮我打的字,那篇稿子被采用了。在美国十二年,她受了很多委屈,但也上过天,摘过星,带过乐队巡演全国,读过名校,但读的更多的是社会大学。

现在女儿又回到了地上,脚踏实地地在一家大公司里做翻译,还有不少老外在她家里学中文。上个星期我在美国过生日,她送来了昂贵的水晶胸针,感谢老天!她是一个优秀的留学生,她今天已经融入了美国,她属于纽约。她介绍过好几个美国人向我学中文,都称赞我教得好。一到周末我常常去女儿处,看看她和她的小狗,和她英语对话,做一点中国菜吃。

我还帮她翻译文章,在中文方面出一点点子。今年我培养了两个才艺大赛季军,香港给了我本人才艺大赛冠军。但我现在最自豪的是我女儿,她是北美留学的胜利者!

她过过一筐土豆吃一个星期的日子。可是她没有向人低头,老天让她苦尽甜来。她说除了交税以外,她要存一笔钱,年底要和我一起回中国看看。这个美国化了的女孩子,我听了太感动了。她没有忘记中国的语言啊!你们知道吗?男孩的妈妈竟信了我姐姐的话,朝女儿脸上吐口水,骂她寄生虫。我女儿离开富裕之家,去找自己的价值,本来她可以回中国,来香港找我,不用吃苦,几年后一样来美国。也许她像钢琴家朗朗,选择香港?啊,命里注定了她是做美国人的。宁可吃那么多苦!不过她的电脑里存了美国乃至欧洲的明星给她的资料,哪个留学生有啊?今天,我能不为女儿欢呼?

记得我第一次入境,第一次来美国,在拿行李时,没有任何人向我要行李票,我看到和我完全一样的箱子,提了就跑,机场门口,女儿和我的朋友阿青开着车等我。

到了女儿的家,我想开箱取衣服洗澡,一看,糟了,打不开了!怎么回事?阿青好心地帮我打开了锁。我看到全是一些陌生的衣物,分明是亚洲穷国家老太太粗陋的衣服!我的一些貂皮、狐狸皮、毛料少说也值几十万的。我急了,女儿冷静地说:"妈,你的行李票在吗?如果不在了,我们凭航班和证件去机场向他们要回来,何况行李票还在!"我们立即把箱子绑好,放到车上,开往机场,很顺利地取回了自己的箱子。

然后照人家行李上的地址打电话过去,对方是韩国人母女。我们半夜三更把箱子送到那家门口,我们母女还下了车,记得我鞠躬,很真诚地说:"I'm sorry, I make a mistake!"她们当场说:"That's perfectly alright."女儿累了,笑着说:"Bye bye!"啊,我要补充一个细节。过关时,随身的箱子里有一枚胸针,老外问我,我只说:"To friends gifts."一个上海人来了,知我来自香港,罚我285元美金!女儿说有的华人很坏,我信。你知道吗?那家韩国人三天后竟然来勒索,被我们用智慧对付了!当时如果把她们的东西扔掉,或送回机场才对!在美国,不能害人,但也不要太好人!在香港用血汗赚的钱,来美国要守住!!

结尾

我托过房东,带一封信给我姐姐,因为她晚上在中文电视广播,信里说:"我的老公和我的女儿都已经是美国公民了,老公常常问我,你不是有个姐姐吗,为什么不出现呢?我们去看看她好吗?姐姐,你不是常常说人生苦短吗?提过去不愉快的事情是一种伤害,我们往前看吧!我几次托人找你,是我太傻了吗?

但我是真心的,血脉的亲是最亲的,让我们合眼的时候没有遗憾吧!"可是她只抄了地址,无情地把信退回了。是不敢反省自己? 不敢面对我们? 74 岁了,家和万事兴啊,我盼此文化解十年仇。一个主持,连自己的亲人都不要,不可思议!

今年,我们一定要回香港看看陈玉书,看看李娟的工厂,看看半山会所和我的学生;我要回江阴看看上官云珠和父母的墓。我要骄傲地说:"我们吃了很多很多苦,今天我们已经苦尽甘来。"我的胸口上佩着古典胸针,照镜子我已经有了一些白头发,操碎心的我,含着眼泪,笑了……

上官的儿子灯灯带女儿关关来纽约,我女儿请他们在高级餐厅吃饭。她说我女儿太棒! 女儿让我操碎了心,但我晚年的窝定在美国。我和我的老伴感情很好,无论在世界哪个角落,我们也不会分开。根在中国,魂在香港,但是心,绑在了美国! 我想回去看看朋友们,小云、肖元,没有你们,我到不了香港,圆不了女儿的美国梦,我也来不了美国。今年我和美籍华人 KwAi Chan 结婚了。我们爱美国,但很想去厦门看你们,再看看我在上海的童年故居。几年后,老了,走不动了,就吩咐女儿,我的身体就埋在美国吧!

桑榆之梦

唐宏甲

　　唐宏甲　江苏人。皖医主任医师，301耳研所客席教授。斯坦福大学访问学者。2004年获总统奖状，创福音听力、耳鸣中心，义诊10年。

梦由

自我记事起，就常听行医的父亲提到他的两位美国老师：一位是江阴福音医院的李克勒（Liclor）医师，他是一位坐轿子（出诊交通工具）行医的美国医师；另一位是上海基督复临安息日会老靶子路疗养院（解放后的海军医院）的米勒尔（Miller），他是一位较早就提倡素食的美国著名医师。

当我还是一个初中学生时，常听到"美国"两字，是从大姐的口中。那时，她在江苏镇江桥头镇教会学校读书，常带回来一些有趣的故事：她的一位美国女老师拉珀丝（Rabos）怎样管教寄宿女生，调皮的她们又如何捉弄这位美国老小姐等等。

直到抗战后期，我就读重庆磁溪口松堡三育研究社（学院）时，教我们英文的是葛立德师母（Mrs. Greaty）和她的先生葛立德牧师。恩师们不仅教我们知识，还教我们如何去爱人、助人。他们身教重于言教，曾无私地资助过我和其他学生。

基于家庭、学校教育，从幼年到青少年，耳濡目染，终于孕育了我的一个甜美的留学"美国梦"。

梦变

1945 年抗战胜利，我只身搭民船，并帮船工划船安抵上海。1946 年在上海，与"三育"教我"分析数学"的黄老师相遇，他正忙着为赴美留学筹备资金，向我借了一百五十美元，并允诺他抵美后第一个就为我办入学手续，其师母排我后。那时，我因半工半读积攒了一点美元，也是为自己留美而备。

翌年，接到黄老师为我办就 PUC（Pacific university，基督复临安息日教会办）的入学通知书。适时，内战正酣，时局危急，人心惶恐。身为长子的我，不忍别双亲，涉洋西渡求学。加之，经亲戚介绍，认识了一位秀外慧中的女友，即今之老伴。那时的我，真可谓"不要江山（学业）爱美人"！除上述二因外，还有一机遇可代之留美，那就是教会选送七位学生入读上海圣约翰大学，我是其中之一。于是，我入读圣约翰大学医预科专业。

转瞬间，时至 1949 年。从此，海峡分割，兄弟阋墙。留学梦的美国，成了"美帝国主义"。"崇洋媚外"、"美蒋特务"等帽子已压得我窒息，哪还敢冒天下之大不韪，"叛国投敌"？！

圆梦

时光如闪，一晃四十多年过去了。改革开放给我带来了生机，1988 年由中国内耳专家姜泗长老师推荐介绍，我，一个年逾花甲的老学生，到美国加州斯坦福大学做访问。同年 12 月 31 日，我偕老妻从上海搭机先抵洛杉矶堂姐佩玉家。七天后，我只身乘灰狗（Greyhound Bus）至斯大医学中心耳鼻喉头颈外科报到（1989 年 1 月 10 日）。内子一周后到斯大。

说来也真难为情，我俩也算是高级知识分子，竟然无力买两张飞机票。为了圆我的"美国梦"，无奈何，只得硬着头皮，厚着脸皮，四处奔走，绞尽脑汁，想方设法筹资。也不知费了多少口舌，"烧香拜佛"，医院才批准预支我一年薪资（一千多人民币），余则向诸亲友们借了几千元，合计约一万元人民币。除掉两张飞机票钱，囊中还剩八百多元。就这样，我们来到了一心向往、酣睡不醒四十几年的"迦南地"——美国。

从未负债的我们，为了圆"美国梦"，竟背了几乎是天文数字的债。那时，神州大地改革开放，先富起来的人被称为"万元户"，而我们却是负债的"万元户"！为了还债，内子不得不放下中学高级教师（相当于副教授级）身份去当Babysitter，在斯大图书馆打工挣钱还债，约半年打工所得辛苦资，才还清了全部债款。

再说，我初到斯坦福，当时的学生会长许，帮我安排在研究生楼，与一位博士生合住一个 bedroom，我暂住客厅。第二天正式上班，Dr. Willard Fee 就指着他桌旁放着的约一尺多高的资料说："这些都是控告医生的，要我评估。"我不解其意，也没敢多问。

当他带我参观手术室时，室内温度很高，他劝我脱掉毛衣再穿隔离服。我因毛衣内袋里缝了八百美元，不敢让它离身，只好说，我不热。谁知，不一会儿，大汗淋漓，不得不如实禀告。Dr. Fee 笑着，一面把我脱下的毛衣放在办公桌有锁的抽屉内，一边说："在美国，钱都存银行，一般人身上不带现金，明天我带你去银行。"

Dr. Fee 还告诉我访问医生的工作职责，每天参加朝会。会中，主任安排当天工作及讨论病例，尤其是手术前的病例讨论。我无须参加实习和住院医生每天查病房，但必须参加主任医生一周一次的查房，此外出门诊。但有一条规则必须严守：参与以上工作只可动脑、动眼、动嘴，切切不可动手！为什么？怕病人控告！哦！此刻，我才领悟了第一天 Dr. Fee 为啥介绍他办公桌旁一叠要他评估的资料的用意，我不需写病历，也不用管病床。

工作了一段时间，我深有感触：美国医生一室一病人；而中国几个医生共一室，病人室外候诊，病患可自由出入，影响工作。美国医生一天顶多看十个八个病人；而中国医生一天看十几二三十个，甚至更多亦是常事。但从另一个角度看，中国医生看的病人、见的病例、做的手术，大大超过美国同行。换言之，同样年资的医生，其经验要比美国的丰富得多，这是一个不争的事实。但美国的医疗器械先进，中国则望尘莫及。

记得有一次门诊，一位胡姓女患者，鼻咽腔上长一包块，被诊断为 NPC 鼻咽癌。美国医生直言告诉患者,那位胡女士当即吓得虚脱。Dr. Fee 百般安慰她不要害怕,说我们为你请了一位中国来的专家会诊。我仔细察诊后,很自信地说:"它不像 NPC,像血管纤维瘤。"

病例报告证实我诊断无误。此后,Dr. Fee 就在朝会上宣布:大家要尊重 Dr. Tang 的意见。不久,又请我做 Fellow,我误听为 Follow 而婉拒。事后想想,我之所以婉拒,实出之"放不下架子"。我身为主任医师,背后跟的是下级医师,如今,要我这一把年纪的老医师,跟在年轻医师后,心不甘,情不愿,脸放哪?朋友知之,几乎异口同声讥之"Stupid!"说傻瓜也好,说神经病也能,唉!世间啥药都有,就是找不到"后悔药"。

由于我是自费来美,访问学者没经济补助,加之,我又因误听婉拒申请 Fellow,百般无奈,放不下的架子,现实逼得你不得不放下,打工谋生第一。两年里,除内子打工外,我亦业余打工。

ENT(耳鼻咽喉)是一门精细洞腔外科学,步入老年,我怕手术台站不动,眼花、手颤影响工作,就专攻听力。当结束两年访问工作后,要"圆梦",就得努力学习。于是,我真正开始一个老留学生的学习生涯,夜读 San Jose 州立大学助听器硕士班,又相继考了三个听力方面的执照。并于 1992 年 12 月创办了旧金山湾区第一个华人福音听力、耳鸣中心。

十几年来,我已为三千多重听者热忱服务,并为其增进听力;举办一百多次健康讲座;参加三次中文电台讲座及答听者问,一次专栏时间被访;还为《世界日报》"听力专栏"撰写了六十多篇科普短文。又当"福音听力、耳鸣中心"成立十二周年之际,受已故湾区德高望重的祖炳民教授代表布什总统颁发奖章、奖状以资祝贺、鼓勉。

喜逢八旬老翁我,儿子继业传薪火。虽然如此,自 1993 年起我开始为社区做义诊,坚持至今;2002 年起,又在每月的第二个周一为社区 Mountain View 老人中心长者做 Hearing Test,也有九年之久;2011 年 7 月起,又为 Palo Alto 老人中心长者们做听力测试。看到老人们的笑脸,我感到这就是美国的优越。

啊,甜美的梦,漫长的梦!我的留学"美国梦"自幼至桑榆,我的"美国梦"酸甜苦涩辛。我的"美国梦"幻境已成真,我的"美国梦"甘为聋人终。

在美国打赢了两次官司

王　媛

王媛(Joann Lin)　湖北武汉人,广州出生。1986年毕业于中山医科大学。1989年起在美国纽约市公立高中教科学,并获终身教职。1993年用公费奖学金修完化学教育硕士学位课程,又获奖金攻读校长学位。

女儿打赢了官司

我到纽约探亲,与女儿一家温馨相处,十分融洽。女儿是个留学生,毕业后当上了教师,她十分满意,每天都是笑声不断。前几天,女儿忽然板着脸,没了一丝笑容。我想,是不是因为我的什么问题引起的呀?一问才知道,原来是暑期里她干了整整五天工作,而暑期学校校长费先生却一分钱也不给她,她实在窝气。

女儿心情不畅,走进了教师工会,向工会代表姜小姐作了申诉。姜小姐非常同情,当即陪女儿去教育局员工申诉调停处告状,希望调停处辨清是非,维护教师权益。于是,女儿要和她的顶头上司、暑期学校费校长打一场官司了。我以息事宁人的态度劝阻女儿:"不要打官司啊!费先生是校长是管你的有权人。你与他打官司,岂不是鸡蛋碰石头。再说他是校长,你只是个教员,石头不转磨子转,今后不管何时、何地、何事,转着转着碰上了,他都可以管你的呀!"女儿说:"妈呀,你不懂美国的法律。"

调停会那天,工会代表姜小姐对我女儿说:"林老师你不用开口,一切听我的。"会上,姜小姐强调:"林老师是接到了暑期工作通知单,才去报到工作的。林老师是化学实验专才,暑期中学正需要多做实验,化学系主任因而聘用了她。

林老师也为暑期学校的化学实验做好了十套准备，并为之工作了整整五天。这都是事实呀！"

费校长说："林小姐早定下她要回一趟中国，不能全程完成实验课。可我的暑期学校天天都需要有人主持实验，一天也不能耽误的呀！所以我已经电话通知她，我不雇她了。但她假作不知，却去冒充上班！"

姜小姐说："林老师正式告诉你，她要回一趟中国，这正是她的诚实。一个人坦坦白白的多好呀！可你却下令终止林老师的工作，连已经工作了五天的工资也不付给，这行吗？这对吗？如此对待下属老师的校长，太缺情少义了吧！"费校长辩解说："我早已电话通知了她，我不雇用她了！"姜小姐说："她已正式上班，为你工作了整整五天！"费校长反对："已停止雇用，哪来的五天？"姜小姐强调："打卡为证，就是干了五天！如今不仅要补发五天的工资，还要连利息一起计算！"

最后，教育局员工申诉调停处做了裁决："林老师确实为暑期学校工作了五天，她应该连本带利获得补还。其中如有任何沟通失误，可作进一步调查，但五天工资一定要付给！"女儿的官司打赢了，获得了连本带利的工资，她的脸庞又挂上了笑容！我在内心做了检讨，对不正确的事、不公平的事，不能息事宁人，要申诉，甚至打官司！

爸爸也打赢了官司

坐飞机旅行，便捷、迅速，实在是好。但也有让你生气、不愉快的时候。

那年 4 月 19 日早上，我从广州乘飞机到汉城转机，按事先确认，转乘 OZ－222 次班机飞去纽约。可是，汉城机场服务台的小姐却告知我，没有机位了，必须改乘第二天的飞机去洛杉矶，再转纽约。

我据理力争，我讲汉语，她讲英语、韩语，意思是明白的：没有你的座位了。等 OZ－222 班机起飞后，更没有按原计划飞纽约的可能。服务台前还有另一双男女与服务小姐争吵，从长春来的张先生夫妇和我同样的命运。我们三人被告知，由航空公司免费安排食宿，第二天下午再回到机场办手续，我们住进了航空宾馆。当晚，我血压升高，手脚冰凉，感到委屈，十分难受。我给纽约的女儿拨通电话，谈了只能逆来顺受的情况，不得不第二天再抵达纽约。这一夜我怎么也不能安睡，想我这 70 多岁的老人，万一一病不起，死了都无人管啊。

第二天下午，我和张先生夫妇三人按时下楼，服务员却要我们付费。他要钱，我们申辩，语言不通，彼此坚持。后来司机发动了汽车，要扔下我们，我们只得交钱，赶忙登车去机场。总算顺利搭上了去洛杉矶的飞机，再转飞纽约，与女儿见了面，结束了这次不愉快的旅行。

女儿比我还气愤，要我写出实情，去打一场据理力争的官司。我呢，还是中国人大事化小，小事化了，千万别提打官司的观点。女儿坚持说："不能吃哑巴亏，一定要打这场官司！"她把事情经过用电脑打成申诉信，向航空公司索赔。两周后，电话回复，承认错误，同意赔偿，包括身体、精神方面的不痛快，共赔偿400 美元。

女儿说："这就是资本主义经营。他有了错，赶紧承认，赔偿结束，以免这不利于他的信息越传越快，越传越远，从而影响了他赚更多的钱。"我对女儿说："上次据理力争你打赢了官司，这次据理力争，我又打赢了官司。你是对的。我们华人在国外求学、求生，绝不能忍气吞声，更不能怕打官司。"